『熱風』の編集後記

冬青社

2003年の創刊以来、毎月10日にスタジオジブリが発行してきた無料の機関誌『熱風』。「スタジオジブリの好奇心」というコンセプトのもと、発行人の鈴木敏夫氏やその周縁で働くジブリのスタッフ、そして編集者たちが、その時々でおもしろいと思うテーマを取り上げてきた雑誌です。特集記事や連載陣は多岐にわたり、その内容はジブリの映画作品やアニメーションの範疇にとどまりません。

時代を見つめ、好奇心の赴くままに、20年間にわたって作られてきたこの雑誌で、編集者たちが綴ってきた短い文章＝「編集後記」には、平成から令和に至るまでの時代の断片と核心がちりばめられています。

本書では、そんな『熱風』の編集後記を1冊にまとめました。

冬青社

2003年1月

▼「まともに食べて、まともに生活する。そうするとまともな社会になる」。作家・井上ひさしさんの言葉です。ジブリの鈴木プロデューサーはよく「普通に考えれば、すぐわかるでしょ」と言います。二人とも、この情報過多な社会、ともすれば判断をまちがえそうになる世の中で、暗い気持ちを払拭し正気を失わない方法を会得しているのだと思います。この小冊子が、その一助になればいいなあと思います。(ゆ)

▼入稿間際のとある日、それは突然やって来ました。風邪です。抗生物質も鎮痛解熱剤もなんのその、体温をあげ、体力を奪い、肩こりをひどくして、傍若無人のふるまい。ここ10年間の中で、一番タチが悪かったです。おかげさまで風邪が去ったあとは、もう台風一過という感じで脳みそが真っ白、今仕事山積みの机の前で呆然としています。病中のBGMは「戦争と平和」(ザ・フォーク・クルセダーズ)。(ね)

▼某新聞社の記者が沖縄の珊瑚礁を悪戯に傷物にした事件のとき、「私はしばらく某新聞の購読をやめました。みな、そういった形で個人の意思表明をすべきです。そうでなくては、あるべき方向に物事が向かわなくなります」と言う老翁に出会った

ことがある。ハッとした。とにかく、ご託を並べる前に、身の回りから参加できるのだ。自分たちが食べるものについても、同じで、賢い消費者にならねばと思う。（M）

▼今回取材した「ラーメンズ」の二人が実はジブリ作品の大ファンであると分かりました。特に『「もののけ姫」はこうして生まれた。』は、見るとやる気がわいてくるということで、何度となく繰り返し見ているそうです。そんな二人の楽しんでコントを作る姿勢に、まったく暗中模索、何をどこからやっていいのか分からないほど課題を抱えている担当は、逆に元気をもらった感じです。（R・T）

2003年2月

▼ジブリ面々の自転車に対するこだわりは、驚く程、情熱的だ。自転車に乗らない、本来グータラな私には、理解不能。宮崎監督も「ツール・ド・フランス」には、深夜、テレビの前で熱くなっているらしい。次の日は、その話をし終えてからでないと仕事が始まらない。今回の特集を担当した女性編集者も、しかり。この「熱」の源はいったい、何。そしてそれは、なんと呼べばいいものなんだろう。その答えは現代を映す鏡かもしれない。第2号の特集は、この〝好奇心〟から、始まりました。さて、答えは？（ゆ）

▼年末年始は故郷に帰り、墓標のように立ち並ぶ第二東名の橋脚に驚きつつ、家族や同級生と暴飲暴食の限りの1週間。帰京して何気なくCDをかけたら澄んだ子供の声で「デーブ、デーブ、百貫デブ」の歌声が。子供の歌を題材にとった合唱のCDだったんですが、聞いているうちになんだか責められているような気分に……。というわけで今回のBGMは『合唱のためのコンポジション』（間宮芳生）。（ね）

▼学生の頃、テレビをつけたらツール・ド・フランスのダイジェスト版が放送されて

いた。それまで興味がなかったのに、なぜか惹きつけられて、最後まで真剣にみてしまった。番組のBGMもツボにはまったけれど、なにより選手たちがカッコイイ、スゴイ、スゴイ！　乙女（？）のミーハー根性に火がついて、それからは欠かさず毎年、テレビの前で観戦するようになってしまった。（M）

▼今回担当した江戸家まねき猫さんの芸は、動物の「鳴きまね」ではなく「ものまね」。鳴き声のみならず、その場にニワトリや猫、犬が現れたかのように、顔つき、仕草までをまねるのです。柳家小三治師匠をして「父を超えた」と言わしめたまねき猫さん。高座では堂々としていて、大きい人という印象ですが、実際は凛としつつも小柄でかわいらしい方です。（R・T）

2003年3月

▼NPOについてNHKスペシャルが番組を放映して以来、ジブリではこの話題がかまびすしい。「損得抜きの仕事とはどう成立するのか」「ジブリ美術館もNPOだ！」「こういう時代だから、もうけなんか考えずに、なんか面白いことをやればいいんですよ!!」などなど、宮崎監督と鈴木PDは、どんなMTGもNPOに最終的には落ち着くといった次第。高畑監督は電話の向こうで「昨日、インターネットでNPOを調べてみました」とさすがに、学究肌の発言。では、いい機会だからNPOを勉強しようと、今回の特集となりました。（ゆ）

▼NPOには最近お世話になってます。――というのも、会社の近くにNPOが運営する定食屋がオープンしたから。このお店の体にやさしくおいしい家庭料理を食べるとなんだかほっとして、健康になったような気がします。NPOといっても遠い存在ではなく、あたりを見回すと意外に身近で活動しているものですね。でも今日は忙しくて駅のスタンドでカレーでした。BGMは「カレーの歌」（くるり）。（ね）

▼東京の街中ではすっかり見かけなくなったけど、なんと草屋（三鷹の森ジブリ

美術館の事務所）の屋根にフキノトウが芽を出しているという。屋根を草ぼうぼうにしたい、という宮崎監督たっての希望で建てられた事務所。その屋根には、草地の表土が移植してある。表土には土に眠る種が沢山あるし、栄養分も豊富。そんなわけで、夏はカエルの鳴き声、秋は月に向かってススキの出穂。住宅街のど真ん中で、土は生きている。（M）

▼大塚康生さんはとてもフットワークが軽く、打ち合わせをするときも、車を飛ばしてこちらに出向いて下さいます。また、英語が得意で海外の友人も多く、原稿のことでもよくメールのやりとりをされています。先日は、アメリカのお友達が送ってくれたという大きな松ぼっくりを持って来てくれました。長さ12㎝、直径7㎝くらいのが3つ、編集部の飾り棚の上で存在感を放っています。（R・T）

2003年4月

▼学生時代から、本屋は大好きな場所だった。本屋に行くと、本のほうから、「面白い本だぞ」と訴えかけてくる。いわゆる本の面白さへのカンが働いた。ところが今はちがう。本の量に圧倒され、かつ帯や装丁の華やかさに疲れ、エネルギーを奪われてしまう。で、いまの私の頼りは、高畑監督の本についての豊富な知識です。監督が面白いといったものはまず間違いなし。それを頼りに本屋へ行くこのごろです。「谷川俊太郎書店」ならぬ、「高畑勲書店」も、ありえます。（ゆ）

▼藤原誠太氏の原稿を読みながら三好達治の詩を思い出した。「蜂の羽音が／チューリップの花に消える／微風の中にひつそりと／客を迎へた赤い部屋」。果たしてこのハチは西洋ミツバチなのか日本ミツバチなのか……。その真偽はともかく、原稿を読み終わってみると、この詩の控えめな雰囲気はどうも日本ミツバチのほうがふさわしいように思えたのだった。今月のＢＧＭは「ハチミツ」（スピッツ）。（ね）

▼春です。駅からジブリへ通う道ばたにはオオイヌノフグリが小さな花を咲かせています。この界隈は畑が多く、駅から10分も歩けば畑、どことなくのんびりした

風情が漂っています。でも、まさか出るとは思っていませんでした、タヌキが。どうやらこの近辺に棲みついているらしく何度か目撃情報を耳にしています。最近はあまり消息を聞かなくなったのですが、どうしているのでしょう？（M）

▼今回は本誌の仕事以外の話から。約10年間、ジブリ作品の登場者を映画公開前の催事のために立体物で作ってきた造型工房へ行った。カラフルな布や発泡スチロールなどに囲まれて、若い職人達がおそろいのつなぎ姿で、きびきびと仕事をしていた。高さ5メートルに及ぶ城（次回作『ハウルの動く城』に出てくる）は、火花をちらして鉄骨を組むところから作られていた。繊細で迫力ある制作過程を見て、少し立体造型物の見方が変わった。（R・T）

2003年5月

▼先号からスタートした男鹿和雄さんの連載。実は、絵はカラーで描かれています。今号のタケノコ採りは、竹の緑がなんともいえず、春らしい色調です。さぞや、竹の香りと湿った土の匂いが、記憶に残る子供時代の大イベントだったのだろうと、あらためて絵を見て思いました。「懐かしい記憶」を呼び覚まされる絵、大事に連載していきたいと思います。（ゆ）

▼佐藤寿一氏の原稿を読んで考えた。映画は国境を越えるのか？　僕は越えると思うほど能天気ではないが、越えられないと断言するほど悲観的でもない。完全な理解はありえず、同時に誤解も理解のうちであるというのが現実だからだ。すべては観客の心の中に。ＢＧＭは「THE DOG'S EAR」（川井憲次）。（ね）

▼『千と千尋の神隠し』がアカデミー賞を受賞したその日から、スタジオはお祝いの花々で溢れました。こんなに沢山の花でスタジオが埋め尽くされたのは、これが初めて。なかでも、石楠花と牡丹の鉢は素敵で、持って帰りたいと思ったほど。で、いまはジブリの庭に大事に移植され、花を咲かせ続けています。これからの成長が

楽しみです。最近、この鉢が大ファンの男優さんからのお祝いと知り、痺れました。（M）
▼「似顔絵はなぜ面白いのか」という素朴な疑問から組まれた特集に高畑勲監督が「線で描いた」という視点を加えてくれました。確かに鎌倉時代の肖像画や江戸時代の浮世絵の延長線上に、現在の「線で描かれた似顔絵」もあるわけです。『ギブリーズ』など登場人物のすべてが「線で描かれた似顔絵」だというアニメーションも作られるほど、今も昔も日本人は「線で描いた顔」が好きなのでは。そう思うと、ますます似顔絵を見るのが面白くなってきました。（R・T）

2003年6月

▼『キリクと魔女』の映画を試写で見て下さった方々の文章、どの原稿もとても考えさせられる文章でした。これだけの人々をうならせる力が、この映画には、あるということだと思います。

ジブリの鈴木プロデューサーは、今年3月18日に来日中のオスロ監督に「この映画を日本で絶対ヒットさせます」と決意を語っていましたが、見ていただければ、なぜ、ジブリがここまで、この映画に肩入れするのか、分かっていただけると思います。いまの時代「なぜ、どうして？」と疑問を、はっきり口にだして自分の頭で考え始めることこそ、問題解決の端緒と強く思います。（ゆ）

▼思い起こせば２００２年3月10日、東京日仏学院で『キリクと魔女』の上映と、高畑勲、ミッシェル・オスロ両監督の対談があると聞いて出かけました。キリクの一生懸命な姿、よく考えて猛進するところがとても気に入りました。初めて観た高畑さんも壇上で「大変感心しました」と誉めていました。にもかかわらず、イベント後のパーティーで二人は特に話をするわけでもない。聞けばオスロさんが対談の相手にわざわざ高畑さんを指名したとの事。このまま会話がなくていいのかしら？　と思い、つい、お節介ながら「オスロさんをスタジオジブリにご招待したらどうでしょうか？」と高畑さんに提案しました。実はその後に夕食の場が設けられていたそうで、全く余計なお世話だったわけですが、オスロさんは翌日ジブリに来て下さいました。そして、その訪問がきっかけで、ジブリがこの作品のお手伝いをする事になったわけです。「あれは〝すばらしい〟お節介だった」と自画自賛をしているのでありました。

前置きはさておき、日本は〝アニメーション大国〟と言われていますが、本当でしょうか？　たくさんの日本アニメが海外に輸出されていますが、逆に海外の作品を日本で観る機会は、ディズニーなどのアメリカ製超大作を除けば、実に限られています。運良く公開される作品も「キャラクターがかわいい」か否かが大きな判断基準となっている気がします。今後、さまざまなスタイルの良質なアニメ作品が日本全国で公開されて、特に子供達がそれらを観て楽しむ機会がもっと増えればいいなと願っています。（M．T．）

▼前号まで連載してくださった藤原誠太氏が東京で採蜜するとのこと。早速、現場にお邪魔しました。巣箱が置かれたのはなんと都内のど真ん中、皇居近くの某ビルの屋上。20箱弱が置かれ、〝ウワサ〟の日本ミツバチの巣箱も試験的に二箱ありました。ハチたちは一生懸命働いているにもかかわらず、見ているこちら側はなんだか和んでしまう光景でした。今回のBGMは『ぶんぶんぶん』（ボヘミア民謡）。（ね）

▼ヨーロッパの植生は実は貧弱で、気候のよく似た北米からの植物の移植が実は多いと聞きました。アルプスの山塊が氷河期の気候変動にあわせた植物の南北の移動をさえぎったためといわれます。『キリクと魔女』の舞台はアフリカですが、遠い異国の花が描かれた絵をみてそんなことをなぜか思い出しました。（M）

▼大塚康生さんは、普段から当時のメモや日誌、写真など、多くの資料をきちっと整理整頓されている方です。その資料をもとに、さらに関係者に取材を行って本誌の連載を書いて下さっています。今回の原稿では『ルパン三世　カリオストロの城』のことに触れられていますが、そこから当時の制作現場を想像して、4月に小社から出された絵コンテ本を見てみて、あらためて「迫力だ」と感じました。（R・T）

2003年7月

▼「美術館にこの子どもは何を見に行ったのだろう。そうか、子どもは宇宙を見にだって行けるんだ。ひとつの作品から広がる子どもの想像力って、こんなに果てしないのか」――今月の表紙絵から、私は、こんなことを感じた。それを絵にする、橋本晋治さんも、美術館にも、子どもにも期待するものが大きくて、いいなあと感心した。橋本さんが本当にそんなふうに思ったかは、わからない（「表紙のことば」を読むと、全然ちがうという気も？）。でも、本来の美術館と子どものあり方は、こんなふうに無限大の可能性があるはずだ。今月はガンバレ、美術館！という気持ちになりました。（ゆ）

▼人生で一番最初に好きになった歌は何か。実は上條恒彦と六文銭の「出発の歌」なのです。3歳か4歳ぐらいの頃の僕はサビのところがお気に入りで、そこが流れると踊り狂っていました。父がおもしろがってその姿を8ミリカメラで撮影したほどですから、相当ノリノリだったんでしょう。今回はそんなことを思い出したりしながらの取材&執筆となりました。今回のBGMは『さとうきび畑』（上條恒彦）。（ね）

▼子どものころ回遊式日本庭園が大好きで何度も親にせがんで連れて行ってもらった。池にかかる八橋、太鼓橋、パクパク口をあけて餌を待つ鯉の群れ、迷路のような園路。さびれた

道筋を辿ると少し怖い雰囲気の場所に祠があったりと、いつも何か発見があり、受ける印象が違った。でも同じ敷地内の美術館へはなかなか足が向かなかった。子どもと美術館、この成立の鍵を握るのは何なのだろう？（M）

▼東京都現代美術館で開催中の立体造型物展に関わったのですが、「美術館と子ども」の現場を見るいい機会でした。現代美術館はジブリ美術館とは違って直線的な建物ですし、大人にも敷居の高い「現代美術」を見せるところですが、子ども達は大きな「ハウルの動く城」を見上げて触ったり、中庭のネコバスの周りを走ったりとのびのびしていました。子どもの頃に行った、とある美術展で、大きなオブジェに触ったりして、「なんだこれ？」「これは好き」などと面白がったことを思い出しました。「美術」だからといって、当の子どもは構えたりしないものですね。（R・T）

▼美術館やコンサートホールは、好きでよく足を運ぶ場所のひとつですが、芸術に精通しているかというと、これが全然。なぜなら、美術館では最高級の絵に囲まれてボーッとし、コンサートホールでは最高級のクラシックをBGMに寝ているから。もっと違う見方もできなければと痛感する今日このごろです。（NY）

2003年8月

▼高畑監督の『「一枚の絵」から』の原稿に、親友と監督との関係を描写した文があった。いつも、お互いの本当に好きなものについてだけ話していたというのだ。学生時代から、高畑監督は、こうして好きなものを深めていったのかと、原稿の本筋とちがうところで、感心してしまった。人と話して、意見交換をし、そのたびに本当に自分がそれを好きなのかどうかを問いかけ、確かめていく。それをしたら、自分の判断に自信がでてくるだろうし、好奇心の泉も枯れない。高畑監督の年齢とは関係のない若々しさも、こういうところから来ているのかと、納得！（ゆ）
▼「マスコミは企業ではなくＮＰＯであるべきではないか」。前回のＮＰＯ特集の取材中、ノンフィクションライターの武田徹氏が指摘されていました。少し前に、情報雑誌で知られ上場まで果たした某出版社が「ＮＰＯ」を商標登録したというニュースがあり、失笑ものでしたが、この会社は、マスコミの公益性についてどう考えているのでしょうか。こういう自転車の車輪が一つはずれたような企業の存在を見るにつけ、武田氏の指摘はもっともだと思わざるを得ません。今回のＢＧＭ「汚れた英雄」（ローズマリー・バトラー）。（ね）
▼日本の湿度は、白い壁を緑にしてしまう。それは苔が生えるから。ジブリ美術館のカラフルな壁もこの影響下にある。先日、その苔を高圧の水を噴き付けて取り除く作業をしていたら、

目をキラキラ輝かせた一人のおじさんが身振り手振りで「私にもやらせておくれ」「地面じゃなくて、私も梯子の上から噴き付けたい！」と言ってきたという。そのおじさんとは、来日していたロシアが誇るアニメーション作家のユーリ・ノルシュテインさんだ。精力的にいい仕事を続ける、精神的な若さの秘訣。それは、子どものような好奇心を持ち続けることか。多分、そのパワーは子ども以上だと確信したのですが……。（M）

▼大塚康生さんが『リトル・ニモ』のイメージ・スケッチを数十枚ほど見せてくれました。今回の原稿で触れている、ウィンザー・マッケイの原作をもとに日米のアニメーターが、発想豊かにスケッチを起こしていった時のもので、Ｂ４を縦半分にしたくらいの紙に横長に描かれています。「こういうのが、大量にあったんですよ」と大塚さん。中でも「ＴＭＳ」という判が押されている数枚だけが、実際に採用されたのだとのこと。色とりどりの夢の世界の競演に、ハリウッドをかいま見た気がしました。（Ｒ・Ｔ）

▼先月26日に「アメリカで日本のアニメは、どう見られてきたか？」という単行本が発売されました（ジブリ関連書の頁にも載ってます）。この本は内容もさることながら、付録資料の「米国の和製アニメ年譜」がスゴイです。ぜひ、ご一読ください。教科書には載っていない「日本のアニメの歴史」を知ることができますよ。（ＮＹ）

2003年9月

▼静寂と司書の人の選択眼を感じさせる本棚。私にとっては、これが図書館だった。町の図書館は違う。地域の公共スペース的意味合いが強いせいか、人の出入りが煩雑であまり落ち着かない。で、私自身、必要な本をさっさと借りて、用事をすませる感じで図書館に行くようになってしまっている。そして今回の特集で、その図書館のあり方が問われていることがわかった。村上春樹の「海辺のカフカ」に登場したような、こぢんまりした感じのいい図書館が、私は好きだが、あれは私立図書館だからできること!?（ゆ）

▼小学校の時、図書室で借りてハマったのが『ドリトル先生』シリーズ。借りるだけでは飽き足らず、読破後は父に頼んで全巻揃えてもらいました。それが人生の分岐点。その後はずっと「借りる」より「買う」人生。ちまちまと書籍・雑誌を溜め込み、ミニスケールの汗牛充棟人生を送って来ましたが、ついに収容スペースに限界が。事ここに到って、自宅近くに区民図書館があることに気付きました。今後は「借りる」人生か？（ね）

▼〈耕さない田んぼ〉づくりのことを知ったときは、そんなことでイネが無事に育つのかしら、と半信半疑でした。ところがイネは無事に丈夫に育つし、耕さないから土が豊かになって、さま

ざまな生き物が旺盛に息を吹き返している⁉　これはもうショックです。この不耕起栽培の普及に力を注いでいる岩澤さんの姿勢からは「常識に囚われないで、自然をよく見つめ、そこから考えることを忘れてはいないかい？」と問いかけられているような気が。常識とは何なのだろう？「バカの壁」ならぬ「常識の壁」を考えてしまいました。（Ｍ）

▼「本が売れないのは、図書館で読んで買わずにすませる人が増えたから」という意見もある。しかし、今回の特集にあたって話を聞いてみると、図書館でよく貸し出されるのは新刊だけではない。3年くらい前の本もトップ10に多く入るそうだ。そして、どんなに話題になった本でも貸し出される割合は全体の1％にも満たないという。それだけ人の好奇心は幅広い。その幅広いニーズにどれだけ応えていくのか。図書館サービスのあり方はこれからも地域住民とともに考えられていくのだと思った。（Ｒ・Ｔ）

▼幼稚園の頃は、毎日お気に入りの絵本を読みに図書室へ足を運んでいた。小学校の頃も本を読みにほとんど毎日行っていた。学校の図書室や家の近所の図書館は好きな場所のひとつだった……のだが。いつからか疎遠になっていき、最近は久しく行っていない。近いうちに、本を探しに行ってみよう、と感じた今回の特集でした。（ＮＹ）

2003年10月

▼今号の表紙は、男鹿さんの連載の絵をカラーでお見せしてみました。初秋の森の空気が伝わる絵だと思うのですが、いかがでしょう。とくに、絵の中央のオレンジ色のカラスウリが印象的です。男鹿さんは、つい先ごろ、「ねずてん」という絵本を上梓なさったのですが、そこにも山奥の渓谷や山の草花が描かれていて、山の冷たい空気が森の匂いとともに、立ち上がってくるようでした。「空気を描くとはこういうことか」と納得した絵本でした。（ゆ）

▼村上隆氏の仕事場を初めて訪ねたのは数年前のこと。その時に等身大美少女フィギュア「Ko2ちゃん」を見せていただいたが、そのインパクトは絶大だった。その「Ko2ちゃん」を含めた、村上氏の作品が冬には食玩となって登場とか。「美術手帖」10月号には「Ko2ちゃん」の限定ヴァージョンがついていた。現代アートにとって「高度資本主義社会」は大テーマだが、まさかそれを「食玩」という方法で作品に取り込むとは。その発想の大胆さに不意打ちを食らった気分。今回のBGMは『愛・おぼえていますか』（飯島真理）。（ね）

▼今夏公開の「アンダルシアの夏」を制作した某アニメーションスタジオには自転車のローラー台があると聞きました。「アンダルシアの夏」は自転車レースを扱った作品だから「動きを追求

するため？」の措置かと思われますが、アニメーション作りは机に向かって黙々と……のイメージが強いので、この話題は印象的でした。静かなスタジオの中で誰かが自転車を必死に漕いで汗を流している。アニメ業界恒例のイベントとなったツール・ド・信州も間もなくです。（M）

▼携帯ストラップや会社で使うマグカップなど私の身の回りからキャラクター・グッズが絶えたことはない。でも本当にグッズが欲しかったのは、小学生の頃だった。懐かしい名作アニメーションや子供の頃に読んだ絵本のキャラクター・グッズなど最近の品揃えを見ていると、ターゲットはいい年をした社会人で、「ほら」とまさに自分に差し出されている気がする。とはいえ、もし子供のときにあったら、もっと嬉しかっただろうなあと思わずにいられない。（R・T）

▼幼少時代からキャラクター・グッズにあまり関心のなかった私ですが、学生時代、あるキャラクターに熱中したことがありました。それまでそういう経験をしたことがなくハマってしまったので、異常なハマりようで、筆箱から弁当箱、おけいこ用のカバンに至るまで、買えるものはすべて揃えた想い出があります。キャラクターに熱中したのはそのときだけなのですが、今でもそのキャラクターの携帯ストラップを付けている人を見ると、かなり欲しくなります。（NY）

2003年11月

▼編集の仕事をしていると、どうしても時間に追われ、次々に起こる世の中の出来事を「追いかける」という姿勢になってしまいます。そうなると、自分の勉強不足や知識のなさにあわてふためき、焦燥感で一杯になります。そんな時、堀田善衛さんの発言を読むと、本当に落ち着きます。物事を客観化する視点、歴史の中での現在という視点などを思い出させてくれるからだと思います。今号から開始した「堀田善衛の世界」は、そうした気持ちがベースになった企画です。ぜひ、お付き合いください。（ゆ）

▼「堀田善衛の世界」で紹介した5編の詩のうち「モスクワデ」は、宮崎駿監督たっての希望で掲載した作品です。明日をもしれぬ状況の中で書かれた若い時代の作品よりもユーモラスな雰囲気があり、それが堀田氏の実際の口調を思い起こさせます。次回より評論やエッセーを中心に堀田氏のものの見方、考え方が伝わるような原稿を紹介していきますが、シリアスな話題であっても時に行間からにじむユーモアを意識しながら読むと、いっそう楽しめると思います。どうぞお楽しみに。今月のBGM『岬の墓』（堀田善衛・團伊玖磨）。（ね）

▼今回の岩澤信夫さんの原稿で、佐渡島のトキの話が出ました。その原稿を手にしたとき、まだ日本産最後のトキ「キン」は存命でしたが、本誌の準備中に、その訃報が飛び込み一部原稿を書き直すことになりました。キンにまつわる様々な物語が佐渡にはあるそうです。さて、11月15日（土）

の夜10時～11時30分、ＮＨＫ教育テレビ「ＥＴＶスペシャル」で岩澤信夫さんが取り組む〈耕さない田んぼ〉の話が取り上げられる予定です。関心のある方はチャンネルを合わせてみてください。（Ｍ）

▼今年はジブリ研修生（新人）募集がありました。今までも研修生のためにジブリで講義をしてくれていた大塚康生さんが、今回は選考から関わっていました。「アニメーターとは、イラストが上手なだけではない、絵を動かす技術を持った技術者です。１枚の止まった絵から動かす適性を見抜くのは難しいんです」と、真剣に慎重に時間をかけて選んでいました。連載では『リトル・ニモ』の完成が近づいてきました。今回登場するフランク・ニッセンさんが、先月仕事で来日していて、久々に会ったそうです。藤岡豊さんとの思い出だけでなく今のアニメーションの話などで盛り上がったとのこと。こうした関係者への取材も原稿に生かされているのだと思います。（Ｒ・Ｔ）

▼クルマ好きが高じて企画した今月の特集でしたが、いかがでしたか？　初めて特集を担当したので、多くの方に迷惑をかけながらの編集でしたが、とても楽しかったです。私はエンジンのクルマが大好きなのでエコカー時代到来というのに少しばかり寂しさを感じていたのですが、今回の企画で、これからのクルマも面白そうだ！　という気分になりました。無理なお願いにもかかわらず快く原稿を執筆してくださった執筆者の方、ホンダ広報部の加藤さん、雲母社の鈴木さん、そして企画を詰める段階でのためになるご意見をくださった三栄書房・鈴木社長、秘書の緒方さん、松永先輩、埴原先輩、ボノ、ありがとうございました。（ＮＹ）

2003年12月

▼ほんと忙しい毎日が続いている。「フラーニャと私」というユーリ・ノルシュテインさんの本が出来上がったので、来日中のご本人にお礼。「熱風」の特集を担当し、セブン-イレブンの方々とお会いし、スタッフの方々のきめ細かさに感心。押井守監督と『イノセンス』の本の原稿執筆の打ち合わせをし、昔ながらの押井さんの弁舌に、なんだかうれしくなり、『ファインディング・ニモ』のフィルム・コミック担当者とひどく厳しい進行に悩む。こういう時こそ、平常心と思いますが、なかなか……という1ヶ月でした。（ゆ）

▼マンガ家の水木しげる氏だったと思うのですが、南方の戦線に送られた経験を振り返り「あんなに日本から遠く離れたところまで行って、国を守れといわれてもなんともピンとこない」というようなことを発言されていました。これは要するに愛郷心と愛国心がズレている胡散臭さを、普通の人の言葉で語っているのだと思います。先の見えない状勢が続くイラクのニュースを見ながら、ふとそんなことを思います。今号からはそんなイラクなどで活動するNGO「ピースウィンズ・ジャパン」の統括責任者、大西健丞さんの連載が始まりました。今月のBGMは『ゲゲゲの鬼太郎』（憂歌団）。（ね）

▼岩澤さんの短期集中連載が今回で終わりました。岩澤さんは〈耕さない田んぼ〉が、次の世代へと、今、失いかけているたくさんのものを残すことができるのだといい、70歳をすぎてなお全国を精力的に駆け巡りながら、この農業技術を教え歩いています。私にできることは、そうしてできたおコメを食べることぐらいですが、そんな風に陰ながら応援団の末席に参加したいと思います。（M）

▼大塚康生さんの連載が、最終回を迎えました。アメリカでアニメーション映画をヒットさせたいという夢に向かって挑戦し続けた藤岡豊プロデューサーの物語、いかがでしたでしょうか。そばで見守っていた大塚さんならではの原稿で、日米のアニメーション制作の違いなどにも触れられていて、担当も楽しみにしていました。たくさんのメモや資料、関係者の方たちの話をまとめる作業などを毎回続けられた大塚さん、お疲れ様でした。（R・T）

▼冬は一番好きな季節なのですが、雪山（スキー場）以外の寒さは苦手な私。家ではヒーターにかじりつき、夜は湯たんぽを使用、とすっかり真冬モードになっています。今回の男鹿さんの原稿「釘突き」に共感しつつ、もう、そこまできている「冬」に想いを馳せました。（NY）

2004年1月

▼新連載の田家秀樹さんによる「もうひとつのJ-POP　大森昭男とCM音楽50年」を担当している。週一度、大森さんを田家さんが取材しているのだが、この時間が私にはじつに心躍る。いまもCDを買い続けている山下達郎が「三ツ矢サイダー」のあのCMを歌っていたのかという発見もあれば、大学時代に大好きだった「資生堂」や「西武」のCMソングがどんなふうに作られてきたか、さらに杉山登志、操上和美といったあこがれの演出家たちの仕事ぶりが、その現場にたちあった方から語られるのだから、たまらない。ほんとに《お得》な仕事です！　このドキドキを、読者の皆様にと思っています。（ゆ）

▼堀田善衛さんの本の復刊と、DVD-BOXの作業がいよいよ佳境です。ゲラを戻したり、字幕のチェックをしたりと、常に何かしら堀田さんの言葉に触れています。そうしていると妙にその言葉遣い、しゃべり方が体に馴染んできて、ふとした折に「～したものであった」とか「～ということであろう」というような、特徴的な語尾がふと頭の中に浮かぶようになってきました。「明月記」や「方丈記」を丁寧に読み込まれた堀田さんの体には、もっと濃厚に定家や長明の言葉が体に染み付いていたのだろうな、などと思いました。今月のBGMは『日本の人』（細野晴臣・忌野清志郎・坂本冬美）。（ね）

▼『ファインディング・ニモ』のフィルムコミックがようやく校了し、一息つきました。編集の最中、来日していたジョン・ラセターさん（『ファインディング・ニモ』の製作総指揮、二度のアカデミー賞受賞に輝く監督）は、この本を見て「映画の雰囲気がよく伝わるね。構成もよく考えられているし、色もイイ」と感想を述べ、この本がどのように作られるのか興味津々。映画のフィルムで作る漫画本なのですが、職人的な細かい作業の積み重ねが必要とされるこの本は、日本人が得意とするものでできる一冊だと思います。（M）

▼ジブリ社内に本誌を配ると「え、もう新しい号ができたの？」という声がよく聞かれます。私自身この年の瀬は今春公開される『イノセンス』にも関連する画集の進行も重なっているせいか、1ヶ月がとても早く過ぎていきました。日本を含め世界の動きもあわただしいようにばかり感じる始末。でも、「日本」を考えた特集に、今このときだけを思うのではない見方を改めて意識しました。（R・T）

▼この熱風が、みなさんのお手元に届くのは、2004年の1月。挨拶としては、あけましておめでとうございます、になるのですが、作業をしている今は03年の12月。師走とはよく言ったもので、会社にいても家にいても、本当にせわしなく、余裕もなくなり、反省することしきり……。いつまでも新人ではいられないので、今年は気合いを入れて頑張らなくては！（NY）

2004年2月

▼四谷シモンさんと押井監督の対談にたちあった。「人形を作り続けることが、（なぜ、人形を作るかの）答えかな。ただ作り続けることは、つらいですよ」と四谷さん。静かなたたずまいで、こんな発言がすっと出ると、ものすごく重みがある。真摯に生きることに取り組んできた人ならではの言葉だろう。その後お正月の向田邦子を描いたテレビドラマに出演している四谷さんも、拝見した。短いシーンながら、印象に残る演技だった。すごい人はなんでも、すごいのですね、やっぱり。（ゆ）

▼「犬」、というと昔実家で飼っていたペキニーズを思い出します。僕よりも年上だった〝彼〟は、エサをやる時も、散歩の時も、いつも僕を格下扱いし、ちょっとしたことでこちらを威嚇してきました。あれもまた「他者」との触れ合いだったのでしょうか。そして今、日本語がすこしだけ通じて、自分の欲望だけ主張する小動物が、自宅をドタドタ走り回っています。「犬」よりもこちらのほうがさらに「他者」に思えるのは、僕だけでしょうか。今月のBGM『息子』（奥田民生）。（ね）

▼「耕さない田んぼ」（昨年末まで連載）の話を覚えているでしょうか。この「耕さない田んぼ」でできた新米のおにぎりをいただきました。なんと12年も耕さない田んぼで採れたお米のおにぎりです。それは一粒一粒が大きくしっかりとして、噛み締めるほど甘く香ばしい味わいが口の中に

広がるおにぎりでした。お米ってこんな味がするんだと、そのうまさに感心しました。当日は朝から150個以上ものおにぎりを用意し、振舞ってくださった日本不耕起栽培普及会の武原さん、町田市の「耕さない田んぼ」のお母さん方、ありがとうございました。（M）

▼「身体があるとはっきり言える人はこの場にどれだけいるんだろう」と押井監督が四谷さんとの対談中に発言した時、その場にいあわせた私も思わず我が身を振り返った。確かに身体に対してどこか妙な距離感があって、「メンテナンスが必要な手間のかかる容器」と思ってしまうことがある。こんな私にとって『イノセンス』はいろいろと考えさせてくれる映画になりそうだ。（R・T）

▼昨年末、用事がありジブリ美術館へ行ってきました。運良く、ノルシュテイン展が始まっていたので、じっくりと見てきました。美術館全体をひとつの展示室としたような見せ方が作品と良く合っていて、とても楽しめました。今回の『熱風』では、そのノルシュテイン展開催までの裏側を少し覗くことができます。読んだ後に、「見てみたいな」と思っていただけたら、幸いです。（NY）

2004年3月

▼他の出版社の若い編集者と話をして次のように言われた。「人は、可能なことはすべて実現してきた。可能なことをあえて実現しなかった歴史はない。でも、これからの未来を生きる人間は、〈できることをあえてやらない強さ〉も、同時に身につける必要があると思う。『熱風』は、そのための知恵と強さを与えてくれる、雑誌になってほしい」――夢を彼は語ってくれたのだと思う。若者からこう言われると、年嵩の人間として、ほんとに責任重大！（ゆ）

▼「堀田善衛の世界」が最終回です。連載で興味を持たれた方は、書籍『路上の人』『聖者の行進』『時代と人間』やDVD『堀田善衛　時代と人間』をぜひどうぞ。そんなわけで、堀田氏が自著で紹介していた印象的だった言葉を2つ。「紅旗征戎吾ガ事ニ非ズ」（藤原定家）、「但あはれ無益の事かな」（鴨長明）。意味は……『時代と人間』を読んでみてください。現代サラリーマンにも通じる気分の言葉です。今月のBGMは「悲しくてやりきれない」（ザ・フォーク・クルセダーズ）。（ね）

▼働くことに対する考えは、十人十色、千差万別ですが、今回の特集からは、今の

社会は自分が就職したときと同じものではない、という当たり前のことを痛感しました。社会状況は厳しさを増しています。そんななか、村上龍氏が『13歳のハローワーク』で示した「好奇心を育てよう」というメッセージは新鮮でしたが、同時に「自分は何が好きで、それはどんな職業につながるか」を考え始めてしまいました。結果は……推して知るべしです。（M）

▼東京都下では比較的雪を見ることの多い東小金井でも、この冬はまだ本格的に降った日はありません。スキーもしない私は、雪景色を見ることのない毎日だけれど、そのせいかかえって、男鹿和雄さんの連載で描かれている雪と子供たちの描写には、わくわくします。私の子供時代とは遊び方は違うのに、いつもどこか懐かしく、そしてうらやましさを覚えた「秋田・遊びの風景」は今回でちょうど1年を一巡りしました。来号からの新シリーズに向けて、只今男鹿さんと準備中です。（R・T）

2004年4月

▼今月の「一枚の絵から」は、クレーの「蛾の踊り」。チャンスがあって実物を見る機会を得た。なんともいえずに、優しい素敵な絵だった。クレーの心の柔らかさも感じた。絵はやっぱり実物を見るに限る。その上で、その絵について書かれたものを読むと、新しい発見があってまた、その絵が見たくなる。ものを集中して見る力はそんなふうにして、また、美しいものを感じる心もそんなふうにして、育っていくものかもしれない。高畑監督の連載も16回を数えている。いつか、この連載頁のファイリングを持参しながら、全部の絵の本物を見て回りたいと思っている。(ゆ)
▼「宇宙、それは最後のフロンティア」「宇宙の海は俺の海」「無限に広がる大宇宙」(この場合〝うちゅう〟と素直に読んでください。決して〝そら〟とは読まないように)――。と、数々の名フレーズを生み出してきた宇宙ですが、特集をやりおえてなお、疑問が一つ残りました。それは、どうして人は宇宙に惹かれるのかということ。かつての宇宙開発の熱狂の名残なのか、理性(科学あるいは技術)とロマンの調和する理想的な舞台だからなのか。これは今後の宿題です。今月のBGMは「星空のエン

ジェル・クィーン」（デラ・セダカ）。（ね）

▼私にとって身近な宇宙といえば、プラネタリウムです。東京では星はあまり見えませんが、プラネタリウムに行けば、迫力の輝きで、南半球の星も見ることができます。ところが、最近は五島プラネタリウムや池袋のサンシャインプラネタリウムなど次々と閉館、寂しい思いをしていました。しかし、3月にサンシャインプラネタリウムが復活。今度、ゆっくり星空を見上げに行きたいと思います。（M）

▼今号からミニ・リニューアルした男鹿和雄さんの連載では〈食〉をテーマに60年代の秋田の風景を描いていただくことになりました。季節ごとの旬のものを食べるのは楽しいことですが、夜遅くまで開いているスーパーマーケットの店頭でお買い得になる野菜の移り変わりから「ああ、春か」と気づくくらいがせいぜいの私。採れたばかりの山菜を食べる豊かさには及ばないけれど、イラストの少年たちの表情につられ、菜の花のおひたしくらいは作ってみようと思いました。（R・T）

2004年5月

▼庵野さんの「キューティーハニー」を見せてもらった。「式日」で、人と人との関わりの困難さを重いタッチで描いた監督とは思えない、明るく優しい作品に仕上がっていた。テーマは同じであるにもかかわらずである。作風の変化に大きな影響をもたらしたのは、監督自身の「結婚」だろうか!? とするなら「結婚」はやっぱり素敵なことだと改めて思った白く桜舞う四月でした。(ゆ)

▼昔、駆け出しの新聞記者だったころ静岡市の「日本平動物園」によく通ってネタを探した。フラミンゴの檻にサギが日参するようになった、とか、ピグミーマーモセット(だったかな?)の赤ちゃんが生まれたとか、そんな記事を書いた記憶がある。大人になって、一人で訪れた動物園は、思ったよりもずっと教育的な施設で、檻の前につけられた解説を読みながら「へぇ~へぇ~」とずいぶん感心したものだった。今月のBGMは『動物園へ行こう』(杉田あきひろ・つのだりょうこ)。(ね)

▼いしいひさいちさんの漫画「フン!」の連載は今月で終わりです。毎回、原稿を預かり、拝見させていただくときは、「今回はどんな展開!?」とワクワクドキドキ

しました。皆より一足さきに味わえるこの時間、この楽しさは格別です。さて「フン！」ですが、いしいさんの描き下ろしも加え6月下旬に単行本として発売の予定です。「ののちゃん」全集も同時期発売予定で、今その編集作業の真っ最中ですが、ツボにはまると、その後は顔が緩みっぱなしです。（M）

▼「キューティーハニー」を見て、愛らしいハニーは、タイプは全然違うのだけれど、「式日」のヒロイン像とつながっていると思った。ジブリで「式日」を手伝った時期に、庵野秀明監督の本を担当した。それは「新世紀エヴァンゲリオン」以後「式日」までの、監督にとっての映画を撮り続ける動機などを各界の人との対談から追ったものだったけれど、また新たな庵野監督の世界が始まっているんだなと実感した。このつながりと変化が面白く、この先の作品でどんな人間を描いていくんだろうと楽しみになった。（R・T）

2004年6月

▼かわせみ座の山本さんの父上は画家で、幼いころから、山本さんの周囲には絵の具やその他造形のための道具があったという。そういう環境だったから、すっと人形劇の世界にはいれたとも。山本さんご夫婦ふたりで成るかわせみ座の稽古場では、5歳の息子さんが遊んでいた。両親が「仕事」をしているそばで、おもちゃを広げて、それが、彼にとって日常になっていることがわかる安定ぶりだった。幼い彼の眼に、山本さんがつくる天狗や雪女や座敷わらしはどんなふうに映っているのだろう。彼もまた、将来、人形の世界にすっとはいっていくのだろうか。「芸術」の遺伝子を感じた夜7時の稽古場風景だった。（ゆ）

▼人形といえば思い出すのは、NHKの人形劇。棒で支える方式が主流で、いろいろありましたが、先日『プリンプリン物語』DVD特典である「アクタ共和国編」を見る機会がありました。懐かしい……というには、あまりに内容を覚えておらず、むしろ新鮮な気持ちでルチ将軍と再会しました。今月のBGM「ヘドロの歌」（歌：真理ヨシコ）。（ね）

▼『トイ・ストーリー』や『ファインディング・ニモ』など、良質のアニメーション作品を生み出しているアニメーションスタジオ「ピクサー」の、その作品作りの過程を見ることができる展示が三鷹の森ジブリ美術館で始まりました。展示量の多さには圧倒されます。頭の中を整理するのには時間を要します。でもしばらくするとハッピーで楽しい気分が展示されている絵からこちらにも伝染するようです。その帰り、美術館から三鷹駅への「風の道」沿いで見つけた食べごろのクワの実でさらに盛り上がったのはいうまでもありません。（M）

▼連載の「もうひとつのJ-POP」や「食の風景」ではいつも「知らない時代の知らないこと、だけどちょっとだけ知っていること」が扱われていて楽しみにしている。舞台芸術好きの私にとって今回の特集は、人形劇というやはり「ちょっとだけ知ってるがやっぱり知らなかったこと」がふんだんに盛り込まれていて満腹。サブカルも生活文化も、文化は時代背景と社会の流れの中にあるのだな、とあたり前のことを改めて思った新人でした。（S）

2004年7月

▼今月の特集は子どもたちについてです。大学時代子どものことを少しだけ勉強した私としては、昨今の子どもたちをめぐるニュースは耳を疑うばかりです。そんなおり子どもたちとの接点をさまざまな方法でもっている方々の文章には、元気づけられます。包丁の危険性を認識した上で料理をする、トントンギコギコ工作をし椅子まで作ってしまう。子どもたちは、大人たちの接し方次第で本来もっている力を豊かに開花させることが出来ることを伝えてくれています。問題を抱えているのは、やはり私たち大人であるという認識を再度つきつけられもしました。

あまりの問題の多さに日々、もう、ぜーんぶ投げ出してしまいたくなるのですが、逃げる場所はどこにもないのです。地道にやっていくしかないと言い聞かせる6月でした。(ゆ)

▼最近はご無沙汰ですが、以前はしばしば夕食を自炊しました。学生時代から一貫して炊事には興味のない生活を送ってきたのですが、たまたま超素人向けの料理本をもらったことがきっかけでした。そこで感じたのは料理は、切ったり、剥いたり、煮たりするその作業そのものがおもしろいということでした。大工仕事やプラモデルよりも手軽で

実用的。というわけで、男性で「ものづくり」に興味がある人には、料理がお勧めです。今月のBGM『チャイニーズ・スープ』(荒井由実)。(ね)

▼田舎で育ちましたが、おじいさんやおばあさんの昔ながらのものづくりは、すでにあまり身近なものではありませんでした。が、一度機会を得て、藁縄作りを友達のおじいさんから教えてもらったことがあります。何度やってもなかなかうまくいかず、一方でおじいさんの手からきっちり整った藁縄がどんどん生み出される様に、しきりに感心したものです。おかげさまで今でも不恰好ですが、藁縄を綯うことができます。子どもが体や手を使って身につけていく機会は、あなどれません。(M)

▼子どもが〝母の手は魔法の手〟と感じるのは次々と何でも生み出すことへの憧れと賞賛であることはもちろんだが、「手」で作ることに敬意を払うという感覚は、ものを生み出す喜びと苦しみを知る誰もが持つ本能のようなものではないだろうか。アニメーションを作る会社で本を作る部門にいて、「作ることに誠意と敬意を忘れてないか!」を標語にしてみようか……。まずは日々のご飯、楽しく作ろう……。(S)

2004年8月

▼とにかく暑いです。こういう時は、涼しい緑あふれる場所へ出かけたくなります。昨年目にした、近江棚田の風景は、そんなときに思い出す光景のひとつです。今月はそうした場所に生まれ、生活し、その環境を守り育てている方々に原稿をお願いできました。今森光彦さんの写真をカラーでお見せできないのが、とても残念です。そりゃあ、いい写真なのです。今森さんは、彼の地で、里山塾を始められたそうです。たった2、3日でもその場所の水にふれ、呼吸をしてくると、違う自分になれそうな、そんな魅力あふれる催しです。時期は9月とか。無理やり、仕事にかこつけて、行きたい気分です。（ゆ）

▼「多摩川沿いに住んでいる」というと必ず言われるのが「『岸辺のアルバム』みたいになるんじゃない」（知らない人はビデオか何かで見てください）というセリフ。普段は笑い事で済ませていたのですが、新潟と福井の水害の状況と苦労されている被災者の方々の様子を見るにつけ、「水の力」は決して笑い事で済ませられるものではない、と改めて考えさせられました。そして、ならばどういう治水が人間と自然の為にいいのか、ということもまた。今月のBGM『水のいのち』（高田三郎）。（ね）

▼『大草原の小さな家』シリーズの最終巻『わが家への道―ローラの旅日記』は、成人し結婚したローラが、夫とともに新天地を目指して馬車で旅する日々を綴ったもの。7月に始まった旅の日記の最後には、その日の温度が記されています。肥沃な緑の大地を移動するというよりは、作物の収穫がほとんど見込めないようなカラカラに乾いた土地を移動しているほうが多いような毎日で、38度、43度といった記述がつづきます。「今日は少し涼しい」とあった日は36度だったり……。多少の暑さは我慢しよう、とこれを読んでは思うのでした。(M)

▼酷暑の中、今月の特集が皆さんの清涼剤になっているといいのですが。涼を呼ぶと言えば、東京の都営三田線大手町駅で「大手町ミュージアム」と称して通路壁面を美術館に見立てる企画が行われており、この夏は、「1960年代 秋田・食の風景」を連載の男鹿和雄さんの作品が飾られています。ジブリ映画の背景画や静かな水辺、里山の風景が壁面に溢れておりまさに〝涼みどころ〟。連載では白黒でしかご覧いただけない男鹿作品本来の清々しさを、カラー&大画面で堪能できます。東京駅方面へお運びの方はぜひお立ち寄りを。(S)

2004年9月

▼高畑勲監督がライフワークのように続けてきたフランスの詩人プレヴェールの詩集の翻訳作業。それが『ことばたち』全訳としてやっと刊行されます。その作業は、フランスのすぐれた、そして日本では愛の詩人という側面が強調されたその詩人の、より多面的魅力を日本に伝えるべきだという、強い継続の意志に基づくものだと思います。それこそが「翻訳」の根っこにある原動力ではないかと思います。今月の特集は、そうした異文化コミュニケーションを仕事にしている方々に敬意を表したくて、考えた企画です。コミュニケーションの難しさとともにその実りの豊かさ、お伝えできているといいと思います。(ゆ)

▼「戦争だって……? そんなものはとっくに始まっているさ。問題なのはいかにケリをつけるかだ」。某映画のとあるセリフです。そんな言葉を思い出しながら、嶽本さんのエッセイを拝読しつつ、話題の『華氏911』の評判をネットで拾い、NHKで沖縄戦の秘話を知る——そんな8月でした。今月のBGM『リンゴの唄』(並木路子)。(ね)

▼先月につづき『大草原の小さな家』の話。最近、その主人公のローラの「とうさん」

「かあさん」が「とうちゃん」「かあちゃん」と訳されているものを読む機会がありました。雰囲気はそれひとつでがらっと変わり、現代的な雰囲気もする娘だったローラは、開拓時代の気分を持つ田舎の娘になっていました。翻訳で置き換える言葉ひとつとっても、作品に対するイメージががらっと変わるものだと実感。翻訳の奥の深さをつくづく思いました。（M）

▼乱読盛りの10代、翻訳という作者とは違う〝頭脳〟が一段階はさまったと思うと、海外作品にはあまり手が出ませんでした。かといって世界の言語はおろか母国語以外を身につける努力を怠ったまま脳は老化の一途。その一方で（だからこそか？）〝翻訳も作品のうち〟と思えるようになって歳をとるのも悪くない、といったところでしょうか。「これをあの人が訳したら」「ああいうテイストで訳したら」などと友人と無責任に言い合う楽しみ方も発見しています。誌面は秋の雰囲気になってきました。天候不順が当たり前の感がありますが、皆様お気をつけ下さい。（S）

2004年10月

▼今月は音楽関係者3人にお会いしました。どの方も忙しいさなか、伺ったお話からは「音楽が好き」が伝わってきました。皆さん、私より年齢は上。もちろん要職についていらっしゃる方ばかりですから、「好き」だけではやっていけない場面に毎日のように遭遇し、判断をくだしていらっしゃるのでしょう。それでも「好き」な気持ちがベースにあることが大事だと強調されていました。私自身も「活字が好き」の気持ちを忘れないようにしないと、忙しさばかりに追いかけられます。毎月勉強させられる出会いがあります。大事にしないと！（ゆ）

▼最近、我が家でヘビーローテーションしているCDは『イエロー・サブマリン～ソングトラック～』。聞いているのは、我が家のチビ。もともと映画のDVDを2歳児用子守アイテムとして活用していたのですが、故あって封印したところ、それでも「〝黄色い潜水艦〟の歌がききたい」と騒ぐので購入したものです。チビが最近気に入っているのは中でも「ALL TOGETHER NOW」と「SGT. PEPPER'S LONELY HEARTS CLUB BAND」の様子。洋楽に興味のない父と、当たり前の洋楽しか聞いてこなかった母という微妙な環境の下で、彼はどんな音楽人生を歩んでいくのでしょうか。今月のBGM『息子』（奥田民生）。（ね）

▼レコードからCDへと移行していく時期を経験しましたが、一番最初に買ったレコードのタイ

トルは覚えていても、なぜかCDの場合は覚えていません。映画「スウィング・ガールズ」が封切られ、町のあちこちでベニー・グッドマンの「シング・シング・シング」を耳にします。高校生のころ、繰り返し聞いていた曲、音と一緒に懐かしい記憶が覚醒、空気の匂いもが脳裏に蘇りました。CDは難しい時代を迎えている様ですが、音楽の記憶は鮮やかです。(M)

▼今月の「一九六〇年代秋田・食の風景」は川原で煮炊きをする子どもたちです。飯ごう炊飯、バーベキュー、学校で、家族で、デートで、誰にでも屋外で調理したおいしさは覚えがあるもの。生焼けだったり雨に降られたり車が渋滞したり、マイナスの経験もあるはずなのに、どうして思い出は「おいしかった」なんでしょう。描かれた子どもたちがそれぞれ楽しそうなのを見て、なんだか得心してしまいました。(S)

▼数年前、CDショップで某社の某グループのCDを買おうと手に取りました。そのCDは当時導入されたばかりのCCCDで、ジャケットには「このCDはMacintoshには対応しておりません」と書いてありました。当時、Macintosh ユーザーだった私は、コピーやMP3化はともかく、自分の音楽環境で再生すらできないという不備だらけの規格に呆れて買うのを止めました。そんな某社ですが、先日、CCCD化についてはこれまでの完全採用から商品ごとに検討するとのリリースを発表。一音楽ファンとしては一歩前進の感あり、と思っております。(ち)

2004年11月

▼「『日本その心とかたち』をめぐって」の企画のために、初めて加藤周一さんにお会いしました。朝日新聞の「夕陽妄語」のコラムを通して想像する加藤さんは、まさに「日本の知性」そのものでした。さて、お会いしての印象はというと、若々しい！　もちろん、論じれば、その広範な知識とお考えの深さには驚くばかりでしたが、その物言いに、なんともいえないユーモアを感じさせる方でした。高畑監督、鈴木PDが、ぜひこうした企画をと目論んだことに、120％共感できる時間でした。編集者でよかったと、こういう時、心から思うのです。（ゆ）

▼先日ある会合で、マンガ評論の歴史、アニメ評論の歴史がテーマになりました。いろんな意見が出てなかなかおもしろい会合だったのですが、その中で改めて思ったのは、アニメは常に「映画」や「絵画」や「マンガ」のサブジャンルとして扱われてきて、それが評論の立ち位置と密接に関連しているなぁということでした。今月のBGM『何と言う』（奥田民生）。（ね）

▼デジタル化が進み、ホームシアターの環境などが整っていく中で、映画を観る環境がこれからどう変わっていくのか気になります。人気の映画を観るために1時間以上前から並ばなくてはいけないなど、映画館で映画を観るにはさまざまな制約があり、分が悪いのでは？　と思うからです。

料金が1800円というのも気になるところです。映画を観ることが、イベントではなく、日常になればいいのにと思いつつ、映画館はどうなっていくのかと考えたりもした特集でした。（M）

▼映画に限らず、本を選んだり食事に行く店を決めたり就職先を考えたりする時、皆さんは何を基準にしているのでしょうか。判断には材料が必要で、材料は世の中に流れている情報で、その情報源が公的か私的か。私の場合は私的な情報源に偏りがちです。狭い意見に左右されているとも言えます。材料をどう仕入れて調理するか、考え直してみると楽しいかも、と思う特集でした。（S）

▼今回初めて特集を担当したのですが、好きな映画がテーマとあって、楽しくまとめることができました。思い起こせば10数年前に、今は亡き淀川長治さんの講演を聴く機会がありました。テレビで見ていたイメージよりもずっと小柄な方で、当時すでに80歳近かったと思うのですが、D・W・グリフィスとE・V・シュトロハイムの映画について、熱弁をふるっていたのが印象に残っています。それは確かに評論ではないかもしれませんが、熱気と迫力に満ち、思わずその映画が観たくなるような語り口でありました。僕が「映画をめぐる言葉」について考えたとき、真っ先に思い出すのは、じつはそんな淀川氏の姿なのです。（ち）

2004年12月

▼ジュリエット・グレコさんと高畑監督の対談を聞く機会を得ました。グレコさんは、1935年生まれの高畑監督より年上。カンがよく、日本語を解するわけではないのに、高畑監督の上がり気味の発言を、間髪いれずにからかったりする。サルトルやプレヴェールたちに可愛がられたのもこんなふうだったからに違いないと思わせる瞳が、輝く。一方、精神の根に不変の戦闘的精神があるのも感じさせる力に満ちた発言もする。こんなふうに年をとったら、モテルだろうなあ。（ゆ）

▼CMというのは〝擬態〟ではなかろうか。時に現代アート、時にジャーナリズム、時にドラマなどに擬態しつつ、そこに人々が集まってくると、大きな口でパクリと飲み込んでしまう。では何がCMという〝擬態〟を演じているのか。それは高度発達資本主義社会という強欲なカオナシではないか……。とそんなことを「文化的雪かき（©村上春樹）」をしながら考えました。今月のBGM『カローラⅡにのって』（小沢健二）。（ね）

▼「見せられている」という意識がテレビCMにはついてまわります。だからこそ、押し付けがましくなく、気持ちよく、気が利いていて、なおかつ風刺が効いているCMを見ると、これはスゴイと思います。作る人たちも相当考え抜いているんだろうなあと陰ながら感心するのです。

ところが一方で、テレビショッピングのように、全編ベタなコマーシャルではないかと思う番組もあります。これが、それなりに支持を集めているのも、私としては不思議です。CMというのは誰に向かって作るのか。「誰」を考えることは、常に時代と表裏一体なんだと実感しました。（M）

▼1年過ぎるのは早いですね。さて今年自分は何をしたか、と胸に手を当てると冷や汗がたらたらたら。今月の特別収録の対談では、高畑監督が初対面のジュリエット・グレコさんと、専門や国境を越えて意気投合。きちんと積み上げてきたものがある人々というのは、それを基盤に新たな機会を生み、その機会をまた有効なものにしていく力があることを教えてくれます。ローマは一日にして成らず。日々是精進也？（S）

▼広告と言われてまず思い出すのは、アートディレクター・大貫卓也氏の仕事です。豊島園の「プール冷えてます」や「史上最低の遊園地」、ラフォーレの「スイッチ」などユニークかつカッコいい作品がいくつもありました。そしてもうひとりはプランナーの佐藤雅彦氏。湖池屋の「スコーン」や「ジャガッツ」、NECの「バザールでござーる」など、面白いと思ったCMのほとんどをつくっていたのがこの人。80年代末～90年代前半の広告は、とにかく刺激的でした。果たしてあんな時代が再び来ることはあるのでしょうか。（ち）

2005年1月

▼「笑い」の特集をして、思い出したこと。まだ20代だった頃、野田秀樹さんの舞台を観劇してのこと。私の笑う場面と、多くの観客が笑うシーンが微妙にずれるのです。なぜだろう、と当時も思ったのですが、今回改めて「笑い」を考えてみて、私の面白いと思うのは、瞬間芸的なものではないのではないかと、思い当たりました。私は、いま、時おり行く寄席で笑います。とくに小三治さんの高座は、演じられる時代が江戸時代だろうと、そこに人がいきいきと立ち現れます。話が積み重ねられていく中でどんどん面白くなり、笑いが沸き起こります。そういうストーリーのある「笑い」が私はやっぱりいいなあと思うのですが、どんなものでしょう？（ゆ）

▼『「自分」が何で笑っているか』という春風亭昇太さんの原稿を目にして、ドキッとしました。「笑いは人を映す鏡」とも書いてあり……。どんなときに笑っているか、考えてみれば、なんとなく、今の自分に足りてるもの、足りてないものが見えてくる……。万人の、海のものとも山のものともつかない「笑い」と日々向き合う。古典はそんなときの確かな足がかりになっていると感じました。（M）

▼「ハウルの動く城」が公開されて2ヶ月がたとうとしています。もう劇場に足を運んでいただけたでしょうか。関連の書籍も次々と発売となり、1つの作品についてさまざまな見方や提示の仕方があるものだと再認識しています。一方この『熱風』では毎月新しい出会いや勉強による発見があります。今年はどれだけのそうした出来事があるのか楽しみです。（S）

▼「泣かせるのは簡単だが、笑わせるのは難しい」と言ったのはチャップリンですが、最近はどうも「泣かせるのは簡単、笑わせるのも簡単」となっているようです。テレビのバラエティ番組を見ても、お客さんやスタッフが本当によく笑います。これでいいのかと思う自分がいる一方で、そんなお笑い番組を楽しんでいる自分がいるのも事実。今回の特集でも執筆していただいた演藝評論家の矢野誠一さんとお話をしたときも、笑いにおけるテレビの功罪を話しており、「笑い」についてまじめに考えた年の瀬でありました。（ち）

2005年2月

▼特集のために読んだ『日本語の21世紀のために』という本がある。山崎正和さんと丸谷才一さんの対談集だ。日本語を歴史的時間軸でも捉え直していて、刺激的だった。特集で登場していただいた松居さんから、丸谷さんは『日本語のために』という著書を1970年代に書かれている。そこに丸谷さん自身が子供に読み聞かせをして、へんな日本語は自ら校正をして読み聞かせたというエピソードが書かれていると伺った。日本語特集第二弾を企画し、丸谷さんと山崎さんにぜひ、次回は執筆願いたいと思う。(ゆ)

▼日常生活のなかでは、日本語に、あまり不便を感じることはありません。ところが文章の校正をはじめると、なんと多様であいまいで、難しい言葉なのだろうと思います。それがダメかというとそうでもなく、どっちつかずが気持ちいいなと思うことも多いのです。融通無碍、良くも悪くも昔から日本の人はそういったものが好きだったのかもしれません。(M)

▼母音の多い日本語は、例えばオペラのように子音の連続する言語圏で発達した楽曲には歌詞として乗せづらく、歌いにくいそうです。言語の特性によって表現形式に向き不

向きがあるというのはなるほどと思います。また、今回の山根基世さんのお話にあった、深く考え抜かれた上での深い声や正直さの上にある深い話というのは、万国共通のテーマ。毎日誰もが使っている「言葉」ですが、振り返るとやはり奥深い！（S）

▼今回掲載した「背景美術の『筆』事情」は、男鹿和雄さんや田中直哉さんに別の案件で取材をしたとき、じつはこんなことが……という話を聞いたのがきっかけで生まれました。それが非常に興味深く、また考えさせられる内容だったこともあり、原稿にしてみようと考えたわけです。思い起こせば、自分たちが何気なく使っている「道具」も、メーカーの事情とやらで、使い心地が全く変わってしまうことがあります。この原稿を打っているパソコンなんかは最悪の部類で、機能を上げて使い勝手を悪くするというパターンが横行しています。黙っているとこれでいいんだと思われてしまうので、とにかく声を上げていかなきゃと思った次第です。（ち）

2005年3月

▼特集のひとつにジブリ広報の西岡部長の文がある。彼はこれから売れるものとして、ロボットを挙げた。一般の人がロボットに掃除をまかせ、さっぱりとしたものの少ない部屋で、好きなときに世界とネットでアクセスする。人間関係の薄い時代がまさにすぐそこという光景が浮かんでくる。そういう環境は、確かに惹かれる。しかし、それには、まず、ITを使いこなし、ロボットも自由に操作できるようにならねばならない。わたし世代はその関門で挫折しそう。ということは、そういう世代むけの簡単グッズが売れるということ？ターゲットの二極化か。（ゆ）

▼部屋にモノがないってゼイタク！　愛知万博のパビリオンのひとつ「サツキとメイの家」の本を作ることになり、撮影のためにこの家を訪ねたときそう思った。この家は昭和初期のつくり方で建てられた。映画「となりのトトロ」の主人公たちが暮らしているように生活に必要な細々としたモノも置かれているし、お父さんの書斎は映画通りに考古学の資料などが溢れかえっている。でも暮らしの基本となる和室や茶の間や炊事場は、どこに何があるのかすとんと把握でき、畳や障子などがつくる日本家屋の内部空間は美しい。

自分の部屋に溢れているモノを何とかしたい。たぶんそう思っている人が多い中、今の人が何を欲しているのか考え提案する側の話は、興味深かった。（M）

▼今月の特集の企画段階では、「どんなものが人気を集めているのか」「どんな仕組みがヒットを支えているのか」という情報収集に努めました。それは自分の生活と社会経済が密着していることを確認する楽しい作業でもありました。読者の方々が日常生活の中に「社会のしかけ」や「時代の芽」を発見するきっかけとなる特集になってくれていたら、と思っています。（S）

▼いま家に500枚くらいCDがあるのですが、これらを手のひらサイズの中にすべて収めることができる。そんな情報を聞いた途端に「これは買いだ！」と思いました。おそらく、iPodを持っている人の多くはそんな気分を共有していたのではないかと思います。家ではBGM必須なのですが、昔はCDをとっかえひっかえしながらだったのが、今はiPodから流しっぱなし。「シャッフル再生」をすると、ジュリエット・グレコの次にナンバーガールがかかったりして「やるな」という感じ。いや楽しめます。（ち）

2005年4月

▼4月といえば、就職、進学と新しい季節の始まりと思っていた。でもフリーター生活を送る人には、そうした区切りはない。というより、彼らは1年ではなく、1日という短いサイクルの中で、楽しいことや充実感を味わおうという世代のようにも感じた。いい意味でとらえれば自分に正直、否定的にいえば、我慢強くないともいえる。しかし、いい悪いではなくそうした人が多くなっているのは確か。その世代とどうコミュニケートしていくか、課題です。（ゆ）

▼スギ花粉の猛威に辟易しています。山にスギばかり植林して、自然界のバランスから突出してしまった所以です。山はいろんな木が混ざり合っていたほうが、動植物の数や種類が豊富になるし、自然災害にも強くなるとか。フリーターが増えているのは、サラリーマンが増えすぎてしまったということもあるのでしょうか!? 経済合理性が優先される世の中で、いろんな働き方が可能になる、そんな土壌作りはどうしたら可能になるのだろう……スギ花粉の猛威を減らすのと同じくらい、これも遠い道かもしれません。いやしかし、これが実現したら日本は『ラテンになれるか

も？（M）

▼私もかなり長いことフリーターでした。いろいろ不自由な事も多く、クレジットカードを作る契約書の職業欄に「自由業」という言葉ができた時、とても安心したことを覚えています（だいぶ昔のことですね）。フリーターは不安定。フリーターは信用されない。フリーターは休むと収入がない。それでも、あのいろいろな現場に首を突っ込める魅力に負け、次に生まれてくるときもきっとフリーターをするのだと思います。（S）

▼前号からはじまった「鞆の浦のまちづくり」でメインの原稿を執筆しているのは、「鞆まちづくり工房」の松居秀子さん。会って話をした印象は非常に穏やかな感じなのですが、書かれる原稿は「熱い！」の一言。編集担当の私と、編集に協力してもらっているピースウィンズ・ジャパンの國田博史さんは、さしずめその熱気や面白さを損なわぬよう手綱を引く役割といったところでしょうか。次回はどんな展開になるのか、私自身も楽しみにしている連載のひとつです。（ち）

2005年5月

▼マティスのヴァンスの礼拝堂を特集したテレビ番組を見た。ステンドグラスから神父の礼服まですべてをマティスが手がけたものだという。そこは色彩にあふれ、高畑監督が「一枚の絵から」で書いている「生きる喜び」にあふれた場所のように見えた。その番組にマティスが最後に手がけていた作品が映し出されていた。モノクロの作品だった。黒はあらゆる色彩を吸収した究極の色。「生きる喜び」を生涯のテーマとしたマティスだからこそ、たどり着いた静謐な表現なのではと思い到った。（ゆ）

▼「映画はつまらないと思ってもまた観に行こうと思ってもらえるけど、演劇は一度見てつまらなかったら、もう二度と観に行かないと思われるんです」「思いついたことをすぐにやってみることができる、それが演劇の魅力のひとつです」。原稿の打ち合わせで印象的だった、キャラメルボックスの成井豊さんの言葉。こうしたら面白くなる、この面白さは共有できる。そうした熱気を、丁寧な話しぶりから強く感じました。この熱さは、伝染する！　そう思った帰り道でした。（M）

▼今月の特集執筆陣はみなさん熱い方々でした。演劇という主題は共通していながらも、その生きてきた時代や立場、考え方は様々。が、表現こそ違えど、申し合わせたように「やめようと思ったことはない」とも。その思いが情熱だけで支えられているのではないことが、読むとわかっていただけるのでは。個人にとって根源的なテーマに向き合って下さった執筆者の方々、ありがとうございました。（S）

▼演劇は身体感覚を楽しむものなんてことをよく言われます。今回執筆していただいた世田谷パブリックシアターの高萩宏さんからの勧めで野村萬斎さんの狂言を観て、なるほど確かにと思ったものです。そんなわけで、僕も失われつつある身体感覚を取り戻すべく、ジョギングなんかをはじめてみたのですが、2～3日ですっかり脚が痛くなってしまいました。身体感覚獲得の道は遠いなぁ……。（ち）

2005年6月

▼男鹿和雄さんの連載「一九六〇年代　秋田　食の風景」は今月も休載。というのも、男鹿さんは今、宮沢賢治の世界を描く仕事にかかりきりだからです。70枚以上の描き下ろしにとり組んでおられます。先日、8割方の絵を持参された男鹿さん、額の汗をぬぐいながら、「久しぶりに町にでると暑いです」と一言。男鹿さんのご自宅は東京・八王子。ジブリのある東京・東小金井は「町」!?　宮沢賢治の世界である、北上山地の森や樹を描き続けて、気分は「岩手から上京」なのかもしれません。出来上がった絵は山の冷たい澄んだ空気に満ちていました。(ゆ)

▼『アダムの呪い』(ソニーマガジンズ刊)によると、Y染色体は父親から息子にだけ受け継がれるが、このY染色体は突然変異を起こしやすく、利己的遺伝子による影響を受けやすいという。人間社会は実のところこのY染色体に、どのくらい影響をうけているのだろう?　動物界では、往々にして雄のほうが小さかったり、美しかったり、働き者だったりする。その辺もあわせて考えてみると面白いかも。(M)

▼「親があっても子は育つ」とは坂口安吾の言葉。家庭という良識をおしつける場

が日本をダメにする、というようなことを言っていたと記憶します。人が人としてスタートする時、良くも悪くも家庭は最初の社会であり舞台であり枠組みです。そこで大きな力を持つのが父なのか誰なのかそれとも全く違う何かなのか……。それを誰も選べないから家族の有り様は永遠にテーマになるのでしょうね。（S）

▼鈴木慶一さんのバンド、ムーンライダーズは学生の頃からよく聴いていたのですが、父親が俳優でらしたなんてことは知りませんでした。その鈴木慶一さんはいま50歳代ですが、30歳代の僕らと、父親との接し方というか距離感が似ているのも意外な発見で。何となくあの世代の父親というと、「家父長」であり「頑固親父」であるというイメージがあったのですが、それをくつがえすようなゆる〜い父親像の話を聞いて、感心しつつも先入観の持ちすぎはよくないななんてことを思いました。（ち）

2005年7月

▼なにやらひどく忙しい。「日本 その心とかたち」の本とDVDの追い込みと、「熱風」の入稿が重なったためだ。こういうことが起こらないように随分と余裕をもってスタートさせたつもりなのに！　体力、知力とも年齢とともにレベルダウンしているせい？　けれど1919年生まれの加藤先生は余裕綽々。2時間にわたるインタビューをこなされ、海外にまた旅立っていかれた。どうすれば、あの余裕を身につけることができるのか。謎です。（ゆ）

▼ゴールデンウィーク、デモが起こるかもしれないと心配されていた香港へ、遊びに出かけた知り合いがいました。結果、日本人が少ない中で海外旅行の気分を満喫できたこと、テレビで騒がれているのとは違い親日の雰囲気が強かったことなどを土産話で聞くことができました。中国本土ではなかったからかもしれませんが、メディアから流れる刺々しい映像との隔たりを感じました。この隔たりを埋められるものは何なのでしょう？（M）

▼久々の再開となった男鹿和雄さんの連載「秋田・食の風景」ですが、残念ながら

今月をもって終了です。最終回の構想はずいぶん前から決めていらっしゃいました。食の原風景には母親がおり、おいしいものを教えてくれた人がいる。そしてこれは多くの人にとって通じる風景でしょう。私の「母の料理姿」は、病気をすると特別に登場した「プリンを蒸す母」です。さておき、男鹿ワールドの次なる展開をお楽しみに。（S）

▼先日私用で韓国に旅行してきました。食事もおいしくなかなか楽しい旅だったのですが、びっくりしたのは海賊盤ＤＶＤがたくさん売られていたこと。しかも駅ビルのすぐ近くや電気街といったところで堂々と……。中にはつい先日劇場公開されたばかりのＳＦ超大作なんかもあって、驚き呆れたものでした。こうした海賊盤は、韓国だけでなく中国や香港など、アジア各国でも大きな問題となっています。「どこの国にもいい人もいれば悪い人もいる」という話は今回の特集でも出てきましたが、そんな当たり前のことを再認識させられた旅行でした。（ち）

2005年8月

▼谷川俊太郎さんと覚和歌子さんによる、詩の朗読会を聞いたことがある。耳をそばだてていると、目の前に光景が広がった。風が流れ、深夜の台所が現れ、桜の花びらが散った。力のある詩は、そんな不思議な体験をさせてくれる。高畑勲監督は若い頃、プレヴェールの詩を自転車に乗りながら口ずさんで、楽しんだと以前話していた。本物の詩は、人にそんな喜びを与えてくれるのだ。詩――もっと身近にと思う。（ゆ）

▼すっと出てくる詩は何だろう。思い出したのは「かっぱかっぱらった……」（詩・谷川俊太郎）のフレーズ。ことばのリズムから、自然と覚えていたのでしょう。リズムといえば、五・七・五とことばの調子がよい俳句などは意外に覚えていたりします。絵本なども、長く愛されるものは、ことばの調子がよいものが多いようです。ことばの調子から詩に入っていくのもいいかもしれないと、久しぶりに「かっぱかっぱらった」が入っている『ことばあそびうた』（福音館書店）を手にしました。（M）

▼つい先日、友人が中国人女性と結婚し、中国で挙式しました。これにこぎつける

までかなり長くかかり、長くなるのはどうやら本人たちの問題ではなく社会制度の問題のようでしたが、一向によくわかりませんでした。また、今年になって別の友人が2人中国へ転勤になりました。世間と同様、最近身の回りで中国バナシが増えているのでした。私にとって中国は段々近づいている国と言えそうです。（S）

▼詩人と聞いて思い出すのが、「ノスタルジア」という映画に登場した亡命詩人です。その人は旧ソ連を追放されイタリアで失意のうちに暮らしており、「詩は翻訳することができない」というようなことを呟いていたのが印象に残っています。一方で、以前日本語特集のときに執筆された詩人のアーサー・ビナードさんは、日本語で詩を書き、それを英語に翻訳することもやっています。果たして詩は国境を越えることができるのか。いま、そんなことも考えています。（ち）

2005年9月

▼表紙は宮崎敬介さん。「秋」をイメージしてとお願いしたら、木口木版画でこのような絵があがってきました。木の葉が舞う風景と泳ぐ鯉が不思議な「秋」になっていると思います。この絵が仕上がるのに、ほぼ2ヶ月。木口木版は、なんとも時間のかかる表現手法です。その時間と集中力から彫り出される繊細な線と、線と線の間隔をぜひじっくり見てみてください。(ゆ)

▼今回の特集執筆者の方々から「地域通貨というよりも、補完通貨といったほうが分かりやすいかもしれません」と何度か伺いました。確かに地域通貨と言うと、今手にしている「お金」と同じように使えるということだろうかと安直に考えてしまいそうです。一方、補完通貨となれば、それは「補完」なので、足りないところを補うものなんだと妙に納得できるのです。名前はつくづく重要なものだと思います。例えば「スローマネー」というように紹介されていたら、今頃は!?(M)

▼先日、単純なミスで携帯電話もパソコンも使えない3日間を過ごしました。あせるやら清々するやら。ところが自筆で手紙を書いてみたら妙に気恥ずかしくてなりま

せん。字が汚いとか一度書いたら書き直せないとかいうことではなく、自分がむき出しになった気がしたのです。手紙の相手も関係あったのかもしれませんが、日頃人との間に一枚カーテンを引くことで楽をしているのでは、と自分を疑いました。地域通貨に取り組む方々がしていることは、社会に新たなコミュニケーションのシステムを浸透させようという試みでもあるのだと考えると、頭が下がります。（S）

▼お金が利子を生むことについて、疑問を持ったことはありませんでした。せいぜい利子を払う側ではなくもらう側にならなければと思っていたくらい——つまり、今あるシステムの中でいかにうまく立ち回るのかということでしかなかったわけです。そんな風に凝り固まった人間だっただけに、『エンデの遺言』を読んだときは衝撃を受けました。「お金」についてはもちろんですが、いちばん大事なのは、根源的にものごとを考えるという「姿勢」なんだなと考えた「教養の夏」でした。（ち）

2005年10月

▼阿川佐和子さんといえば、「ビートたけしのＴＶタックル」のサブ司会者、『週刊文春』の対談、そしてユーモア溢れるエッセイの書き手というイメージがあると思う。実は彼女には、もうひとつ小説家の顔もある。坪田譲治文学賞を受賞した長編『ウメ子』という阿川さんの作品が、私はひどく好きだった。子どもの心がそこにはある、と思ったからだ。今回の新連載では、そんな〝ハート〟を縦横無尽に溢れさせてほしいと思っている。（ゆ）

▼携帯電話を持っていません。数年前までは漠然と「この先、持っていないと肩身が狭くなるだろうなあ、それはちょっと嫌だなあ」くらいに思っていました。そして今、思っていたように肩身が狭くなってきています。持っていないのは迷惑だというリアクションも当然のようにあります。包囲網は狭まりつつあります。あとどのくらい携帯を持たずにいられるか……。この頃は、よくそんなことを考えるようになりました。（Ｍ）

▼携帯電話を使い始めたのは人よりかなり早かった方です。それでも通話とメール

しか使っておらず、先日初めて災害時のサービスの使い方を覚えました。自己満足に浸る私に家族から投げかけられた言葉は「災害の時役立つように、普段から携帯持って出かけてね」と「バッテリーはコンビニで買えるんだからね」でした。そう、私は携帯電話を家に置いてきても、バッテリーがあがっていても平気。でも、遠くない未来にヒト内蔵型ケータイなどができ、置き忘れることもなくなるに違いないと思っています。（S）

▼先日、ケータイを新しいものに変えました。一世代前のものではあったのですが、何と端末代は0円でした。すごいビジネスだなと思ったのですが、よくよく考えてみると、毎月支払う通話料や通信料は数千円から数万円になる人もいるわけですから、その中に端末代も薄く引き伸ばされているということなのでしょう。となると、極力ケータイを使わないのが賢い消費者なわけだなとわかりつつ、ヒマつぶしにケータイを見てしまう意志の弱い自分でした。（ち）

2005年11月

▼行定監督の「春の雪」を見た。画面全体から大正時代の日本の上流階級に存在したと思われる爛熟した気品と美を感じた。それを2時間半にわたりどう持続させえたのか素人の私にはわからない。が、監督の原稿の「台湾の撮影監督李屏賓氏の起用」という文章を読んで、「これが大きな要因かも」と思い至った。「日本は、そして日本人はこんなに凛とし、こんなふうに一途で美しかったんだよ」という気持ちがどの画面からもあふれている気がしたのだ。原作者三島由紀夫の日本への想いは異国の人のほうが、より理解するということではないだろうか。そして、その彼を起用した行定監督の〝千里眼〟は、すごい！（ゆ）

▼夜9時からのＮＨＫスペシャル（かつては「ＮＨＫ特集」）。物心ついた頃、家族で腰を落ちつけて、のんびり見ていた気がする。しかし今の夜9時は、何だか気ぜわしく、うっかり見逃すことも多くなった。最近は深夜の再放送があるけれど、見逃した番組は数知れず。願わくはボタン一つで過去の番組を自由に引き出して見ることができるＴＶチャンネルがあればいいのに。（Ｍ）

▼ドキュメンタリーをつくる舞台裏は、やはりドキュメンタリーになりうるほどの悲喜交々が

ある。対象と真剣に向き合えば向き合うほど「何故？」や「そこのところをもう少し」と欲も出てくるだろうと思う。今月ジブリ Library で復刻する『漫画映画論』の著者は既に亡くなった方。編集作業をしていく中で、むくむくと人物像が湧く一方、「何故」や「もう少し」をご本人とやりあえない寂しさもあったのでした。（S）

▼NHKスペシャルには数々の名作がありますが、僕が個人的に印象に残っているのは「驚異の小宇宙 人体Ⅱ」（93年）です。その中に、短期記憶障害という数分前の出来事を憶えておくことができなくなった人のエピソードがありました。その人がどうやって〝記憶〟をしているかというと、自分の行った行動をすべてメモに書いて〝記録〟を残しておくのです。それらを集めた分厚いノートが彼の〝記憶〟なわけです。また、記憶には脳が憶えている記憶と身体が憶えている記憶の2種類があって、身体の記憶は忘れることはないらしいのです。エピソードの最後、彼は家具職人に弟子入りし、技術を学んでいくというところで終わっていました。人間とは？ 身体とは？ ということを考えさせられた番組でした。ちなみにこのエピソードは僕の〝記憶〟のみで書いており、多少の間違いはあるかもしれません。ご了承ください。（ち）

2005年12月

▼今月のギョットちゃんは、ピンチです。フクロウじいさんは果たして助けに来てくれるのか？　書き手の阿川さんも早くも年末スケジュール体制でピンチです。朝早くからテレビの収録、週刊誌の対談のための資料読みと押せ押せの毎日です。ギョットちゃんのゲラ読みも今月は移動の新幹線の中での作業とか。そうした最中でも阿川さんのユーモアセンスは健在です。綱渡りの毎日を、笑いと一緒に動かしていきます。同学年の私としては、阿川さんが頑張れるなら私もと思うのでした。（ゆ）

▼玄田有史氏の原稿にある「ウィークタイズ」（緩やかな絆）という言葉にすっかりはまりました。詳しくは本文を読んでいただくとして、これからの世の中、緩やかな絆は、何か問題が持ち上がったときのソフトランディングにも有効で、とても重宝されるのではないでしょうか。とはいえ、日頃から意識しないと、こういった絆は維持できません。これは私への宿題でもあるのでした。（M）

▼本年4号フリーター特集に続いての働き方シリーズ（？）で、今回は組織の中で働き続けることにスポットを。働くことは誰にとっても身近な営み（のはず）なの

で「この人の言うことわかるわかる」というポイントが人と違うと大いに盛り上がれる話題ではないでしょうか。隣に座っている人と語り合ってみてください。(S)

▼「前田建設ファンタジー営業部」という本が話題になったのはちょうど一年くらい前のことだったと思います。当初は、少し前に流行っていた空想科学読本の類かとも思っていたのですが、読んでみると全然違って、建設会社の人たちがフィクションの建設物をつくったらこうなりますということを、見積りの内訳まできっちり公開して、真面目に検証している本でした(語り口はソフトですが)。この企画を考えた社員の人がいったいどんなことを考えていたのか、それが気になって今回原稿をお願いした次第です。(ち)

2006年1月

▼ファッションは好きだ。でも仕事でそうした関係者にお会いしたことはなかった。今回デザイナー、服飾評論家の方とお話する機会を得、服が西洋の歴史といかに関係しているか、その奥深さを思い知った。また、ファッションの業界がいかに広報という職種を重視しているかも肌身で感じた。出版や映画の世界とはまた違う広野がある。面白い！　また特集を考えよう。（ゆ）

▼最近、カッコイイと思った人が、一人。ドキュメンタリー映画「モンドヴィーノ」（仏）の登場人物です。服、着こなし、姿勢、歩き方は非の打ちどころ無し。それだけではなく、ワイン界の今の風潮をさらりと肯定しながら、話のしめくくりに自分はそれに乗らないことをこれまたさらりと言ってのける姿勢。イギリスのワイン界の重鎮に、イギリス男性の伝統ある美学を感じ、感服です。（M）

▼寄稿いただいた鶴見俊輔さんの「精神にあざのある人」という言葉に、うむむと唸りました。〝向こう傷のある〟と言えば敵に背を見せず向かっていった勲章の比喩になるわけですが、〝精神のあざ〟は表からは見えないというニュアンスがよりずっ

しりと人に迫ってくる感じがします。腹の底にこびりついて消えないあざをもつ人……望んでなれるものではないですね。（S）

▼12月24日に、編集を担当した新刊『名古屋で書いた映画評150本』が発売になりました。朝日新聞の記者である石飛徳樹氏が、ここ6年くらいの間に公開された映画について書いた、いまどき珍しいまっとうな映画評論集です。DVDで何を見ようかと迷ったときなどに読むとすごく役に立ちますよ。書店で見かけたらぜひ手にとってみてください。さて、休む間もなく1月発売の新刊がこれを書いている12月末現在追い込み中です。タイトルは『映画のどこをどう読むか』。著者はドナルド・リチー氏です。いろんな人たちと一緒に、僕も師走の街中を走り回っています。（ち）

2006年2月

▼今月で「もうひとつのJ‐POP」は終了。田家さんの取材の現場で多くのCMソング関係者の方とお会いできた。どの取材も大森さんが大学ノートに記録しておかれた手書きのデータがベースだ。そこには、誰とどのスタジオでいつ、なんのCMソングを録ったかが記載されている。そこを端緒に多くの記憶がよみがえり貴重な話を伺えた。そこから紡ぎだされたCMソングの物語、この連載を本にまとめる田家さんが、どう奏でてくださるか、担当者の私も楽しみにしている。（ゆ）

▼駅の改札で、猛然と歩くサラリーマンの姿を見た。禁煙パイポらしきものを口に3本。あまりに漫画じみた姿だったので、一瞬まぼろしかと思ったほど。そこまで「禁煙」を強く迫る何かがあるのか。偉いと感心しつつ、「禁煙」を叶えられない人の方がもしかすると人間くさいかもしれないと思った。先の人の「禁煙」はまだ続いているだろうか。（M）

▼今月の特集は、庶民と市民というふたつの語をあえて対極においています。去年「下流社会」という言葉が流行り「あなたは上流？　下流？」というようなチャートをTVでやっていました。そのちょっと前は勝ち組負け組論争大流行でした。どちらも上か下か

という分け方です。庶民と市民はもともと上下関係を表す語ではないはず。自分では庶民であり市民であると思っていますがどっちか選べと言われたら、何を基準に考えよう、と思います。（S）

▼今月は非常に盛りだくさんで大変でしたが充実した毎日でした。まずは「鞆の浦のまちづくり」の連載が無事最終回を迎えることができました。執筆そして協力していただいた数多くの方々に感謝！　です。そして特別寄稿として女優の吉永小百合さんから、男鹿和雄さんの絵についての心のこもった原稿をいただきました。さらに、芸術評論家のドナルド・リチーさんからは、自宅の窓から見える風景といま思うことを重ね合わせた密度の高いエッセイをいただきました。リチーさんといえば、新刊書『映画のどこをどう読むか』が、現在発売中です。書かれている内容はもちろん、本自体のつくりも充実したものになったと自負しています。ぜひ手にとってみてください！（ち）

2006年3月

▼『ゲド戦記』の翻訳者、清水真砂子さんに大学の研究室でお会いした。初めてお会いしたにもかかわらず執筆中の本のこと、若い学生の急速な進歩を見る喜び、児童文学者仲間のこと、そして『ゲド戦記』映画化への思いなどを伺うことができた。お茶とおせんべを前にはずむように、そして気取りのない様子で話される清水さんは、訪ねる人をリラックスさせる名人のようだ。大学をでたあとの喫茶店でのお茶にもご一緒した。いただいた原稿を読むと、清水さんは「人が人らしく、解き放たれて生きる」ことを大事に考えていらっしゃることがわかるが、清水さんの日常のあり方も、まさにそうした自由さに裏打ちされていると感じた出会いでした。(ゆ)

▼普通の運動能力から考えたら、とてもできないことをプロのスポーツ選手は見せてくれる。その姿に素直にスゴイと魅せられる。自分の運動能力のほどを知るだけに、今、目の前で選手たちが見せてくれているものがどんなものなのか、少しの違いすらはっきりと分かる。感極まって自分も体を動かすぞと思うものの、硬くなった身体にはまずはラジオ体操から。「いつか私も」と理想に向かう力もスポーツは提供してくれる。(M)

▼前回のサッカーW杯開催時の驚きが忘れられません。いつもは電話が鳴り響き、引きも切らずに来客のある職場にある日訪れた静寂。不安になりました。世の中で何か起きて、私たちだけが取り残されたのではないか……。その通りでした。日本中がサッカー日本戦の中継を見ていたらしいのです。ほかにも、スタジアムのスタンドから蟻んこサイズの選手を見てなぜ満足できるのか、そういえば競技観戦は古代からあるぞ……スポーツ観戦好きの気持ちがわからないことに端を発した特集ですが、好きなみなさんにとってはどうでしたでしょうか。（S）

▼スポーツのどこに熱狂し興奮するかは人それぞれだと思いますが、僕の場合は〝スピード〟が重要です。スピードが勝負を分ける最高峰のスポーツと言えばF1ですが、昨年秋に初めて生でレースを観ることができました。ハイテクマシンで走り回るF1はスポーツじゃないなんていう批判もありますが、実際に観てみると、あの猛烈なスピードをコントロールするのは超一流のアスリートでなければ絶対に無理だと納得。爆音の凄さとガソリンの匂いも尋常ではなく、生で観るスポーツの面白さを堪能できた一日でした。（ち）

2006年4月

▼養老孟司さんと宮崎監督の会話はいつも対談とも世間話ともいえぬ様相を呈します。養老さんが鞄の中から虫捕りの道具を出して「こうやって使うんです」と実際に見せて下さるかと思えば、宮崎さんは自分が感じていることを、かなりの早口で少し照れたようにどんどん喋ります。司会を担当した私としては、どう話をまとめていいかわからず、頭がぐるぐるするばかり。それでも録音を文字にしてみると、ちゃんと対話になっていました。百戦錬磨のお二人、ということでしょうか。（ゆ）

▼この頃、内容をよく理解しない間に気がつくと新しい仕組みが決まり、始まっていたということが少なくないような気が。例えば指定管理者制度は「官民協働」であり、市場化テストは「官民競争入札」ともいわれ公共サービスを官と民がコスト、サービスを競って、優れた方が落札するという仕組みといわれる。この違い、自分たちへの影響まで含めて理解している人はどれくらいいるだろう。うっかりしている隙もない、そう感じるのは私だけでしょうか？（M）

▼三鷹の森ジブリ美術館に用事があって、お客さんに交ざって展示や映画を見ることが

あります。行くたびに「こんな賑やかな美術館はほかにない」と思いながら、ジブリ美術館の〝ほかにない〟はほかにも多々あると気づきます。ほかにないということは、よそにはノウハウがないということですから、そんな美術館を運営しているスタッフに心の中で敬意を表します。でも、全国各地にある全ての美術館それぞれが、その館だけの環境や事情を持ち目指すものが違うのだと思うと、美術館というのは育てるものなのだなぁと感じ入りました。（S）

▼今号の「指定管理者制度」や前々号の「個人情報保護法」と同じロジック、つまり官から民への流れの中で施行された法律に「PSE法（電気用品安全法）」があります。これがまた何ともずさんな法律で、中古の電気用品を扱う業者や旧式の電子楽器を使用する音楽関係者などは対応に苦慮しており、これを書いている3月半ば現在もまだ、喧々諤々の議論を繰り広げています。その詳細を細かく書くスペースはありませんが、いつの間にやら窮屈で身動きが取れなくなるようなかたちに少しずつ変わっていくのが何とも不気味な感じです。（ち）

2006年5月

▼北原和子園長が乳児から5歳まで100人の子どもたちを預かる、いなほ保育園の話。そこの子どもたちは、焚き火でドロ饅頭を沸騰させ、火の危険と楽しさを体験します。生まれた子羊が震えていたからと自分たちの服を子羊にかけてやり、動物の生態も間近で感じます。裸足で樹にのぼり、アジトを樹上に作ります。子どもたちが好き放題に園中を駆け回るこの保育園、子どもたちに「何々しちゃだめ」と絶対に言わないで、楽しく遊ぶことをサポートする園です。子どもたち自身の「考える力」は、そんな環境の中でこそ、育まれる気がした体験でした。

次は藤原和博氏が校長の和田中学校を体験してみたい！（ゆ）

▼今月の表紙イラストは田辺修さんによる夜明けの散歩の図。夜明けの散歩は、風景がいつもとなんとなく違って見えることが多いような気がしますが、これもなんとも不思議な感じの絵です。「想像をめぐらせると、こんな感じなのかなと思って」とは田辺さんの弁。みんなが動き始める前の束の間の静かな時間、こんな想像をしながらの散歩も少し身に覚えがあったりします。（M）

▼考えるためには、見たり聞いたり感じたり、いろんなことが自分の腹の中に納まっていることが必要で、私の場合、たくさんの乱雑なインプット↓考える↓少しのアウトプットという図式になります。驚くべきは、考えないと無意識のうちに楽しいインプットもサボるようになるのです。たとえアウトプットがお粗末でも、楽しいインプットのために「考える」は必要だね、というのが私の結論です。（S）

▼いつも考えが足らず思いつきで行動してしまうことの多い自分にとって、今号の特集は、そんな自分への反省の意味も込めて「考えた」企画でした。今回、担当した茂木健一郎さんは、非常に多忙な中、原稿執筆を快諾していただくことができました。やっぱり真面目に「考える」といいことがありますね。とはいえ逆に、考えすぎて何が何だかわからなくなってしまうこともよくあり、まったく自分っていうのはホントに困ったヤツです……。（ち）

2006年6月

▼「えっ、読んでいないのですか」と宮崎監督に驚かれた本が『君たちはどう生きるか』だった。その週の日曜版の岩波書店の広告でこの本のワイド版が出たことを知った。一気に読んだ。病気のコペル君（主人公）をおかあさんが看病する様子の描写で、ひどく懐かしい気持ちに襲われた。幼稚園時代に母が枕元にいてくれた空間が、突如、眼前に浮かんできたのだ。母のそばにいれば、何の心配もないというあの時の絶対的安心感が文章から滲んできた。70年という時間を越えて、本と現代の私が出会った瞬間だった。（ゆ）

▼「雨の日の山は、いろんな発見があっていいんですよ」と、男鹿和雄さんがインタビューで答えていたのが印象的です。雨の山は怖くて近寄りがたいと思っていましたが、違う見方もあったのですね。今までは怖くて気持ちが縮んで視界が狭くなりがちでした。男鹿さんの目に見えるいろんなものを見逃していたのだろうと思います。今度そういった機会があったら見てやるぞ！　もちろん畏怖の念も忘れないようにして。（M）

▼一冊を何回も読むクチです。子どもの時からそうで、新しいことを求める気持ちが足りないのでしょうか。ぼろぼろになるまで何回も読み、また同じ本を買う。最近の新刊を何冊か買って準備しても、結局〝ぼろぼろ〟にさらに手垢をつける始末。つまり私にとってのロングアイテムがあるのです。でも、どれも誰もが知る名作として認知されているわけではなく……。時代を超えるロングセラーはどこが違うのでしょう？（S）

▼夏目漱石の『こころ』は、日本の小説の中で最大級のベストセラーだそうです。僕も確か、中学か高校の教科書にダイジェスト版が載っていて、そのダイジェストになったところが気になって仕方なく、本を買って読み直した記憶があります。それくらい今の人が読んでも切実な感じを受けるからこそ、今も売れつづけているのでしょうね。ちなみに今は『三四郎』を再読中。これもまた現代に通じる切実さを持った話なんだと今更気づいている次第です。（ち）

2006年7月

▼「ゲド戦記」関連本の入稿、「鳥への挨拶」の校了、「種山ヶ原の夜」の上映イベント、「熱風」の入稿――あらゆるものが一度に押し寄せ、忙しい。こういう時こそ、睡眠時間を削って身も心もそぎ落とされた人間になりたいと思うのだが、そうはいかない。私の場合、どんなに追い詰められても眠れないことはないし、食欲も落ちない。やっぱり、鈴木PDが言うように、私の本質はいくつになっても、〝能天気〟かも。それを武器にするしかないか！（ゆ）

▼雨が続きます。乾くものもなかなか乾きません。さて、この号でもレポートしている秋田・角館での「種山ヶ原の夜」のイベントのために、男鹿和雄さんに絵本にサインをしていただきました。男鹿さんはサインを筆書きするのですがその墨がまた乾かないのでした。ところがそこはいつも絵筆を握ってらっしゃる方。トイレットペーパーを書いたばかりの字の上にひと転がしして、余分な墨を吸いとるという速乾方法を披露していただきました。背景の大きな絵を描かれるときは、雨降りの絵具が乾きにくい日を待つそう。絵具が乾かないうちのほうが、空の雲がいい感じに描けるのだそうです。こういう天気

と相談しながらの仕事もあるのですね。（M）

▼小説や映画などのフィクションを見ると、それが夢に出てくることがあります。「王と鳥」を初めて見た時、手放しに楽しいというのでなく「なんだか不思議なものを見た」という手触りが先んじました。その正体の掴みがたい不思議さが印象に残ったとは思うのですが、夢に出てきたのは、あの王と一緒にあの城で食卓を囲む場面。私は食事を楽しんでいたのだろうか、私と王はどういう関係だったのか、設定を知りたくて忘れることができません。（S）

▼ずいぶん昔、深夜にテレビを観ていたときに偶然出会ったのが、岩井俊二監督のテレビドラマ「Fried Dragon Fish」です。それまで、いいドラマというのはいいシナリオとほぼイコールと思っていたのですが、映像や編集が素晴らしくて見た瞬間に目が釘付けになるというのは初めての経験でした。今回の「王と鳥」についての原稿は、岩井監督の作品に対するパーソナルな思いが伝わってきて、読後は「打ち上げ花火～」や「四月物語」を観た後のような温かさを感じました。（ち）

2006年8月

▼イギリス留学した夏目漱石が下宿した部屋を再現した記念館を訪ねたことがある。本当はその部屋から通り越しで見える部屋に漱石はいたのだそうだ。しかし現在のロンドンはバブルで、家の値段が高騰。その部屋は記念館にはできないでいると聞いた。そっくりに再現された部屋で、漱石が英語の本を読み、英国の人々と会話し、そのたびに西洋＝近代と遭遇し、個のあり方において悩んだであろうと想像した。すると通りの向かいの家のカーテンの窓越しに、思い悩み考えに沈む漱石の姿が見える気がした。中学時代に『坊っちゃん』で出会った漱石に再会した寒い冬のことでした。（ゆ）

▼スタジオジブリでは以前から半径3メートル以内の人、出来事が創作にいかされるのだ、という話がよく出る。いつも半信半疑でこの話を聞いていたのだが、この夏に発売のいしいひさいちさんのコミックの編集作業中に、その漫画キャラクターもほぼ同じ原理に適っていると気がついた。この原理はなかなか奥深いようである。それにしても、漫画をみては現実の「あの人」を思い浮かべ顔がゆるむ。いしいさんの漫画にはジブリの鈴木プロデューサーも登場します。興味のある方はどうぞ探してみてください。（M）

▼このところの体力低下で夏を越せないかも、と心配になり運動を心がけています。もともと継続・反復・努力を必要とすることが苦手。はたして体力回復なるのか自分に疑いを持ってしまいます。さて、前にも書きましたが、同じ本を繰り返し読む性質です。そんな私が10代の頃、毎夏欠かさず読んでいたのは漱石の『こころ』でした。なぜ漱石なのか、なぜ『こころ』なのか、それがわかれば続けられることのヒントになるのかもしれないのですが……。（S）

▼2号前の編集後記で「現在、夏目漱石を読んでおり」などと書いてしまったのが運のツキで、あれよあれよという間に特集が決まり、担当することになってしまいました。漱石はロンドンに留学したことについて「倫敦に住み暮らしたる二年は尤も不愉快な二年なり」と書いています。でも、この最悪な状況が、後にあれだけの名作を生むきっかけとなったとも言えるわけです。じつは今回の特集、他の本の制作とバッチリ重なる大変な状況ではありました。でも、このことが逆にいい結果を生むのではと。さて、いかがだったでしょう？（ち）

2006年9月

▼「ジブリ美術館の夜」のイベントで感じたこと。美術館ホールで「種山ヶ原の夜」（男鹿和雄監督作品）の歌唱を担当したアンサンブル・プラネタのミニコンサートが行われた。吹き抜けのホールにアカペラで歌う女性コーラス4人の声が響く。時は夜7時半。目をつぶれば、そこは、宮沢賢治が愛した岩手県の種山ヶ原の高原。風がとおり、虫が鳴き、木々が人に語りかける夏の晩だった。暗闇の、耳だけが生きる世界が、強烈な魅力を放つ。（ゆ）

▼学校の怪談に、決まって登場するのが便所でした。思えば昔ながらの汲み取り式の便器の下、ぽっかりあいた穴に広がる暗い世界は、得体の知れないものがありました。学校の便所では蛆なぞも蠢いて本当に怖かった。今はほとんどが水洗便所になり、闇ではなく便器の白さのみが目に入ります。この清潔さは手放せませんが、汲み取り式の便器の世界も今の子どもたちに知ってもらえると面白いのに。（M）

▼河合隼雄さんと吾朗監督の対談に同行しました。河合さんの造詣の深さと軽妙なユーモア、そして時々ぎらりと放たれる眼光。向かい合って座った新人監督吾朗さん

に、時に人生の先輩として、時に〝おもろいこと〟の好きな人としてざっくばらんに語っていらっしゃる様子が印象的でした。懐の深さはかなわないにしても、河合さんのように表情の豊かな大人にならねばと思います。(S)

▼夏目漱石を特集した前号の『熱風』完成後、夏休みを利用してロンドンに行きました。目的のひとつはもちろん「漱石記念館」。ロンドンの中心からやや離れたClapham Comonという街の、閑静な住宅街にあります。話を聞いたところによると、このあたりの建物は漱石がいた百年前からほとんど変わっていないとのこと。近くには大きな公園もあり、漱石が当時ブームだった自転車の練習をしたのはこのあたりなのかしらと、しばし百年前に思いを馳せました。(ち)

2006年10月

▼ウェストールの故郷タインマスから見る海は、2月という時期のせいか、群青色で重く寂しく、どこまでも茫漠と続いていた。時折雹まじりの雨が寒風とともに海から押し寄せる。また、時に顔を覗かせる太陽が、その光線が届いた部分だけ、海を紫色にかえる。このなんの隠し立てもしない自然と日々接していれば、人の精神力もそれに対抗すべく、強靭にならざるを得ないだろうと思った。と同時に、それに反比例するように、生きるものに優しさを注ぎ込みたくなるであろうとも思った。ウェストールの作品はどれも、その両方を備えている。とくに私は『猫の帰還』がお薦めです。（ゆ）

▼ジブリでは毎年9月に防災訓練を行っています。訓練は本格的で、起震車に来てもらい、実際に震度5程度の揺れを体験した年もありました。今年は避難訓練、消火訓練（消火器の使い方を周知）、炊き出し（かまどの使い方を覚える）などを行いました。備えあれば憂いなしです。とは言え、炊き出しのご飯(今回はホワイトカレーなる変わり種でした）を頬張りながら、実際その時が来たら、こんなご飯は食べられ

ない、どう備えればいいのだろうと語り合ったのでした。（M）

▼中学生の姪とはおもしろいものを教えあう間柄。アイドルやお笑い情報は最近負け気味ながら、本や映画ではまだまだ尊敬されています（なんのことはない、大人のほうがストックが多いというだけのことですが）。さて、今月特集のロバート・ウェストールを薦めて数週間。彼女の中で〝おばさん〟の格は上がるのか下がるのか!?　楽しみです。（S）

▼今号から新しくドナルド・リチーさんの連載が始まりました。じつは1回目に取り上げた「ストーカー」は、個人的にも大好きだった作品です。今回、改めて作品を観直してみて、昔のタルコフスキー熱が再燃。「惑星ソラリス」や「ノスタルジア」といった作品もまた観たくなってしまいました。次回以降も、メジャーな大作ではないけれど、個性的で面白い作品が続々と登場する予定です。お楽しみに！（ち）

2006年11月

▼「一枚の絵から」で、高畑監督がとりあげた「國之楯」。すばらしい技術ゆえに絵に込められたものがたちのぼってくる。前号で画家フランツ・マルクの戦争に対する態度について書かれた高畑監督が、藤田嗣治をはじめとする日本の戦争画について編集部で雑談された。それを聞いていて「次号はそれに」と軽い気持ちで意見を言った結果が、この衝撃。戦争の怖さを身体感覚で知った体験といってもいいと思う。（ゆ）

▼立派なシネコンはあっても単館系の作品はなかなか見る機会がない、昔は……と田舎に帰るたび母から聞かされます。そこで引き合いに出されるのが酒田大火の火元になった「グリーンハウス」という映画館。淀川長治さんが「港町の世界一デラックスな映画館」と評した、昭和51年当時、最も近代的な設備の洋画専門館でした。映画館は酒田の人の誇りでしたが、大火の後、グリーンハウスに代わる映画館はいまだ現れていません。（大火の火元とはいえ）グリーンハウスがあったら……と今でも思う人は少なくないのでした。（M）

▼特別寄稿の王さんは知的で物腰のやわらかな大男。紹介者であり翻訳も含めた多くのことでお世話になった刈間先生の貫禄もなかなかのもの。この二人が、黒澤明監督の映画人生について論議したかと思えば、原稿に出てくる中国映画の新作「無窮動」の日本劇場公開が決まらないことを嘆く。中国語日本語半々で次から次へと話題が移っていく横にいて、話を本筋に戻す努力もせずに聞いているのがおもしろい、そんな打ち合わせ（?）風景でした。（S）

▼ミニシアターと言われてまずまっさきに思い出すのは「シネマスクエアとうきゅう」です。何といっても、その椅子のふかふかな座り心地。衝撃でした。もっともその当時、ここに行くのはごくまれで、貧乏学生だった自分は、もっぱら2本立て3本立ての名画座に通っていました。名画座はたいていボロく、椅子の座り心地もイマイチで、いつの間にかほとんどなくなってしまいました。そんな中、今年の1月にオープンした渋谷のシネマヴェーラは、旧作の特集上映を中心に行う名画座のような映画館で、個人的にもすごく注目しています。（ち）

2006年12月

▼今読んでいるのは堀辰雄の『菜穂子』。きっかけは宮崎監督。「この人は自分の病気（堀は胸を患い、サナトリウムで静養した）の描写になると、妙にいきいきしますね」。読んでみると、確かに病気の症状の描写は、妙な説得力がある。なぜだろうと思っていたが、自分が風邪をひいてみて、その答えが少しわかった気がする。身体が不調になると、人は自分の身体と対話するようになるのだ。今朝ののどの具合は昨日よりいい、けど声がかすれた。胸のあたりが痛い、肺炎への前兆か…という具合。堀辰雄はそれを文学に昇華したのだ。さて、私はこの対話をどうするのか。昇華できなくていいから、早く治りたい！（ゆ）

▼東京に移り住んでから「ナボナはお菓子のホームラン王です」という王貞治さん出演のＣＭとお菓子のことをはじめて知りました。その時、東京出身の友人は「知らないの？」とビックリし、こちらは「何か失態をしでかしたか？」と不安に思ったものでした。今考えるとこれも「東京ローカル」ネタなのでしょう。東京が情報の中心と誰もが思いこんでいたゆえの出来事だったのかなと今回の特集で得心です。（Ｍ）

▼今、我家には録画・再生機能がなく、テレビ番組をリアルタイムで見ています。深夜早朝の放送時間に合わせて見ていると、家人に「深夜に微動だにせず食い入るように見ている。テレビなんてそんな真剣に見るもんじゃない」と笑われます。なるほど、テレビの前に人がいないと「つけっぱなし!」と判断する私に、「間接照明みたいなものだから」と返事し決して消さないという日常風景は、テレビに求めるものの違いの表れなのですね。さて、果たしてどちらがテレビ好き?(S)

▼ローカル番組というわけではありませんが、最近面白いテレビ番組と言えば「太田光の私が総理大臣になったら…秘書田中。」です。登場する政治家が他の番組でも見た人たちばかりなのがイマイチですが、太田光の独特な(ある意味まっとうでない?)意見と発想がすごく面白い。毎回結論が出るわけではないし、必ずしも納得できる話だけではないのですが、自分なりに考えることが、いかに大切かがよくわかっていい刺激になります。(ち)

2007年1月

▼もったいないの気持ちが強い、身内を大事にする、最初の設備投資にお金をかけても、自前で全部できるように能力を蓄える、年長者のキャリアを大事にするとともに、若者がリーダーの場合は年長者もその指示に従う等々、今回の原稿にあげられてきた名古屋気質は、そのまま鈴木プロデューサーの仕事の仕方に通じるところが多々ありました。東京生まれのええかっこしいの私には、まねのできない「底力」を再認識する次第でした。（ゆ）

▼「ないものねだりではなく、あるもの探しをすることからはじまった」。島村菜津さん『スローフードな日本』（新潮社）に、ある地方が活力をとりもどした秘訣を、その担い手にたずねた時の言葉として書かれていた。あるもの探しは意外と難しい。「ない」ところを埋めるほうが分かりやすくもある。名古屋人は、ある意味「あるもの探し」上手で今のポジションをキープしているのかもしれないと考えるのは私だけだろうか。（M）

▼少しだけ増補した三鷹の森ジブリ美術館の図録ができあがりました。ゆっくりと、

でも確実に進化しているジブリ美術館にあわせて、その変化の部分を足したのが今回の増補です。私にとってジブリ美術館は謎や発見が多く、行くたびにそれを少しずつ解決するのが楽しいところでしたが、今回の編集作業で隅々まで見渡してしまい、だいぶ詳しくなってしまったのが残念です。でも大丈夫。これからも色々なことに取り組んで、私をびっくりさせてくれる美術館のはずですから。今年もいろんなびっくりに出会おうと思います。（S）

▼今回掲載した畠山亭子さんの原稿で個人的に感心したのは、昔のことを書いているのに、単純な「昔は良かった」的な話になっていないことでした。そのあたりが昨今流行りの「昭和」を舞台にした作品とも違うなと思ったわけです。もちろんそのどちらが正しくてどちらが間違っているというわけではないのですが、たとえ同じものであっても、どこから見るのかで、大きく変わってきてしまう。そんな相対的な視点を持つことの大事さを感じた年の瀬でした。（ち）

2007年2月

▼「いなほ保育園」を訪れると頭のどこかの門が、ゆっくりあきます。子供たちの元気な声や、焚き火の懐かしい匂いのせいでしょうか。さらに、北原園長の話を伺うとこれまでの自分の価値基準が問い直されます。とくに、難しい話をされるわけではないのですが、肝を据えて仕事をしておられるのが伝わってきます。その「すごさ」をどう言葉で伝えていくか、聞き書きをして下さっている塩野さんと共に連載の中で格闘するしかないと思っています。(ゆ)

▼来日中のペトロフ監督にお時間をいただき、この特集に掲載したスケッチについて伺うことができました。実際にお話を伺うと、映画「春のめざめ」がどのように作られたのか、少しながら把握することができ、その分、映画が身近に感じられるような気に。スケッチに添えたキャプションから、少しでもそれが伝わればよいのですが。(M)

▼劇場にはどのくらい行きますか? 新連載の「夢の遊眠社と~」は、劇場に人を呼ぶことが生きがい、いえ生業《なりわい》の高萩宏さんが、ご自身のスタート地点となる劇団夢の遊眠社時代のことを書いていくものです。学生劇団が急成長していく様を通じて、80年代の青春群像、

バブルに突入していく世相なども見える連載（のはず）です。応援してください。（S）

▼今回、ドナルド・リチーさんの連載で取り上げた映画「木靴の樹」を、久しぶりに見返してみました。この映画はオールロケで１００年前のイタリアの貧しい農村を描いており、登場する人物（とくに子どもたちの表情が素晴らしい！）も建物も自然も、つくりものめいたところは全くありません。最近はＣＧで昔の街並みを再現する作品も多いのですが、「本物そっくり」と「本物」の違いをまざまざと見せ付けられた気がしました。（ち）

▼今回「春のめざめ」の絵本を担当することになり、16歳の少年の気持ちを考える日々が続きました。主人公アントンのように理想を身近な人に重ね合わせると、自分のイメージが先行してなかなかその人の本質までたどり着けない時があります。でもきっかけはそんなことでもいいのかも。現実の異性と向き合うことで、思いもよらぬ発見も共感も得られるやもしれません。この映画を観て、イイ大人たちは大いに自分の甘酸っぱい思春期に立ち戻って頂き、思春期の少年少女たちには感情を面と向かってぶつけあえる熱い恋を！――と思っています。（よ）

2007年3月

▼半年間にわたる宮崎敬介さんによる表紙は今月で終了です。木口木版画という手法で描く自然の姿、いかがだったでしょう。昨年の10月10日号の樹の幹にあたる木漏れ日、小さな葉がそよそよと風に揺れていると感じさせる優しい絵が、私は印象に残りました。何時間も何日も版木を彫ってそうした表現を完成させる木口木版には、良い目と集中力が必要です。若いからこそできる表現ともいえるかもしれません。また機会があれば！　と思います。（ゆ）

▼南伸坊さんのエッセーに、春になると毎年家族で「かぎにいく」という話があった。それは花の匂いで、ロウバイやスイセンやジンチョウゲ……ととにかく花のよい香りをかぐのを楽しんでいるという。その南さんの今回の原稿に「バカテイネイみたいな、バカみたいなリチギなやりかたもバカにならない」という一文があった。わたしも斯くありたい。（M）

▼この冬の暖かさ。自宅ではほとんど暖房器具を使いませんでした。身近なところで二酸化炭素排出量削減に協力できているような気になるものの、暖かいのはそもそも異常気象であるわけで、その異常気象のもとはと言えば……あらら？　私の満足は問題の上に成り立っていたのでした。「世論」と接する時も、自分を含めた特定の人の満足に向かってい

ないか、これがひとつの判断ポイントだと思いました。（S）

▼「世論」っていうのは基本的には目に見えないものですが、それを目に見えるように（数値化など）するのが、新聞やテレビやインターネットといったメディアです。しかし私たちは、その目に見えるようになった「世論」から、いま「世論」ってどうなっているの？　と、考えるわけです。結局、「私の意見」だと思っていることも、新聞やテレビやインターネットに書かれていることがほとんど。せめていろんな人の声に耳を傾けて、バランスを失わないようにしようと思うのですが、これもまたなかなか大変なのです。（ち）

▼前号で特集した「春のめざめ」がいよいよ公開間近、そして絵本も見本が出来上がります。少しでも多くの人に手にとってもらえるよう、書店に加え、カフェやショップでも閲覧できるように検討しています。中でも京橋にある100%ChocolateCafe.では店内で絵本を見ながら「春のめざめ」特別メニューが期間限定で味わえます。ゆったりとした気分で、〝初恋〟の少年の気持ちを読んで頂けたら、と思います。（よ）

2007年4月

▼着物ではなく洋服姿で登場した小三治師匠はおしゃれです。明るい紺のセーターにマフラー、その上から藍色の半纏、品がありつつ、どこかくだけていて。その人が落語について語る。「あと50年やってたら、少し良くなるかな。あと100年ほしいね。そしたら『私の話は面白い？』って人に聞けるかもしれない。今は聞けない。こんな程度じゃ聞けないよ」。40年以上落語界にいる人がこう言うのである。外見だけでなく、中味もめちゃくちゃ、かっこいいと思ったのでした。（ゆ）

▼はじめて生でみた落語は上方のものでした。桂米朝一門会で、今はもう聴くことができない桂枝雀師匠、桂吉朝師匠の噺を堪能（もちろん米朝師匠のも）。およそ初心者にはもったいないくらい最高の経験でした。心底笑って笑い涙がとまりませんでした。その後、ちょくちょく寄席に通いましたが、桂枝雀師匠、桂吉朝師匠の噺は上方ということもあって東京での高座は少なく、生で聴けたのは数回です。もっと時間を作ってみておきたかった……。（M）

▼今年はわりに快調なペースで落語を聴いていて、すでに3回。そこで不思議なことが。3回とも同じネタにあたっているのです。大変です。この調子でいくと、年内にも私はこのネタを持ち

芸にしようなどと、それだけならともかく転職という野心が芽生えてしまうやもしれません。（S）

▼山下達郎さんの「サウンドストリート」（ラジオ番組）を聴いていたのは学生時代、そして、北村薫さんの「円紫さん」シリーズを読んでいたのは、社会人になったばかりの頃だったと思います。今回、〝落語〟という題材で、昔から尊敬していたこのお二方に原稿を書いていただけたのは幸運でした。毎回、いろいろな方に有形無形の協力をもらい、特集は出来上がっているのですが、今回の山下達郎さんについては、音楽プロデューサーの大森昭男さんの力添えがなければ実現は難しかったと思います。ありがとうございました!!（ち）

▼子どもの頃、お話を読んでもらって想像するのが好きでした。今回の特集にあたって、柳家小三治さんと立川志の輔さんの落語を聴いて久々に想像をかき立てられ、まだ理解が浅いですが落語の面白さにようやく気が付きました。それに比べると私が見るテレビのお笑い番組は、テロップ等で面白い部分をいい過ぎている気が時々します。私も今回原稿を書いていただいた久保田智子アナの語る「四次元」を感じたい！　そのためにも日ごろから脳のトレーニングをしなければと思いました。（よ）

2007年5月

▼今月の本文カットは、武重洋二さんにお願いしました。『ハウルの動く城』や『ゲド戦記』の美術監督を務めた武重さん、ものを見ないでもサッと描けるようになるために、デッサンに多くの時間を割くことを心がけることにしたそうです。美大出身で、美術監督の重責を果たしているのですから、そうした素養をかなり身に付けているはず。それでもなお、また初心に戻ってということでしょうか。我が身の在りようをなんとかしなきゃと思う4月でした。（ゆ）

▼簡易住宅のついた自家菜園に週末ごとに通いながら自給自足的生活を営む、ロシアのダーチャ生活。この週末カントリーライフに少し憧れていました。このライフスタイルからは、トルストイの「人間にはどれだけの土地が必要か」が連想されます（もちろん、ダーチャくらいの広さが理想だろうという意味で）。ところで、ノルシュテイン監督が来日したとき、お土産にウォッカを手渡され、とても喜んだそうです。ロシアで美味いウォッカを手に入れることは、今でも難しいのだそう。ダーチャは素敵と浮かれていては甘いのか、と考えてしまいました。（M）

▼高萩宏さんが連載の中で演劇を続ける条件を「金・場所・才能」（順不同？）としています。金と才能はどんなジャンルでもあてはまるけれど、場所というのが演劇ならではと思いました。

劇場の持つ物理的な機能、空間の持つ力、客席から流れてくるプレッシャー。色々なことが作品を干渉します。完成の形がひとつじゃない。このデジタル時代に、あいまいでスリリングな表現方法を残しているのって、人間の人間らしさだなぁ、とまで思うわけです。(S)

▼トルストイと聞いて思い出すのは、NHKスペシャル「映像の世紀」です。20世紀初頭に〝動く映像〟として記録された、最晩年のトルストイ。何かすごいものを見てしまった、と思った瞬間でした。トルストイといえば〝19世紀の文豪〟というイメージでしたが1910年まで生きていたんですよね。子どもの頃、トルストイの童話は読んでいましたが、大人になってからは、どちらかといえばドストエフスキーばかり読んでいました。今回の特集をきっかけに、これまで何度も手にとってはそのまま本棚に戻していた『戦争と平和』を読んでみようかな。(ち)

▼中川李枝子さんに原稿をお願いするために電話で少しお話ししましたが、とても緊張しました。中川さんは「忙しいけど、じゃあ今カレンダーに締切日を書いてしまいましょう!」と言ってくださって、そのあと私は原稿依頼補足のお手紙をお送りしました。そして締切日より一週間以上も早く原稿が! 電話をかけると「驚いたでしょう⁉ 私も気合いが入って(笑)」とおっしゃいました。とても嬉しくて、次回原稿をお願いするときは絶対お会いしたいと思いました!(よ)

2007年6月

▼6月6日に世にでた文庫本のかたちをしたフリーペーパー『ゲドを読む。』。その編集作業が終わったと思ったら、7月21日公開の「アズールとアスマール」にあわせての翻訳絵本、同日から東京都現代美術館でスタートする「男鹿和雄展」の図録、本誌で田家秀樹さんが連載していた『もうひとつのJ-POP』の単行本化、アニメーター橋本晋治さんの絵本『ゆっちゅとめっぴとほしのゆうえんち』の編集作業と、編集部は超高速で回転中。どの仕事もかかわればかかわるほどに面白く、新たな出会いもたくさんあって、睡眠時間と食事に割く時間がおしまれるほど。どうポイントを絞って攻めるか！　だと思っています。（ゆ）

▼ジブリの敷地の一角には陰ながらも元気に大きく育った山椒の木があります。今年も、その実をたわわに実らせてくれました。去年は、気がついたら実が硬く黒く立派になっていて、とても料理用には使えない状態でした。その反省もあり今回はしっかりと適期に収穫。どうやって食べようか、考えるだけでニンマリ。お腹もフツフツと喜んでいるよう。こういうのは「新しい貧しさ」の範疇なのでしょうか。次の狙いはクワの実です。（M）

▼前号で紹介したようにジブリ美術館の企画展示が入れ替わりました。その一環で、読み聞かせに使えるようにと絵本『3びきのくま』の大型本を作ったというので見に行って来ました。90センチ

×140センチというそのサイズ。子供たちより大きな背丈で、大人三人がかりで扱う様子はそれだけでも楽しい雰囲気。絵の細部までよく見えるのも新しい発見がありそうです。この絵本、展示物ではありませんが、トライホークスの読み聞かせの会では登場するかもしれないそうです。（S）

▼今月の「映画のどこをどう読むか⑾」で取り上げた「マルメロの陽光」は、現在DVDも販売されておらず（数年前に一度出たので、中古品はあるかもしれません）、なかなか見ることのできない作品です。原稿を読む際には、必ず映像も見ることにしているので、さてどうしようかと思っていたところ、何と「ジブリだより」でもおなじみの野中さんがレーザーディスクを所有しているとのこと。幸運にもLDプレイヤーも社内にあり、無事、映像を見ることができました。しかし、これほどの作品がDVDで見ることができないのは残念です。スペインではハイクオリティかつ映像特典満載のDVDが出ているらしいので、ぜひそれを日本でも、と思います。（ち）

▼今回の特集ではジブリ広報部の西岡さんを担当しました。その西岡さんの文中にも登場する博多うどんは私も一緒に食べましたが、ハンバーガーサイズのかき揚げが付いて290円でした！　それには値段以上のちょっとした贅沢を感じました。情報があふれる時代に、何に贅沢を感じるのかは人それぞれ。問題は自分なりの楽しみ方をどう見つけるかなのだなと考えさせられました。（よ）

2007年7月

▼「アズールとアスマール」の試写を見て、その色彩の美しさと、王子ふたりが協力して妖精の王女を助け、最後は大団円というオーソドックスさに、ディズニーの「眠れる森の美女」を思い出したりして楽しんだ。その上で今回の特集で担当した内藤正典氏の原稿を読み、オスロ監督と高畑監督との対談を聞くと、ムスリム文化と西欧文明の対立と融和という、まさに現代を象徴するテーマを改めて認識した。高畑監督の言葉通り、本当に「役に立つ」映画である。現代を生きている以上、こうしたことを避けて通れないのだと改めて思った。(ゆ)

▼気がつくと「アズールとアスマール」の子守唄をハミングしているこの頃。アラビアンな独特の節回しは、自然な肌触りのよさがあり、明快でポップなメロディになれた耳には、新鮮で印象的でした。映画の公開にあたっては「アラビア語の吹替えは一切しないで欲しい、異国で知らない原語に対峙する経験を少しでも映画を通じて経験して欲しいから」というオスロ監督からの厳命があったとのこと。音に対するオスロ監督の感度の高さを考えさせられた映画でした。(M)

▼橋本晋治さんの絵本『ゆっちゅとめっぴとほしのゆうえんち』ができあがりました。初めて見たときの「????」と読んだ時の「!!!!」は、編集作業の最後までわくわく感として続き

ました。このひとりよがりな表現は読んだ者にしかわからぬもの。ひとりでも多くの老若男女にこの「?」と「!」を体験して欲しいです。(S)

▼今回、原稿をお願いしたアニリール・セルカンさんのことを知ったのは本当に偶然で、ラジオをつけたらセルカンさんがパーソナリティを務めた番組(しかも特番!)が流れており、それをたまたま聴いたのがきっかけです。その後、著書なども読み、まさに今回の特集にぴったりではと思い、改めて原稿を依頼。セルカンさん自身、偶然にも映画と自分が重なる部分があったということで、あのような文章が上がってきたのです。何とも素敵な偶然の連鎖だった、と思っています。(ち)

▼「アズールとアスマール」の翻訳絵本を編集中です。今回こだわったことのひとつに、アラビア語の表記があります。映画の中でアラビア語は翻訳されないのですが、それを絵本の中にどう入れたらいいのか……。発音をカタカナにしただけだと雰囲気がそがれる気がしますし、アラビア語に発音のふりがなを入れようとすると、アラビア文字は右から左で日本語は左から右なので、ぴったり合いません。いまとても悩んでいます。どういう形で完成したのかは、絵本を手にとって確かめてみて下さい!(よ)

2007年8月

▼「異国の人と本当に出会えるかどうかは、個と個の出会いにほかならない。自分は在日韓国人だけれど、日本で生まれて韓国語が喋れない。日本にいてもマイノリティーだけど、韓国にいても言葉が話せないから、外国人。そうなると、自分の居場所は、個として他者と出会って、その時の自分のキャパシティで獲得するしかない」――「アズールとアスマール」を見ての座談会の中で聞いた発言のひとつです。こんなふうに、自分を客観化できているからでしょう、彼女たちは自分の言葉を持ち魅力的でタフでした。来月号に続く、座談会の後半で、その魅力をさらにお伝えできればと思っています。(ゆ)

▼夜、暑い日が続きよく眠れません。家のなか、枕をもって涼しい場所を求める日が続きますが、具合のよい場所におさまりようやく眠ることができた……その早朝、ヒヨドリのヒナが餌を求める声にたたき起こされました。よりによって、いい風を運ぶ窓近くの木に、ヒヨドリの巣が。早朝から日没まで「エサ！　エサ！」と鳴きつづけるヒナ三羽。日に日にやつれていく親鳥を目にし、これしきの寝不足などと思うのですが、しかし眠い。ヒナよ早く大きくなって、無事巣立ってください。(M)

▼ある地方の夜神楽を奥深い山中に見に行ったことがあります。古式にのっとった共同体の行事であり、夜通し舞われる神楽に観客という第三者は私たちだけ。老いも幼きも村人皆が演者であり事務方であり、自分の手が空いているときに眺めている。芸能が生活の中にある人々。それに比べると音楽も踊りも現代の私たちからはなんと離れてしまったのだろうと残念でした。けれども今回の特集で、音楽と人の密接な関係は現代なりに取り戻せるのかもと希望を持った次第です。（S）

▼最近は音楽データを勝手にコピーばかりしてけしからんという風潮ですが、自分の少年時代を振り返ってみると、レンタル屋や図書館からレコードやCDを借りてカセットテープにダビングしたり、FM番組から録音したり、友達から借りたりと、限られた小遣いの中で、いかに音楽を手に入れるかに汲々としていた記憶があります。でもそのおかげで、金銭的に多少ゆとりの出た大人になってからCDをじゃんじゃん買っているわけで。そんな経験もあり、簡単にいまどきの風潮だけを云々して、良い悪いを判断するのは難しいと思っています。（ち）

2007年9月

▼高井英幸さんと小川洋之さんの新しい連載が始まりました。映画と音楽と、ジャンルは違えど、おふたりともその分野にどっぷりとつかって、日々の仕事に邁進なさるご様子が、文章から推察されます。一方、阿川佐和子さんの「ギョットちゃんの冒険」が最終回を迎えました。毎回、ぎりぎりのスケジュールの中で、イラストと文章が送られてきます。どんなに忙しくてもユーモアを失わずに仕事をなさる姿勢は、忙しいといつもキンキンと人に接してしまう私としては、見習わなくてはと思うところでもありました。このあと、この連載の書籍化の仕事をまたご一緒します。装丁を含めどんな本に仕上げていくか、楽しみな仕事です。（ゆ）

▼広辞苑は分厚い辞典だ。しかも、改版のたびに総項目数が1万から1万5千語ほど増えるそうだ。ページ数も当然ながら増えている。しかし、この辞典の厚さはほとんど変わっていないという！　この分厚い辞典を陰で支える、製紙技術はすごい。改版のたびに丈夫でさらに薄く、しかし文字が裏写りしないものをと試行錯誤を重ね、最近では紙にチタンの粒子を混ぜたりもするそうだ。ほんとうに辞典にはいろんな発見が隠されている。（M）

▼「たほいや」をご存じですか？　私にとってこの語は、90年代のはじめの頃に半年だけやっていた深夜番組のタイトルです。どんな意味でどんな番組なのか。それは『広辞苑』と「ウィキペディア」の両方を引いてみて下さい。「ウィキペディアだけで済むのでは？」と思うのが時流かもしれません。いえいえ、「たほいや」の場合『広辞苑』も引くべきなのです。引きたくなります。「たほいや」は、ひとつの語や事柄をどのように説明するのか、そこにはそれを作った人や作られた背景が見え隠れする妙がある、ということを私に教えてくれた語です。（S）

▼就職したばかりの頃に買った『新明解国語辞典』を、つい最近まで使っていました（赤瀬川原平著『新解さんの謎』でも取り上げられた、あの〝第4版〟です）。しかしさすがにずいぶんと古くなってしまったこともあり、ついに電子辞書を購入。実際に使ってみると、ひとつの言葉を調べるのに、複数の辞書をまとめて見ることができるなど、すごく便利です。辞書を引く頻度も確実に増えたような気がしますし、面倒くさがりやの自分にはぴったりのアイテムだと思っています。（ち）

2007年10月

▼押井さんに会うのは「イノセンス」以来でした。噂には聞いていましたがほんとにすっきり痩せて話される様子も健康的な印象。この変化が新作「スカイ・クロラ The Sky Crawlers」＝「アニメーションというメディア」に影響を与えないはずはないと思い、原稿をお願いしました。映画制作の方法はその身体同様、明らかに「イノセンス」と違ったものを感じました。森博嗣さんのベストセラー小説を原作に選び、「世界の中心で、愛をさけぶ」や「春の雪」も手がけた伊藤ちひろさんという若い女性に脚本を依頼――この試みだけでも、押井哲学一辺倒ではなく、万人を意識した作品作りへの挑戦であることがわかります。痩せてフットワークがよくなった押井さんの身体が、「やるぞー」とばかりに、この挑戦を可能にしたといったら言い過ぎでしょうか。身体を鍛えなおさなきゃと昨今とみに感じている私としては、押井さんのこの変化は、ひとつの希望でもあるのです。（ゆ）

▼木村カエラさんが、橋本晋治さんの絵本『ゆっちゅとめっぴとほしのゆうえんち』の感想として寄せてくださった詩とイラスト。先に描かれたというイラストに込め

られた意味は〝人生には明（太陽）や暗（月）、いいこと（COME）も悪いこと（STOP）も両方ある。その間でいつも揺れるし、それらはぐるぐる回っているのだ〟とのこと。元気いっぱいのイラストに「これぞカエラworld」と思いました。（S）

▼いま手がけている仕事の中で最も大きなものは、「ジブリの絵職人　男鹿和雄展」のＤＶＤ制作です。発売は年末なのでもう少し先ですが、仕事はまさにいまがピーク。どうも忙しくなると、パソコンに向かっている時間が長くなり、脳だけが懸命に働くせいか、身体と脳がずれているような感じになってきます。そんなときにいちばん効くのが散歩です。自分の足で歩くことで、身体と脳が徐々にフィットしてくる……ような気がするのですが、気のせいかな？　今回の特集、そんな状態のときにふと、思いついたものです。（ち）

2007年11月

▼高畑監督が「一枚の絵から」でとりあげている「ベルト・モリゾ」の展覧会を見ました。印象派の展覧会はいつも混んでいて絵の近くでゆっくりその絵を見ることができないのですが、「モリゾ」は時間帯のせいもあって、可能でした。娘ジュリーのいる庭の空気にも肌の色にも、白い服にも、すべていろいろな色を感じさせられました。荒いタッチでありながら、光を捉えようとする画家の鋭い目が、そう感じさせるように描いていました。展覧会場をでると、外は透き通る秋晴れ。きらきらと光があたりを満たし、道いく人の姿も荒い筆のタッチでその印象を描きだしているかのように感じられました。世界は美しい――改めてそう思わせてくれるモリゾの絵でした。(ゆ)

▼「この件で書いておくべきことなんてあったかな」は、連載「夢の遊眠社と〜」の中で、野田秀樹さんの事故のことを書いて欲しいと最初に提案した時に、高萩宏さんが発した言葉。今回「非常事態」として自身で書かれているように、プロデューサー人生の中でも稀な危機であったはずなのに、特筆すべきことなしと認識されていた

わけです。それは生の舞台ではトラブルが日常であり、それに備えておくことが習慣になっているからなのでしょう。結果的に大事に至らなかったら何もなかったのと同じなのでしょう。〝いかに何事もなく済ませるか、そんなのあたりまえすぎる話でしょう〟と言われた気がし、どれだけのことを〝あたりまえ〟に乗り越えてきたのか、日常のもつ緊張感が違うのだなと絶句した瞬間でした。（S）

▼今月の広告にも掲載された「ジブリの絵職人　男鹿和雄展」のDVDとブルーレイを制作しています。男鹿さんには、会場で絵を見ながらのロングインタビューと、ブルーレイ版用に新たにジャケットの絵をお願いしました。また、絵については描いている様子をハイビジョンでカメラに収めさせてほしいという図々しいお願いも……。そうでなくとも普段とは異なる忙しい状況の中、全面的に協力いただいた男鹿さん、ありがとうございました。おかげさまで、とてもいいお話と映像が撮れたと思います！（ち）

2007年12月

▼受験生の頃は、深夜放送を聴いていました。レモンちゃんこと落合恵子さんの読み上げる葉書きを通して、起きて勉強をしているのは、自分だけではないんだと思えたことを覚えています。一人暮らしを始めた頃はJ-WAVEのジョン・カビラさんの朝の声に「今日も一日頑張るぞー」の気持ちになりました。考えてみれば、ラジオには随分お世話になっているわけで、そのラジオがいまどうなっているかを今回の特集で少しは考えてみることができました。原稿のどれにも、ラジオへの「愛情」があふれていました。テレビには「愛情」という言葉が似合いません。この言葉にさらにふさわしいメディアに進化を遂げるのが、ラジオの生き残る道と思ったのでした。（ゆ）

▼ラジオを聴いているかと問われて、持ってすらいないことに気づきました。ラジオ局でアルバイトしていた学生時代、自宅で仕事をしていた時、移動や待ち時間が多い仕事をしていた時、いつもラジオが流れていたのに、と思うと驚きます。最近は放送終了分をインターネットで聴ける番組もありますが、リアルタイムでないと案外疎外感があります。テレビより感情移入させるメディアなのだとこれまた改めて気づきました。（S）

▼中学時代は「オールナイトニッポン」（ニッポン放送）や「パックインミュージック」（TBS）などのAM番組をよく聴き、高校時代になると「サウンドストリート」や「クロスオーバーイレブン」（いずれもNHKFM）「ジェットストリーム」（FM東京）などのFM番組をよく聴いていました。社会人になってからしばらく、深夜のお供は「Across The View」（J-WAVE）でした。その後、10年くらいはラジオをあまり聴かない時期がありましたが（思えばそれはインターネットの普及時期とぴったり重なります）、今年に入ってから再びラジオを聴くようになりました（もっぱらカーラジオですが）。今回は、中学・高校・社会人の頃に聴いていた番組に関わっていた方々に執筆していただけた、幸運な特集でした。（ち）

▼匿名で自己紹介するのもヘンですが、次号から編集に参加する者です。以前、社会をハスから見るような雑誌を編集していたので、弊誌の編集会議でもついつい下世話な方向に話を持っていきがちです。いまは他の部員も笑ってくれていますが、そのうち愛想を尽かすのではないかと、軌道修正を図っているところです。なんて殊勝なことを書きつつも、次号の担当記事にどうやって毒を盛ってやろうかと……。（な）

2008年1月

▼20年ぶりに矢沢永吉のコンサートに行きました。自分を知り尽くした演出をするYAZAWAがいました。つかの間の宴とわかっていても、その世界で十二分に遊べて、久々にドキドキまでしました。「企画を考える時には、それをほかの人が見た時、〝ワクワク感〟があるかどうか考えないとだめだよ」——鈴木プロデューサーに言われた言葉です。YAZAWAのコンサートには、まさにそれがありました。プロフェッショナルとはこういうことだというステージでした。本の世界でもそれが出来るはず。2008年は〝ワクワク感〟がキーワードです。(ゆ)

▼特集に書いていただいた石濱先生のお勧めで、ダライ・ラマ14世の少年時代からインドに亡命するまでを描いた「クンドゥン」という映画を見ました(マーティン・スコセッシ監督/97年製作)。困難の半生が淡々と描かれるも、映像美が力強い映画でした。厳しさと静けさと美しさと強さ。チベットにふさわしい描き方だと得心しました。(S)

▼以前、小川洋之さんの連載でも話題になった、レディオヘッドの新譜をダウンロード

しました。これはレコード会社を介さずに自分たちのレーベルからダウンロード販売をするという試みで、値段の設定は買い手が決めるという大胆なものです（日本ではNTTドコモの携帯での決済）。昔から好きだったバンドとはいえ、実際に音楽を聴く前に値段を決めなければいけないのは非常に悩ましく、結局500円という中途半端な額で購入しました。しかし、実際に音を聴いてみると、これがじつに素晴らしく、これはいかんとさっそくCD版も予約したという次第です。（ち）

▼海外旅行に行くのなら、できるだけその土地のナマの文化に触れてみたい！　自分たちが失ってしまったプリミティブな何かに触れたくて、文明化された国々から観光客が押し寄せる。人が集まってくれば商売が生まれ、その土地は資本主義の大波に曝され、伝統的な生活を破壊され、場合によっては自ら手放し、原始とのつながりを失い、観光地化し、かつて持っていた魅力を食い尽くされ、捨てられる……。旅行の罪作りを痛感した企画でした。（な）

2008年2月

▼『熱風』の12月10日号「一枚の絵から」で高畑監督がとりあげた香月泰男さん。その香月さんの作品数枚を見る機会を得ました。小品ながらとても感じのよい絵が並んでいました。土壁色のあの特徴ある背景が、描かれた人物や野菜を優しく包み込み画家の心持ちを伝えているように思いました。絵を見ていた2時間あまりは、ざらざらだった気分が、すっと平らになりました。絵には素晴らしい力があるものです。「一枚の絵から」は今月は残念ながらお休みです。来月はまた絵の力について書いていただきたいと思っています。（ゆ）

▼あまりの寒さになかなか外出する気になりません。そんな時、家にいながらにして遠くに連れ出してくれるのが本。飲み物を傍らに置き、毛布をかぶって丸くなるのが極楽ですが、装幀のきれいな本、丁寧に作られたと感じられる本だと、行儀の悪さに申し訳ない気持ちになるもの。それでも「君と私の仲だから、ま、そこんとこはひとつ……」と、結局は虐げられている、我家の本たちなのでした。（S）

▼はじめて装幀で〝ジャケ買い〟した本は『全宇宙誌』（工作舎刊、装幀／杉浦康平）

だったと思います。表紙全面が黒地で、その中一面に星や星雲などが白い点で描かれ、金色の文字でタイトルが箔押しされている。全面が黒地で星々の白が瞬いていると いうのは、この本の全てのページで使われています。文字や図版は、その黒地の中に、「白抜き」と呼ばれる手法で載っている。そこに書かれている内容はもちろん、装幀やデザインからも〝宇宙〟を感じさせてくれました。ジャケ買いからはじまる読書もある。そんなことを実感した本でした。(ち)

▼『恋空』『赤い糸』『君空』……ケータイ小説なるものがよく売れているそうです。こうなると装幀も何もありません。ケータイなんかで本が読めるか！　と吠えたいものの、あれだけ違和感を持っていたネット書店で本を買うことに、今やなんの抵抗もおぼえなくなっている自分に気づき、口ごもってしまいます。〝効率化〟というやつは、楽になるし反対する理由は見つからないしで、まったく手強いです。(な)

2008年3月

▼「パンダコパンダ　雨ふりサーカス」で、洪水のあと、いつもの街が水の下でゆらゆらと揺れている絵があります。この作品を初めて見た雑誌『アニメージュ』の編集者時代、ものすごく美しいと思ったことを覚えています。こんな洪水が起こったら、多くの人が死んだだろうにとか、復興までものすごく時間がかかるだろうといった超現実的な問題はまったく感じさせないそのイマジネーションの豊かな表現に、参ったのです。3月15日からこの作品がスクリーンに戻ってきます。あのときの私と同じ「参った!」の気持ちを、多くの方が感じてくれることを願いながら、特集しました。(ゆ)

▼私のデスクの上にはパパンダとパンちゃんとミミ子がいます。海洋堂のフィギュアとサンアローのぬいぐるみ。どちらも仕事に定評のあるメーカーの作です。自分で集めたわけではないのに集まってきたことこそ縁だと思い、毎日視線のあうモニターの上に据えています。彼らが呼び寄せるのか、某飲料メーカーのお茶のキャラクターやら、某出版社の文庫のキャラクターやら、いつの間にか机の上にパンダグッズが置いてあることもしばしば。そんな楽しい瞬間を私にくれる彼らが久々に大スクリーンに

登場とのこと。みなさんにどう受け入れられるか、興味津々なのでありました。（S）

▼子どもの頃、両親に連れられて、上野動物園にパンダを見に行った記憶があります。大変な混雑でさんざん並んだ挙句に、ようやくガラス張りのケージの前にたどり着いたものの、目にすることができたのは部屋の隅で寝ている背中のみでした。昨年、何年かぶりに上野動物園に行き、パンダを見たのですが、やっぱりヤツは部屋の隅で寝ていました。僕はいつになったら動いているパンダを見られるのか……そんなどうでもいいことを「パンダコパンダ」を観ながら思いました。（ち）

▼先日、多摩動物公園に行ってきました。考えてみれば、動物園に足を運んだのは小学生以来。つまり二十数年間、ぼくは本物の象を見ていなかった!? なのにこれまで、象なんてごく見なれた、ありふれた動物だと思いこんでいたのです。象の映像を見ることで、本当に〝見た〟気になっていたのでしょう。それにしても、この歳になって間近に象を見る驚きの新鮮さと言ったら！（な）

2008年4月

▼今月の表紙は、お願いした私の予想をはるかに超えた不思議な魅力に満ちた絵柄になりました。桜の枝のすぐ下の髪の長い女性。なにか心に重いものがあるけれど、風の中を歩き続けるしかないわねえと、致し方ないような、心細いような気持ちを抱えている人だと感じました。29歳の頃、私もそんなふうだったように覚えています。30歳前後のとき、人は目の前にある既成の価値観とぶつからざるを得ないと思います。それへの対応いかんによって、人の顔は変わるのだと思います。「勝負のときですよ！」と声を大にして言いたいと思うのは〝壁〟を感じられた幸せな世代だからでしょうか？（ゆ）

▼自宅近くにもこのスタジオ界隈にも桜の名所に恵まれ、毎年桜を見逃しません。また、連載「夢の遊眠社と僕と演劇プロデューサーの仕事」を担当しているお陰で、触発されて劇場へ行くことが増えたのですが、こちらでも思いがけない「花」にであうことがあります。旬の盛りの役者さんの花などは想定のうちですが、ゆっくり時間をかけて育てられた作品が見事な花を咲かせると、得した気分と作り手への敬意と

で気分が高揚します。お花見はやめられません。（S）

▼ドナルド・リチーさんの連載『映画のどこをどう読むかII』が、最終回を迎えました。全10回20ヶ月にわたる連載でしたが、何とか無事に走りきることができました。それにしても、ラスト3回で取り上げた作品は、国際的な評価は高いもののいずれも日本では未公開のものばかり。２００７年に日本で公開された映画は約８００本。毎年これだけたくさんの映画が封切られているにもかかわらず、本当に面白い映画はなかなか見ることができないのが現状です。何とか一冊の本にまとめて、より多くの人に読んでもらいたいと思っています。（ち）

▼団塊ジュニアの一人として、「憂鬱」というタイトルには違和感、いや苛立ちを覚えました。編集会議でも「団塊ジュニアが憂鬱だなんて、他の世代を攻撃して自分のアイデンティティを保とうとする団塊の世代の陰謀だ！　この企画はおかしい！」、なんて。しかし気が付いてみれば、アーでもないコーでもないと、いちばん熱くなっていたのはぼく自身でした……。（な）

2008年5月

▼3月30日にいなほ保育園の卒園式にお邪魔しました。詳細は来月の連載ページにゆずりますが、今年は6年生の女の子が一人、小学生のクラス「けやき」組から卒業しました。彼女は、普通の学校になじめず、4年生から「いなほ」に通いはじめた子です。卒業式の劇で物語の台詞を語る彼女は、子供から少女への変貌をどこかに感じさせる、すがすがしく美しい横顔をしていました。「けやき」組の仲間を得、北原先生を軸にした行き届いた心に育まれ、卒業を迎えられた彼女。心から「よかったね」と言いたいと感じた春の日でした。(ゆ)

▼ジブリ美術館でルーヴル美術館の展覧会をやろうと思うのだ、という話を初めて聞いたときは、正直「ジブリ美術館で???」という感じでした。よくよく聞けば、「なるほど~」やらイメージできないやら。それが具現化してもうすぐ見られるのだと思うと楽しみです。

そして、いしいひさいちファンの皆様、お待たせいたしました。『ののちゃん全集⑥』が間もなく発売です。一昨年6月から今年の3月までに朝日新聞に収録されたののちゃん652本を一挙掲載。お楽しみに。(S)

▼4月19日に、『野坂昭如 戦争童話集 沖縄篇 ウミガメと少年』が、徳間書店より発売され

ました。男鹿和雄さんが描いた、海の中を悠然と泳ぐウミガメの表紙と、吉永小百合さんの言葉が添えられたオビが目印です。書店で見かけたら、ぜひ手にとっていただければと思います。さて、今回は、普通に本を書店で売るだけでなく、その本に描かれた男鹿さんの絵を展示して、実際に見てもらおうと考えています。東京近郊の方は、「ウミガメと少年」展に、ぜひ足を運んでみて下さい。（ち）

▼毎年この時分になると、なんとはなしに焦りをおぼえます。正月を迎えたと思ったら、あっという間に桜が散って、ふと気がついたら黄金週間のメッキも剥げ、そうこうするうちにヒグラシの声が……。えーい、このまま1年が終わってよいものか！「花に嵐のたとえもあるぞ　さよならだけが人生だ」（井伏鱒二）「さよならだけが人生ならば　また来る春はなんだろう」（寺山修司）「また来る春が人生ならば　いまだ咲かない遅桜」（な）

▼「大いなるルーヴル」のエッセンスをぎゅっと凝縮する試みの「小さなルーヴル美術館」展。まさに「縮み志向」の日本らしい企画。千利休の小さな茶室「待庵」のよう！　特集に寄稿してくださった赤瀬川原平さんの『千利休　無言の前衛』は傑作！（ひ）

2008年6月

▼中野区にある東京子ども図書館に初めて伺いました。天井まである木製本棚に児童書がびっしり。松岡享子さんと阿川佐和子さんの対談はその本棚の前で行われました。その場所で最初に思ったことは、いま自分の家で床にはみ出している本がこの本棚なら、見やすく美しくはいる！　でした。図書館と比べることに無理があるといわれればそれまでですが、その書斎ふうな美に魅了されました。石井桃子さんは蔵書をどう整理なさっていたのでしょう。やっぱり、特製本棚かしら。（ゆ）

▼前号でご紹介したジブリ美術館の「小さなルーヴル美術館」展が始まりました。展示室に一歩足を踏み入れた瞬間にまず驚きを楽しめるのではないでしょうか。誤解を恐れず言えば、「なんじゃこりゃ!!」です。〝なんじゃこりゃ〟は展示全体に共通していて、来館するみなさんが「MYなんじゃこりゃポイント」を発見できるのではと思います。（S）

▼現在、夏に向けて2冊の本を制作中です。なかなかめまぐるしい毎日ではありますが、これからもっと忙しくなりそうな予感（というか確信）があります。そんな忙しい合間のちょっとした気分転換になっているのが、近くの公園でのキャッチボールです。公園

と言ってもただ草が生えているだけの空き地なのですが、「夏草やベースボールの人遠し」(子規)、そんな句を思い出したりもする、緑が多くて何とも気持ちのいい場所なのです。(ち)

▼この特集が企画される1カ月ほど前に、偶然、仕事の都合で『幼ものがたり』を読みました。石井桃子さんの覚えている最も早い記憶は、1歳と数カ月らしい。「私は、母親の胎内からみょうなものがすべりだしてくるのを見た」。はて、自分の最も早い記憶は何かしらんと頭をひねって思い出されたのは、せいぜい4歳くらいのこと。いじめられて泥だらけの私は、泣きながらいじめた子の家に行き、ガーガーと音を立てて回る洗濯機(当時は外にあった)の真っ白い泡の中にありったけの唾を吐いて、意気揚々と凱旋したのでした。(な)

▼近況:『もののけ姫』から『崖の上のポニョ』まで、12年にわたる企画書、エッセイ、インタビュー、対談、講演など60本余を収録した、宮崎駿監督の新刊『折り返し点』(岩波書店刊)を鋭意編集中です。(ひ)

2008年7月

▼本誌に連載されていた阿川佐和子さんの「ギョットちゃんの冒険」が、大和書房より7月10日に出版予定です。連載中からギョットちゃんとイリヤ少年の喧嘩の仲直りの方法、言葉のちょっとしたすれ違いによる気持ちの行き違いなどの描写に「そう、そう。そうなんだよね」ということの多かったこの物語、単行本になってみると改めて「気持ちがつながると、世界ってこんなふうに素敵なんだ」と伝わってきます。ピンク地に白いカラスの装幀です。ぜひ、ご一読を。（ゆ）

▼「崖の上のポニョ」と「チェブラーシカ」の2本の公開を控え、我々事務方は今が馬力を出さねばならぬ時。会社にいる時間が一同かなり長くなっています。そんな時、一本の新作映画の事を誰かがポツリと言おうものなら、フロアのあちこちから、私も見た、俺も見たがいかがなものかと思う、いつの間に見たんだ、となって現実逃避に花が咲き延々終わりません。やはり映画制作会社、みな映画好き。ポニョとチェブの2作品も多くの皆さんが話題にしてくださる作品となりますように。（S）

▼現在、『ジ・アート・オブ崖の上のポニョ』と『スタジオジブリ・レイアウト展』図

録の2冊を鋭意制作中です。その忙しい合間の息抜きは読書と映画。最近読んだのは、三浦雅士の『漱石 母に愛されなかった子』と、内田樹の『私家版・ユダヤ文化論』です。共に新書で読みやすく内容は驚きに満ちているのですが、理解できたかといえばそこまでもなく、仕事がひと段落ついたらもう一回読み返してみようと思ってます。（ち）

▼「チェブラーシカ」、見たことはあったけど、観たことはありませんでした。上目遣いの弱っちそうなあのキャラクターを見るたびに、「オレは、オマエなんかに癒されやしねーぞ」なんて……。そしてこの度、遅ればせながら映像を観ました。なんだ、面白いじゃん。そして、ちょっと切ないじゃん。気づいたら、ゲーナの弾く手風琴のメロディーを鼻歌で歌っている今日このごろです。（な）

▼「チェブラーシカ」の日本語版字幕を担当された翻訳家の児島宏子さんにインタビューさせていただきました。ただ可愛いだけではない、見る人の心の深い部分に訴えかけてくるチェブの秘密が少し、わかりました。（ひ）

2008年8月

▼「崖の上のポニョ」の公開直前、編集部は大忙しになります。映画関連書の制作はピークを迎え、宮崎監督の『折り返し点』、鈴木プロデューサーの『仕事道楽』は、見本ができ、お世話になった方々への本の発送が。レイアウト展の図録は校了作業。出版されたばかりの阿川佐和子さんの『ギョットちゃんの冒険』関連では、著者インタビューに付きそいます。それぞれの本が出版されている岩波書店、徳間書店、大和書房の担当の方々との間で、日に何度もメールが行き来し、ＰＣに向かいすぎて目が痛くなり、肩が凝ります。この『熱風』が出る８月には心静かな日がきているのでしょうか？　でも今の時代、忙しいほうが幸せと思わねば。（ゆ）

▼小型船舶の免許を持っています。取得の衝動が寒い季節にやってきたので、真冬の底冷えする東京湾で教習を受けました。海上に出るとなんと自分の小さいことか。ジャンボジェット機の腹を見上げながら、風と波と協調しなければすぐにもひっくり返されそうな力を感じながら、足元が常に揺れることの所在無さを発見しながら、集約するなら「海ってすごい」でした。完全にアウェイでありながら、そのダイナミズムにわくわくしました。（Ｓ）

▼今月から、亀渕昭信さんの連載が始まりました。亀渕さんはもともとニッポン放送に勤めていた方で、１９７０年頃にはラジオ番組のパーソナリティもしていました。もともとアメリカやイギ

リスのロックやポップスが大好きで、好きが高じて現在は「ポピュラー音楽研究家」を名乗っているほどです。そんな亀渕さんの連載ですが、本人としては、ラジオ番組で喋っているような連載にしたいとのこと。「他の連載のように格調高くはいかないけど……」なんてことを言っていますが、それでいいんです。いい意味で『熱風』らしくない」連載になればな〜と思ってます。（ち）

▼東京湾岸の町・浦安に住んでいた中学生のころ、魚屋さんから発泡スチロールの箱を大量にもらってきて、それをつなぎ合わせて舟をつくり、近所の境川から出航しました。それはけっこうなスピードで流されていき、あっという間に東京湾へ。計画性ゼロの私は、オールも持たず、舟の上でバランスをとるのに精いっぱい。岸から20メートルばかり離れたところで急に怖くなり、苦労してつくった舟をあっという間に放棄して、服のまま岸まで逃げ帰ったのでした。（な）

▼特集で、人類学者の川田順造さんに寄稿していただきました。川田さんの近著『もうひとつの日本への旅　モノとワザの原点を探る』（中央公論新社）は、瀬戸内の港町・鞆の浦の和船づくりなど、いまや消滅しつつある各地の伝統技術を取材して書かれています。モノやワザを掘り下げていくと、日本列島がいかに海路によって広い世界とつながっていたかがわかって本当に面白いです。（ひ）

2008年9月

▼堀田善衞展の展示イメージを作るために堀田作品を読み込んだ宮崎吾朗さんは、「自分の体験と重なるものを異なる世界、異なる時代に見て、そこに必ず人間としての共通項を探り出して行くという堀田さんの創作へのアプローチこそ、これからの時代に必要な視点だ」と語っています。上海、インド、キューバ、ソビエト、スペイン、ドイツ etc. 多くの国を訪れた蓄積が生み出した堀田作品から、現代に生きる私たちが「つっかえ棒」をもらえたら、こんな素敵なことはないと思います。全4部作からなる堀田さんの『ゴヤ』に挑戦せねばと思う夏の終わりでした。（ゆ）

▼連載「夢の遊眠社と僕と演劇プロデューサーの仕事」が最終回を迎えました。この約2年間、著者の高萩氏は劇場でプロデューサーとして勤める傍ら、古い資料をかきわけながらの執筆。その労力を思うと頭が下がります。そういえば、ジブリの監督やプロデューサーも体調を崩すという話をまず聞きません。ひとかどの人になる必要条件、それは丈夫であること、と確信。季節の変わり目を迎えてバテ気味のわが身を振り返ってしまいます。（S）

▼今年の4月に発売した『野坂昭如 戦争童話集 沖縄篇 ウミガメと少年』（作：野坂昭如　絵：男鹿和雄　英訳：早川敦子、徳間書店刊）の増刷が決まりました。本が売れないというこの昨今、

増刷できるという知らせは嬉しいものだなぁと改めて実感しました。この本の制作と販売に関わってきたすべての人、そしてもちろん購入して下さった読者の方々に感謝！です。（ち）

▼堀田善衛『定家明月記私抄』を読んでみました。「藤原定家の膨大かつ難解な漢文日記を読み解いた本」とのことで恐る恐るだったのですが、「子どもが熱を出したから早く帰りたいのに、今夜も後鳥羽院に明け方まで付き合わされた（泣）」といった具合に、えらく生々しく身につまされる内容のオンパレード。いつの時代も上司ってやつは……。乱世に生きる二流貴族も自分たち現代日本の平社員もたいして変わらないんだなぁ、と。（な）

▼ここ数年、縄文土器や土偶に魅せられています。堀田善衛『美しきもの見し人は』（朝日選書）で、堀田さんの愛蔵品だったキューバのインディオの土偶の写真を見てビックリ。少し前に青森で見た縄文晩期の土偶と同じく、頭部には大きな穴が開いて、目の感じもよく似ています。「私の仕事机の上で中国の馬と同居してすでに数年、私は飽きることがない。流離せるアジアの影、というものであろうか」。キューバにいたモンゴロイド系の先住民は滅亡していますが、環太平洋のつながりを、この土偶たちが伝えているような気がします。（ひ）

2008年10月

▼オリンピック開会式を見て何か違和感を感じていた。派手すぎ。統制のとれすぎ。子供たちへの演出への疑問などの言葉が浮かんだけれど、整理はできていなかった。演出家の鴻上さんの意見を聞いて、それがすっきりした。と同時に、受け取るだけの感動の怖さも改めて思った。「恋ひとつすれば、山ほど心は動くのに」とは鴻上さんの言葉。確かに！　恋の最中には、人のことなんてどうでもよくなる。どうでもよくなりすぎて、不安定になって、眠れなくなってしまうのが、怖いところだが。時は、人想う季節、秋。（ゆ）

▼表紙の絵はちぎり絵ではありません。Ｂ４ほどの白い画用紙に絵の具で描かれています。一般に雑誌はそのカラーを打ち出すため統一感のある顔＝表紙をもつものですが、『熱風』は毎号表紙の雰囲気が全く異なります。「店頭で見つけづらい」と時々言われますが、「お、今回はこういうのできたか」を楽しんでいただきたいです。今年私が表紙を担当した本誌を並べ、テイストが見事にバラバラなのを改めて確認しながら、そんなことを思いました。おや、今年を振り返るのはまだ早い？（Ｓ）

▼北京オリンピックの閉会式を見て印象に残ったのは、次回のオリンピック開催地であるロンドンが、ジミー・ペイジやデビッド・ベッカムといった有名人を出してきたのに対して、中国は徹頭

徹尾、無名な人々が集団で魅せるということにこだわっていたということです。ジャッキー・チェンやアンディ・ラウといった中国の有名人ですら、その集団の一人という演出で、その違いが面白いなぁと。個人的には、やっぱり、ロンドンの洗練された感じが好きですが、次回オリンピックはぜひ、国家の威信とはあまり関係ない、新しいオリンピックが見られたらと思います。（ち）

▼去る８月25日、ＮＨＫスペシャルで「熱投４１３球　女子ソフト・金メダルへの軌跡」が放映されました。とても緻密で感動的な番組でした。それにしても同21日に決勝戦があったわけだから、たった４日間のあいだに、勝敗を分けた場面をひとつひとつ徹底的に検証し、選手や関係者にインタビューし、それを２年前に上野投手を密着取材した際の素材などと合わせて編集し、放映したということになります。おそるべし、ＮＨＫ。（な）

▼遅ればせながらこの機会に、ベルリン五輪の記録映画『オリンピア』（レニ・リーフェンシュタール監督、１９３８年）と、東京五輪の記録映画『東京オリンピック』（市川崑総監督、１９６５年）のＤＶＤを見ました。二十世紀の光景なのに、もはや隔世の感がありますが、どちらも隅々まで行き渡った美意識に圧倒されました。もしも古代ギリシャ時代のオリンピックの記録映画があったら、どんなに面白いことでしょう！（ひ）

2008年11月

▼堀田善衛展での宮崎駿監督の講演に10月11日、同行した。何をどう話すべきか、前日まで悩み、ノートを作成した監督は、会場に到着してもまだ悩んでいる様子だった。こちらもなんだかどきどきして聴衆のひとりとなったが、結果は、宮崎監督の人柄によって来場者の気持ちをすっかりつかんだ講演となった。多少、話が横道にそれようが、脈絡がなくなってしまおうが、宮崎監督の堀田さんを敬愛する気持ちの強さに、そんなことはどうでもよいという気持ちになってしまうのだ。「人が人を信頼することの魅力」——それをあらためて感じた2時間だった。（ゆ）

▼スタジオの周辺は金木犀も終わってすっかり秋です。都心のオフィス街に比べれば、道筋の並木や農家の庭、スタジオの植栽など樹木の多い界隈。当然落ち葉が相当な迫力で毎日注ぎ、竹箒で掃除をしてくださる方々に頭を下げつつもその光景自体を楽しんでしまいます。が、そうやって働く人の姿を愛でられるのは〝ゆとり〟なのだと、「動物農場」にはつきつけられます。働くもの同士、敬意と信頼をもつ世の中で生きたいものです。（S）

▼ロバのベンジャミンが売られてしまった馬のボクサーを追いかけるシーンが心に残ります。映画と原作では、ベンジャミンの描き方が全く異なっており、原作の〝見て見ぬふりをする知識

人〟然として描かれる彼よりも、こっぴどくやられながらも最後にもう一度立ち上がるベンジャミンの方が（確かに原作の方がリアルではありますが……）、好きです。（ち）

▼『動物農場』特集に寄せて、秀島史香さんにお話を伺いました。同作品を読む場となった米高校の国語の時間では、ギリシア悲劇から現代小説まで古今の名作を次から次へと読んでいったそうです。日本の高校生が「こ・き・く・くる・くれ・こよ」とカ行変格活用を必死で暗記しているとき、海の向こうではホーソーンの『緋文字』と全体主義との関連について議論している……というのは隣の芝生を青く書きすぎでしょうか。（な）

▼特集で、英文学者の川端康雄さんに「動物農場」アニメーション映画化の経緯について書いていただき、舞台裏にも大変なドラマがあったことを知りました。また、宮崎駿監督へのインタビューでは、この映画にこめたハラス＆バチュラーの並々ならぬ思いを、同じ制作者ならではの観点から語っていただきました。長編アニメーション映画をつくることは、未開の土地に鋤を入れるようなもの……フロンティア・スピリットの芸術なんだということをあらためて思いました。（ひ）

2008年12月

▼アレックス・カー氏にお会いした。氏は現在、京都在住。京の町家に宿泊してその良さを体験できるプロジェクトや地方都市の環境改善コンサルタントといった仕事も手がけている。「ジブリ作品はどれも好きだけど『平成狸合戦ぽんぽこ』はとくに好き。環境問題にあの時代から着目し、ああした映画に仕上げたことは素晴らしい。日本の古い美術作品がモチーフとしてたくさんでてきたでしょう。あれもよかった」と話してくれた。高畑作品は海外でとくに定評があるとはよく言われることだが、11月の肌寒い京都で、そのインターナショナル性を改めて感じたのでした。(ゆ)

▼旅先で必ずするのは日暮れの時間を確認することと立ち食いそばを食べること。自分の普段の居場所との違いをあえて確認してみる私のやり方です。これは慌しい旅でもかなり実現度が高く、特に後者は新幹線発車間際に駅のホームでかけそばをかきこんでいたりとか……。メニューや注文の仕方にはじまって、味や聞こえてくる言葉やサービスなど違いがさまざま。楽しさ凝縮。この記憶が意外に後まで効く自分へのお土産です。(S)

▼男鹿和雄展の松山展が、11月22日から開催されています。これを書いているのはその2日前で、

明日からちょっと陣中見舞いに松山に行ってきます。ほんのささやかな旅ですが、ついでに男鹿さんおすすめの某山荘など見てこようと考えてます。今年はこんなささやかな旅行をたくさんしました。これまでは〝机上の冒険家《デスクトップ・トラベラー》〟でしたが、今年は〝小さな旅行者《プチ・ツーリスト》〟くらいにはなれたのかな？　と思っております。（ち）

▼「おーい、今日はカナエちゃんだよー！」。私がまだ実家に住んでいたころ、この一言で、バラバラに別々のことをしていた家族5人が、ほんの10秒でテレビの前に大集合しました。このたび「世界ふしぎ発見！」のミステリーハンター竹内海南江さんに、お話を伺ってきました。やっぱり、雄弁ではないけれど、気取らず、明るく楽しい〝カナエちゃん〟でした。諸般の事情で、しばらく編集部を離れることになりました。チャオ！（な）

▼旅行記が好きです。最近読んだのは、つげ義春『貧乏旅行記』、荒俣宏『水木しげる　最奥のニューギニア探検』、ル・クレジオ『歌の祭り』など。それから西行、芭蕉、一遍、円空、山下清……といった遊行する聖や放浪の芸術家にもなぜか惹かれます。いずれ若い衆を相手に、自慢話ではなく、イカした物語のできる老人になりたいと思い、今回の特集を企画しました。（ひ）

2009年1月

▼加藤周一さんが暮れに亡くなられました。スタジオジブリでは「日本その心とかたち」という本とDVDを出させていただき、それをきっかけに晩年の数年間をおつきあいさせていただきました。80代になられてもなお、その好奇心は衰えることなく、「崖の上のポニョ」のチケットをお送りしたら、「ぜひ見たいのだけれど体調のせいで、いま行くのは病院だけになってしまっています」というお返事をいただきました。かなり読みにくいのですが、いつも直筆のお手紙でした。鋭いけれど、どこかユーモアをたたえた大きな目が、もう二度とあかないと思うと、とても悲しいです。（ゆ）

▼映画館で映画を見る優先順位は、見たいかどうかが前提ではありますが、さらにその中から〝すぐ終わってしまいそうなもの〟〝DVDになりにくそうなもの〟という選別基準が加わります。すると当然大作やハリウッド映画は優先順位がどんどん下がってしまい、結局DVDレンタル開始まで見ない作品がほとんどです。DVD化が早い昨今、友人らとの間でも話題の遅れをあまり感じずに済むのも映画館へ足を運ばない現象に拍車をかけているのではないでしょうか。（S）

▼ハリウッドから少し距離を置いて、ニューヨークを拠点に映画を撮り続けているマーティン・

スコセッシ監督の「シャイン・ア・ライト」を観ました。映画は、平均年齢64歳のロックバンド、ローリング・ストーンズのライブドキュメンタリー。これだけ大ベテランになると、通常は「枯れた魅力」がメインで、観る側も「昔を懐かしみながら」といった形容が当てはまりそうなものです。が、そんなことは微塵も感じさせない、「今まさにすごい」バンドであることがわかる、何とも元気の出る映画でした。スコセッシ監督もストーンズのメンバーとほぼ同世代。次に予定されている新作は遠藤周作の『沈黙』の映画化だそうで、これもまた楽しみです。(ち)

▼今号で「物語の人類学的機能」について書いてくださった内田樹さん。ブログ「内田樹の研究室」を愛読しているファンとしては、「新たな仕事の依頼はすべてお断りします!」と宣言されたばかりの内田先生に、原稿を依頼するのはかなり気が引けましたが、宮崎駿作品のファンとあって、特例的に(?)お引き受けくださいました。「『愛する』とは理解や共感に基づくものではない。むしろ『よくわからないもの』を涼しく受け容れる能力のことである。」とは、ある日の日記の言葉ですが、今回の原稿ともリンクしていて、しみじみと噛みしめました。(ひ)

2009年2月

▼ひどく忙しい。まだ1月というのに。『熱風』の入稿作業、DVD「チベット死者の書」関連、単行本『いなほ保育園の十二ヶ月』の編集作業、次号『熱風』の会議……ほかに、好きで始めた英語やテニスの時間も必要。ほんの少しだけだが、主婦の仕事もある。おかげで、家も会社もどうにも未整理状態。O型だからこの未整理状態でも日々が過ごせるのさとは、A型の友人の言葉。そうかもしれない。ここは居直って、この狂騒的状況を楽しむまで、精神構造を変革するしかないかも。（ゆ）

▼連載「ヘン」の広岡先生は今回、カレーの匂いとトロイメライが結びつくと告白されています。B級グルメという言葉もありますが、広岡先生のコロッケやカレーに対する愛着は味への探求ではなく、アイデンティティ、もしくはルーツの確認なのだと思われました。食べ物であれ、場所であれ、そういう自分の足元を固めるものになるものをたくさん持っていること。その方が人生ゆとりをもって生きていけそうな気がします。（S）

▼亀渕昭信さんの連載、「ドーナッツ盤に恋をして」では、レコード業界黎明期な

らではの面白いエピソードが次々と登場します。今から考えると稚拙だし無茶苦茶だけど、活気があってエネルギーに満ちあふれている時代……。１９７０年頃のアニメーション業界もそうだったのかなと、今回特集で取り上げた「ルパン三世１st.ＴＶシリーズ」の、粗削りだけど抗し難い魅力を持ったエピソードの数々を見直して、改めてそう思いました。（ち）

▼小学生のとき、「ルパン三世１st.ＴＶシリーズ」の夕方の再放送を見るために、いそいで家に帰ったのを憶えています。大胆不敵で男気あふれるルパンが、子ども心にもすごくカッコよく思え、それぞれにプロフェッショナルでタフな大人たちの世界に憧れました。今回、三十年ぶりに見て、子どもの頃のドキドキワクワクした気持ちが甦ってきました。それにしても、このセクシーさは、当時、多くの子どもにとって、ヰタ・セクスアリスの芽生えだったのではないでしょうか。（ひ）

2009年3月

▼ミュージシャンの渡辺貞夫さんに「チベット」のお話を伺いました。「チベットはとても澄んでいる。人も自然も」と語る1933年生まれの渡辺さんは年齢を感じさせないエネルギーに満ち、それこそ、その笑顔と眼は「澄んで」いました。編集者という職業柄か、世の中をどこかハスから見る癖がついている私としては、教えられるものがありました。自分がこれだと信じられるものを公言できる強さ、それに裏打ちされた人への信頼という言葉が思い浮かびました。いい歳のとり方をされていると、つくづく思ったのでした。(ゆ)

▼子どものとき「アラビアのロレンス」に衝撃を受けました。そこで戦争を題材にしている映画で印象深いものをむりやり絞り込んでみたら自分の戦争観がわかるのでは、と試したところ、いやはや出るわ出るわ、その母数の多さに作業中断。世界には現役兵士が2億人いると聞いたときの違和感に匹敵する驚きでした。(S)

▼戦争や紛争についてのニュース報道は、その日の出来事をクローズアップして紹介するため、「その背後にある事情」が見えなくて困ることがよくあります。また、一方

でインターネットでは、「その背後にある事情」を、あらゆる角度からさまざまな立場の人が語っており、いったい何を信じていいのかわからなくなるときがあります。読み手の能力と言ってしまえばそれまでなのですが、今回の特集に携わって、送り手側の難しさも実感。いろいろと考えさせられました。（ち）

▼『太王四神記』で主人公タムドク（ヨン様）が、「戦争のかわりに貿易をやる！」と臣下に語るシーンがありました。人を殺して領土を奪えば、その子孫に復讐され、殺し合いはエンドレス。自分の持っていないものを欲しがるのが争いの原因だが、戦争して奪うのではなく、「兄弟」になって彼らが欲しがるものを与え、自分たちに必要なものをもらう、と。賛成！「国権の発動たる戦争と、武力による威嚇又は武力の行使は、国際紛争を解決する手段としては、永久にこれを放棄する」。賛成！（ひ）

▼春一番が吹いてコートを脱いだと思ったら、カウンターパンチを合わせるように北風に吹き返される今日この頃。わけあって、再び編集部に帰ってまいりました。また梅が咲いてやがらぁ漂泊の心をまとめて花いちもんめ。どうぞ、よろしく。（な）

2009年4月

▼「僕は映画を愛してる」を連載していただいている古澤利夫さんは、毎回、多くの資料を準備されます。とりあげる作品のネット上に掲載された英文の最新記事、現時点での興行収入、過去のご自分のインタビュー記事……。この熱い取り組み姿勢に編集担当の私が追いついていない気がする昨今です。

古澤さんの口癖に「ポコペン」というのがあります。「あいつは使えない」というのを、「ポコペンだから」と表現なさるのです。「君はポコペンだなあ」と言われたら大変、大変。心せねばと思うのでした。（ゆ）

▼写真家・石川直樹さんの新連載が始まりました。カメラを担いで世界中を旅している石川さん、荷物をコンパクトにこころがける一方で本は必ず持って行くそう。私個人としては、読書は旅の代打——肉体を移動させるわけに行かない場合の仮想旅、頭のドア——の役割もあるのですが、石川さんの場合、読書と旅は表裏一体のようです。どこでどんな本を読むのか、どうぞお楽しみに。（S）

▼今年もまた東京都現代美術館で開催される展覧会の仕事を手伝っています（主に図録制

作)。今回はディズニーで活躍したアーティスト、メアリー・ブレアの展示です。「シンデレラ」「ふしぎの国のアリス」「ピーター・パン」などでコンセプトアートを描き、ディズニーランドのアトラクション「イッツ・ア・スモールワールド」のデザインを担当した人で、日本ではまだあまり知られていませんが、じつにチャーミングな絵をいくつも残しています。図録制作はこれからが山場。何とかその魅力を伝えるべく奮闘中です。(ち)

▼真宗といえば妙好人。柳宗悦の『妙好人論集』を読むと、まいりました!と思う妙好人のエピソードがいっぱい。妙好人とは「白い蓮華のような清らかな信心を、篤く身につけた信徒たちを讃えて呼ぶ言葉」。民衆のつくった実用品にこそ美を見いだした柳宗悦にとって、民藝と妙好人は深くつながっていたのですねぇ。(ひ)

▼「まっ、しかしながら、かの親鸞も申しておりますように、善人なおもて往生す、まして悪人においてをや、人はみなただひとり旅に出て振り返らず泣かないで歩くのでぇあります。あぁ~、たれ知るか百尺下の水の心ぉ」(「うる星やつら　ビューティフルドリーマー」校長のセリフより)。というのが、私がはじめて親鸞の思想(?)に触れた瞬間でした。(な)

2009年5月

▼本誌連載の「いなほ保育園の十二ヶ月」が書籍になりました（岩波書店刊）。桶川にある保育園に月1回、北原和子園長のお話を伺いに、作家の塩野米松さんとともに通うこと、ほぼ2年。子どもたちが野放図に遊び、歌い、跳ね回る姿を見られる貴重な時間でした。昭和20年代の子どもたちが群れて遊ぶような「いなほ」のその光景、今度はモノクロの写真に収められないかと野望を抱いているのですが、北原先生のお許しは出ないかなあ……。（ゆ）

▼ここ三ヶ月ほどiPod touchで産経新聞を読んでいます。家から新聞を持ち出して家族からクレームがつくこともなければ、今日のトップ記事について朝電車で遭遇してしまった上司とすぐに話題にできる、なーんてなこともあります。難はクリッピングで、会社に着いたら本紙をコピーしようと思っても忘れてしまいます……。（S）

▼新聞がなくなると困ります。毎年正月には実家に帰るわけですが、さほどすることもない年始の三が日は一年で最も新聞を熱心に読む日といっても過言ではありません。元旦にだいたい隅々まで読みます。で、新聞の来ない一月二日に困るわけです。仕方がないので昨日の新聞を読み直したりするわけですが。新聞がなくなると本当に困るんですよ。（ち）

▼特集で糸井重里さんに取材させていただきました。糸井さんの著書『インターネット的』（ＰＨＰ新書、二〇〇一年）は発売当時、とても話題になった本ですが、今回読み直してみて、いまでも新鮮な、ひじょうに示唆にとんだ本でした。人間の社会は、食物を持つ農業社会から、モノ・力を持つ工業化社会へ、そしてコト・知恵を持つ情報化社会へと移行してきたわけですが、つぎにくるのは、所有することから自由になって魂の満足をもとめる、魂（スピリット）の社会ではないか、とのこと。そう思います！（ひ）

▼遅ればせながらＮＨＫ版「クライマーズ・ハイ」（原作・横山秀夫、二〇〇五年放送）を見ました。一九八五年の日航ジャンボ機墜落事故に直面した地元新聞社の一週間を描いたものです。全国紙に引け目を感じる地方紙記者たちの意気地を賭けた戦い。大森南朋が走り、岸部一徳が吼え、佐藤浩市がひざまずく……。こんな熱い新聞なら、購読するのだけれど。（な）

▼今回から『熱風』の編集に参加することになりました。初々しい新社会人を「かなり昔に自分にもそんな時が……」と懐かしい思いで横目に見つつ、遅れてきた新人としてシンパシーを感じる今日この頃です。そんなルーキーとして大切なのは、何を置いてもまず挨拶。ジブリにいる３匹のネコにも、初日の内にご機嫌伺いを済ませました。先輩ですもの。（も）

2009年6月

▼「子供が結婚するときに、もたせてやりたいと思います」——そう言ってくれたのは「いなほ」に子供を通わせるお母さん。『いなほ保育園の十二ヶ月』（岩波書店刊）の出版を祝う集まりでのこと。北原園長は目の前にいる子供のことで頭が一杯。気持ちも、子供と同じ。保育を論理的に説いたりしません。というより、そんな必要はないと思っています。子供の育つ姿を見れば、「いなほ」の保育がわかるでしょ、というスタンスです。そんな北原先生の保育の根っこがこの本で伝わり「子供を預けてよかった」と思ったお母さんの言葉と聞きました。（ゆ）

▼雨の季節がやってきます。傘、といえばイギリス紳士ですが、今回公開となるアードマンの新作「ウォレスとグルミット　ベーカリー街の悪夢」にいわゆる格調高いイギリス紳士風の人物は登場しないようです。全般に、すっきり晴れることの少ない島国の、普通の街の、中くらいの生活、というイメージの中で暮らしている主役2人がその庶民感覚のまま、ありえないドタバタを引き起こすその落差。ドタバタもパロディもサスペンスも作品の中に盛り込めるのは、むしろ普通の暮らしという深い懐があってこそ。足場がしっかりしてないとはじけられないのは、作品も人も同じなのねと、擬人化してしまうほどに人肌を感じる作品です。（S）

▼無口なグルミットが時折見せる、片方の目のフチをくいっと動かす仕草が好きです。人間で言えば眉毛をくいっと動かすような癖は、何を隠そう自分にもあるからです。〝眉は口ほどにものを言う〟、とまあそういうことです。そんな細かい仕草やイギリス人ならではの気質について執筆していただいたのが、新井潤美さんの原稿です。原稿を読んで作品を見直してもらうと、ウォレスとグルミットのイメージが少し変わるかもしれませんよ。（ち）

▼W＆Gシリーズはどれも好きですが、マイベストワンを選ぶとしたら、短編集『おすすめ生活』のなかの『おやすみ』。深夜、眠れないウォレスのため、ヒツジの着ぐるみを着てスタンバイ、ウォレスを眠りに誘う装置の一部となるグルミット。いじらしい！　こんなふたりが今日も世界のどこかで暮らしていると思うと心がなごみます。（ひ）

▼特集でお話を伺った三谷幸喜さんは大の人形劇ファン。今は無きNHKの人形劇シリーズを子供の頃とても楽しみに観ていらしたそう。「プリンプリン物語」や「三国志」など、私も子供の頃に観ていたこの名物枠が、この秋、三谷さんの脚本で復活します！　題目は「三銃士」。自由な表現ができる3Dアニメを見慣れた目に同じ3Dでも制限の多い人形劇がどのように映るのか。人形にどんな命が宿るのか。今から放送が楽しみです。（も）

2009年7月

▼徳島県祖谷《いや》という山深い地で農業と土木工事で生活する人々のドキュメンタリーを見た（1996年制作）。急斜面の畑で、夫を亡くした60代の女性は、じゃがいもを作っていた。大阪で工務店を営む息子が一緒に暮らそうと言ってくれたが、先祖伝来の土地を荒れさせるわけにはいかないし、夫の墓守りもあるとその女性は鋤で畑を耕していた。2009年のいま、そこは多分もう農地ではなくなっているだろう。それが、日本のひとつの現実だ。（ゆ）

▼連載「ザックの中には本が一冊」の石川直樹さんは年の半分は旅の空の下だそう。特にこの一ヶ月はほとんどご自分の住処に戻っていないようです。南の果てにいるはずだと思っていたら、次の週には北の地にいてさらに北上。次に気づくとまた南に飛んで島から島へ次々と。同じ宿に連泊することはないのでは。今回の本『雪に生きる』の写真はそうした旅の途中、携帯電話のカメラで撮影し、電子メールで飛んで来たものです。ザックの中の一冊は色々な状況で撮られています。（S）

▼ただ今、東京都現代美術館でこの夏開催される「メアリー・ブレア展」の図録と、男鹿和雄さんの新刊『秋田、遊びの風景』を編集中です。制作快調！……と言いたいところですが、現実

はなかなか大変です。以前、押井守監督に取材をしたときに、映画制作を航海にたとえて、とにかく目的地にきちんと着くことが大事なんだと話されていたのを思い出します。こちらは映画のような大きな船ではありませんが、今はそんな気分です。（ち）

▼村上春樹『1Q84』の大ヒットで、にわかに注目を集めるG・オーウェル『1984年』。オーウェルといえば、もうひとつの代表作が『動物農場』。小誌（昨年11月号）で特集したハラス&バチュラーの長編アニメーション映画『動物農場』の原作ですが、特集にも寄稿してくださった英文学者の川端康雄さんによる翻訳『動物農場　おとぎばなし』（岩波文庫）が7月16日発売になります。ことば遊びも生かすなど、オーウェルが「おとぎばなし」というサブタイトルをつけた意図を汲んで訳された意欲的な新訳。楽しみです。（ひ）

▼ジブリ美術館配給の「ウォレスとグルミット　ベーカリー街の悪夢」をはじめ、ディズニーの「ボルト」、ハチ公物語の米リメイク「ハチ約束の犬」と犬が主役の作品が重なり、映画界（の一部）では〝今年の夏は犬がアツい〟と言われています。物言わぬ犬に何を語らせ、どんな表情やしぐさを掬い上げるのかは、映画を作る人間次第。ペットと飼い主は似る、とはよく言うけれど、映画の鍵を握る犬の演技には、監督の犬との距離感や信頼関係が表れるんだろうなと思います。（も）

2009年8月

▼ゴーギャンがモデルのモームの『月と六ペンス』。その小説のラストに登場する壁一面に描かれ、最後には主人公の遺言で燃やされてしまう絵。それは本誌表紙に掲載された絵がモチーフになって描かれたものだろう。『月と六ペンス』を読んで以来、その実物を見たいと思っていた。それが日本で初めて公開されている。実物は、想像よりもずっと静かな、あらゆる時間を飲み込んだような絵だった。まさに絵のタイトルどおり、であった。(ゆ)

▼演劇プロデューサーの高萩宏さんが本誌で連載されていた「夢の遊眠社と僕と演劇プロデューサーの仕事」が、単行本になりました(『僕と演劇と夢の遊眠社』日経新聞出版)。大幅加筆改稿、ブックデザイナー有山達也さんによるシックな装丁。連載中、高萩さんのお書きになる内容もさることながら、「80年代ってあんなこともこんなこともあったのですねぇ」と激動の時代を思うことが多かったのですが、単行本には世相年表もついてサービス満点な感じです。(S)

▼現在、東京都現代美術館での「メアリー・ブレア展」、大阪のサントリーミュージアムでの「スタジオジブリ・レイアウト展」、秋田角館の新潮社記念文学館での「秋田、遊びの風景展」が開催中です。そのいずれにも関わることとなって、7月末から8月に掛けては、北へ西へと

飛び回る日々になりそうです。大変といえば大変ですが、せっかくなので楽しむことにし、何はともあれうまいものを食べるのだとささやかに決意。果たしてうまくいくでしょうか。（ち）

▼特集に寄稿してくださった岡谷公二さんが『タヒチからの手紙』を出版したとき、福永武彦さんは新聞の書評で「ゴーギャンにとりつかれた青年」として紹介したそうですが、たしかにゴーギャンにはたいへんな感染力があります。一九八七年、東京国立近代美術館で前回のゴーギャン展を見たとき、一五〇点からなる強烈なエネルギーと色彩の大洪水に飲み込まれてぐったりと疲れたのとともに、一緒に行った友人が熱病にかかったように興奮して、ゴーギャンのすごさを語り続けていたのがいまも思い出されます。（ひ）

▼私が小学生の頃の夏の三種の神器といえば、「恐竜」「マンモス」「世界の七不思議」。博物館には毎年のように巨大な化石やモアイ像などが来日していて、〝現代の科学でも解明できない何かとの対面〟に子供ながらロマンを胸に抱きつつ、実物に相対していたものです。しかし最近この三つはイマイチ盛り上がりに欠けている。でも、空想こそが身上の小学生が、その素となるロマン無しに長く退屈な夏休みを過ごせるとも思えません。今の子供達のロマンはいったい何なのか、本気で知りたい今日この頃です。（も）

2009年9月

▼最近のお気に入りCMはサントリー「伊右衛門」。京都を訪ねた時に立ち寄った、老舗のお茶を売る店舗の様子が、宮沢りえと本木雅弘の二人がCMでイメージさせる世界と重なって行く。古風だけれど、生き方にたたずまいがあっていいなあと思わせられる（フィクションとわかってはいるのですが）。現実の自分は、それとはまったく逆な、ドタバタな日々を送っているから、魅かれるのだろう。ふと自分が恐ろしくなる晩夏でした。（ゆ）

▼特集の天野祐吉さん中治信博さんの対談に立ち会いました。話はどんどん広がって予定時間をはるかにオーバー。厳しい発言があったり一見関係のない話題にとんだりしても、必ずテレビや広告の話に戻ってくるところに広告への愛の深さを感じました。（S）

▼東京都現代美術館で開催中の「メアリー・ブレア展」。10月4日までですので、ぜひ足を運んでいただけると嬉しいです。さて、南米に影響されてがらりと絵のタッチが変わったメアリーにちなんで……というわけではありませんが、夏期休暇を利用してペルーに行ってきました。標高の高いところにある町は、本当に日差しが強く影も濃い。

サングラスをしていないと眩しくて、これは色彩感覚も変わるよなぁとささやかに実感。（ち）

▼今号では写真家の蜷川実花さんに、メアリー・ブレアの作品について語っていただきました。明るい色彩を引き立たせる豊かな黒。深い闇のなかから浮かびあがる生命の輝き。そのコントラストは、蜷川さんの作品にも通じています。最新シリーズ「Noir（ノワール）」も含めた「蜷川実花展　地上の花、天上の色」展は、東京、岩手を経て、現在は鹿児島で開催中。兵庫、高知へも巡回。こちらも見逃せません！（ひ）

▼はじめて衝撃を受けたCMは、サントリーローヤル「ランボー編」。アート性が高く評価されたそれは、詩人ランボーの世界を観念的に表現した不思議なもので、子供心に恐ろしくもなぜか気になる、魅惑の一本でした。その後、サントリー「トリス犬」、セイコー「一秒の言葉」、日本生命「不器用ですから」……と来るのですが、その後に続くものをなかなか思い付きません。商品の露出がわずかで、大声も出さず突飛なこともしない〝作品〟は、今の時代には贅沢過ぎるのかもしれません。（も）

2009年10月

▼9月9日に訪ねたジブリ美術館。屋上庭園はもう秋。いわし雲が浮かぶ青空の下、ススキが風に揺れている。見渡せば、井の頭公園の草々も黄色味をおびている。オープンから8年で、美術館の壁面はツタに覆われ、建物そのものが自然の建造物のよう。この日ご案内したお客様が言っていた。「混んだ時の美術館のお客は、普通もっといらだっている。ここではお客同士から、譲り合いの気持ちが感じられるのがすばらしい」。風や植物に近い場所にいると、人は気持ちが柔らかくなる気がする。いつもこうあれたらいいのに。自戒。（ゆ）

▼子どもの頃「『森は生きている』ごっこ」という一人遊びをよくしていました。ソ連時代の演劇作品（マルシャーク作、原題「十二月」）の日本版にハマった上のことですが、森は怖いけれど恵みをくれるところ、というイメージは私の場合明らかにこの作品が原点です。この作品、日本で既に1900回も上演されたそうです。国境も年代も超えて世界の定番となる演劇作品が日本からも生まれることがあるといいな、と思ったのは特別収録の対談を聞きながらのこと。（S）

▼12月に公開されるピクサーの新作「カールじいさんの空飛ぶ家」を、ひと足早く見ることができました。共同監督のピート・ドクターは、3DCGのアニメーターでありディレクターでも

ありますが、先頃展覧会が終了した、メアリー・ブレアの描く平面的でグラフィカルな絵をとても愛しています。映画本編の面白さはもちろんですが、画面のあちこちに見え隠れするメアリーへの目配せも見どころのひとつ、そんな素敵な作品なのです。（ち）

▼やまと言葉の「もり」の語源は、「盛り」だという説、「山」を意味する古い朝鮮語「モリ」と同源だという説もあります。古文献では「母理」「茂理」などの漢字を当てたそうです。「自分たちが考える森という基準のさらにその下の基礎に、地球というお母さんがもっと恐ろしい形で存在して、ときに破壊の神になったり、創造の神になったりしてる。」（宮崎駿著『折り返し点1997〜2008』岩波書店）と宮崎監督が語るように、森は地球のお母さんへの通路のような気がします。（ひ）

▼森と聞いて私が心に思い描くのは、小道の横からやってきたオオカミが悪さをそそのかしてきたり、木の上のフクロウが「これ以上奥に行ってはいけないよ」と苦言をくれるような場所。それはつまり、童話やファンタジーの森しか知らないということなのでは……。考えてみると、私は山へ行ったことはあっても森に行ったことは無い。いつか本当の森を体験したいものです。（も）

2009年11月

▼高畑勲監督が毎日社内で仕事をしておられる。仕事の合間の雑談が楽しみのひとつ。社内試写のあったピクサーの新作映画の分析から始まって、アメリカの価値観の楽天性と不変さ、映画の宣伝コピーの役割、さらに演劇、美術と幅広い。背中ごしにその話を聞いていたアルバイトの男子大学生が一言。「緻密ですね。聞いているだけで、緊張します」。高畑監督がもたらすこの知的緊張感、いつもと違う空気がスタジオに流れだしている。（ゆ）

▼常々、アニメーション作りを間近に見ていて、その仕事内容の細かさや膨大な量や、それらを大勢で足並み揃えていくことや、それを束ねる志やらなんやかんやに驚きます。日本には「道」の字がつく技能と精神をあわせた価値観がありますが、その域に行っているのではないかと。今回美術館ライブラリーで公開するということで、かの有名な「バッタ君〜」を初めて見ればなんとその「道」、かつてよりかの国にもありき。（S）

▼本編中では葉巻にガソリンを注いで爆発させたり、引っ越し先からスプリンクラーの水で流されたりと、バッタ君ことホピティは失敗ばかりです。しかし、そのバイタリティーには見習うべきところも多いんじゃないかと。アメリカらしい楽天的な無謀さなのかと思いつつ、失敗を

恐れず新天地に向かうのも悪くはないと思ったりもするのです。（ち）

▼特集で「バッタ君」の音楽についてご執筆くださった大江千里さん。現在、ＮＹの大学でジャズを勉強中ですが、充実した学生生活のようすは、ブログ「千里の森」のライブ感あふれる日記で知ることができます。エッセイ集『ぼくの家』（角川書店）では、不動産フェチ全開で、数々の家遍歴を披露され、とりわけ築50年の日本家屋への深い思いを綴られていました。それはまさに人と家のラブストーリーでしたが、いずれＮＹを舞台にした人と街のラブストーリーを、ぜひ書いていただきたいです。（ひ）

▼特集でお話を伺った安野さんの展覧会「安野モヨコ展 レトロモダンな世界」が、弥生美術館（東京都文京区）で開催中です。展示はポショワールというフランスの技法をベースにした独自の手法で描かれたイラストが中心なのですが、イラストと一言でいってもこの技法、紙を非常に複雑に型抜きして繊細に彩色を施すという、想像するだけでも気が遠くなるほど手間のかかるもの。よりよい作品をつくる事への情熱と、新しい世界を自ら生み出していこうという迫力が展示フロア全体に満ち溢れていました。12月23日までなので、ぜひお早めに。（も）

2009年12月

▼社員旅行で箱根山中を通る旧街道というのを歩いた。今にも降り出しそうな空の下、石が敷かれた道を行く。かなりの勾配なので、下を向いて歩くしかない。名も知らぬ鳥が、泥の中から虫をついばんでいる。人が通っても、まったく逃げない。昔の旅人は、人とあまり行き合わないこんな道の途中でムスビを食べ、水を飲みまた黙々と歩いたにちがいない。そんな暮らし方をしていたら、我が家のねずみのために餅をつくり、ねずみたちの相撲を一緒に楽しむ心持にもなろうというものだ。美術館アニメ昔話の「ちゅうずもう」を箱根旧街道で思い出したのは、私だけ？（ゆ）

▼特集で女優のミムラさんに原稿をいただきました。動物と仲良くなることが特技と以前からお聞きしていましたが、今回登場したネズミへのまなざしからして納得です。作品のキャラクターとして思い入れることと、リアルな生き物を愛することにあまり区別がないのではないでしょうか。昔話が生まれた頃、動物と人が今より身近にあったはずと思い起こしました。（S）

▼「昔話」「動物と人」ということで真っ先に思いついたのは、今は亡き河合隼雄さん。自分の中の、原稿を頼みたかった人リストの筆頭にあっただけに残念でした。河合さんといえば、先日猫好きの人に『猫だましい』という著書を貸したところ、古ぼけた本だったはずが新品になって戻って

きました。これは何の恩返しなんだ？　と思ったら、正解は「海で落とした」でした。（ち）

▼昔話のおもしろさのひとつは、語り手によって、そのつど新しい生命が吹き込まれること。昔話の「ねずみのすもう」とジブリ美術館の短編アニメーション「ちゅうずもう」をくらべてみると、後者には、映画の作り手たち＝再話者たちのさまざまな思いが織り込まれながら編曲されています。ねずみが運んできてくれた素敵なギフト。暮らしのなかに「笑い」のあることが、どれほど心を明るくすることか。富と幸について、いろいろと思いをめぐらせています。（ひ）

▼大人になってから知り合った人と話す時、〝共通の思い出〟の存在が相手との距離を縮め、理解を深めさせてくれる事があります。そんな思い出のひとつが「昔話」。どこに住んでいても、年代が違っても、子供の頃に親から聞いたり絵本を読んだりしてワクワクしたり驚いたり、物語に入り込んで想像を膨らませた記憶の交換は、まるで一緒に冒険をした大切な旅の仲間のような気分にさせてくれるのです。情操教育や言葉の習得、伝統の継承……といったマジメな理由もたくさんありますが、大人になってから子供の頃に一緒に旅をした仲間にたくさん出会うために、子供にはいっぱい昔話を読んで欲しいな、と思います。（も）

2010年1月

▼高畑勲監督が『伴大納言絵巻』の豪華カラー本を入手された。B3サイズで412頁、重さが10キロもある。絵巻を高精細のデジタル画像にし、それを使った部分拡大図が豊富に掲載されている。スミの輪郭線の見事なこと。走る子供、泣き叫ぶ女御、火事見物をする人々のあらゆる表情が筆の勢い、柔らかさだけで映しとられている。「これがもし動いたら、そりゃすごい!」と思わせる。と同時に「高畑監督がアニメーション映像でめざす高みはこれ?」と思ったら、恐ろしくもなった。(ゆ)

▼表紙裏で告知されている「堀田善衞展」in高岡。この主催に名を連ねているのが富山県の放送局北日本放送。この局のイメージキャラクターをアニメーター橋本晋治さんが生んでからもう8年。この間にはそのキャラクターが活躍するスポットCMや絵本などが生まれました。橋本さんがCMのために描いた原画動画や絵本の生原稿などが、今回の堀田展期間中同じ美術館内で展示されます。どちらもお楽しみを。(S)

▼3D立体映画でまず思い出すのは、今から15年くらい前に行った日光江戸村の忍者映画です。侍が槍を画面に向かって突くとそれが飛び出してきてビックリみたいな他愛のないものでしたが、映画の合間に本物の(というか役者ですが)忍者が出てきてスクリーンの前で闘うなどサービス

満点の出し物でした（今もあるのかな……？）。馬鹿馬鹿しくチープなものではありましたが、こうした〝見世物〟精神は、そんなに嫌いじゃないのです。（ち）

▼映画館建築はオペラハウスの流れにあり、オペラハウスはもともと洞窟を模してつくったものだとか。かと思えば、映画館＝子宮であり、映画を観ることは母胎内で羊水に浸っていた記憶を追体験することだと言う人も。たしかに映画館の記憶をたどろうとすると、なんとなく湿り気をおびた生温かい空気を感じるような。映画館によく行ったのは、シネマ研究会なる映画サークルに入っていた大学生のころ。池袋文芸坐やＡＣＴミニシアターにせっせと通った日々が、もはや前世の記憶のようにおぼろげに。（ひ）

▼新しい年が始まってまず考えるのは、「今年の目標」。とは言っても、「私は1年間ではそれほど大きい事はできないな……」と、残念ながら経験上知ってしまっています。子どもの頃はいざ知らず、ちょっと大きめの目標をクリアするのに1年間は長いようで、大人にとっては実は短い時間なのかもしれません。今回の表紙にもなっている、今年の夏に公開予定の「借りぐらしのアリエッティ」も、約2年間という制作期間をかけて作られる映画です。多くの人がひとつの目標に向かって長い間力を合わせて作る新作を、ぜひ楽しみにしていてください。（も）

2010年2月

▼故・加藤周一さんについての姜尚中さんの講演、鈴木敏夫PDも加わっての対話を聞いた。ドキュメンタリー「しかし　それだけではない。加藤周一　幽霊と語る」を見る機会を得た。そして今月掲載させていただいた高畑監督の文章――。それぞれの方の中にそれぞれの加藤さんがいる。死してなお、これだけ影響力がある人はそうはいないと思う。眼光鋭く、しかしどこかユーモアと洗練を感じさせた加藤さんが、冬の空の高い所から、人々のあり方を、大きな眼でじっと見ている気が、私もしている。（ゆ）

▼石川直樹さんの連載「ザックの中には本が一冊」で先月までポリネシアのクリスマス島が描かれていました。そのための資料としてにわかにポリネシア海域の本を読み始めたのが去年の秋。年末年始を越えてつい最近まで、ポリネシアの人々の海流や風に負けないで進む船のことや、南米大陸側からはその海域にどういうアプローチがあったのか、などなど読みあさってしまいました。オススメは『海を渡ったモンゴロイド』（後藤明／講談社）です。（S）

▼話題の「アバター」3D版を観ました。映画自体はまずまず楽しめましたが、問題はあの3D眼鏡です。普段から眼鏡掛けの自分にとって、眼鏡の上に眼鏡を掛ける「眼鏡on眼鏡」は、ゆるく掛けるとずり落ちてくるわ、きつく掛けると1時間くらいで鼻と耳の付け根が痛くなって

くるわで、長時間の装着は勘弁願いたい付け心地でした。映画のキャッチフレーズには「映像革命」とありますが、その前に「眼鏡革命」を！と思った次第です。（ち）

▼クリス・アンダーソン著『フリー〈無料〉からお金を生みだす新戦略』（ＮＨＫ出版）が話題になっていますね。印象的だった文章を抜き出します。「ウェブの急成長は、疑いなく無償労働によってもたらされた。人々は創造的になり、何かに貢献をし、影響力を持ち、何かの達人であると認められ、そのことで幸せを感じる。こうした非貨幣的な生産経済が生まれる可能性は数世紀前から社会に存在していて、社会システムとツールによって完全に実現される日を待っていた。ウェブがそれらのツールを提供すると、突然に無料で交換される市場が生まれたのである」。等価交換経済から贈与経済へ。大きな揺り戻しの時期にさしかかっているようです。（ひ）

▼検索はもちろんニュース、マップ、デスクトップ、スプレッドシート、メール、クローム……と、いつからか自分がかなりの部分をGoogleに頼っている事に改めて気付いた今回の特集。その圧倒的な強さと魅力を感じると同時に、「情報＋ツール＝無料」という図式を世界に発信し続ける姿は、情報を有料で扱ってきた出版側としてちょっと悔しいような怖いような、しかし期待もあるような不思議な気持ちです。Googleがわずか数年で変えた〝人々の考え方〟が今後どのような選択をするのか、世の中が進む方向はそこにかかっているような気がします。（も）

2010年3月

▼佐藤剛さんの「上を向いて歩こう」がスタートしました。佐藤さんは、世界をめざす若い音楽家をいい形で世の中に紹介したいという思いにあふれている方です。その流れが、今回の「上を向いて歩こう」の連載につながっています。どうしたら、世界で通用する音楽を生むことができるのか、何が要素なのか解明することが、35年間音楽業界に身をおいてきた自分にならできるかもしれない。それを「伝える」ことが、役割――そう思っておられる感じがします。ご期待ください。（ゆ）

▼休載が続いており再開希望の声が寄せられていた、いしいひさいちさんと広岡先生の連載「ヘン」は、残念ですが終わりとさせていただきました。いしいさんの作品は朝日新聞の連載「ののちゃん」が再開していますので、リアルタイムでいしい作品を堪能したい方は要チェックです。そして、4月には「ののちゃん」も「ヘン」も単行本にて同時発売です！　どうぞよろしくお願いします。（S）

▼クリント・イーストウッド監督最新作の「インビクタス　負けざる者たち」を見ました。お話は史実ですし、演出も凝ったことは何もやっておらず、下手をするとベタでつまらないものになってもおかしくはない映画なのですが、なぜかとても面白い。この感覚は何かに近いなと思ってい

たのですが、「いい古典落語を聞かせてもらった」感じかも、と。御年79歳のイーストウッド監督、この堂々とした力強さ、すごいです。（ち）

▼『モンキービジネス』２００９年春号に掲載された、古川日出男さんによる村上春樹インタビューはとても読み応えがありました。村上さんは９・11以降、「この今ある実際の世界の方が、架空の世界より、仮説の世界よりリアリティがないんですよ」と言い、世界中に多くの読者がいる理由について「リアリティの喪失というものに、人々が慣れてきたといったらおかしいけど、そういう状況ときちんと正面から向き合い、自分のものとして受け入れようとする雰囲気が、全体に生まれてきたからじゃないか」と語っています。村上作品はなぜ皆の心をかくも深くとらえるのか。現代に必要な物語とはどういうものなのか。それを知りたくて今回の特集を企画しました。（ひ）

▼「村上春樹の文章はすべての言葉が美しいので、残りが少なくなると思うと読んでしまうのがもったいなくて、ジレンマに陥る」という友人がいます。国外でも高く評価されファンの多い村上氏ですが、日本語から翻訳され様々な国の言語で美しく言葉が紡がれているのかと思うと、言葉の持つ力を感じてちょっと感動してしまいます。（も）

２０１０年４月

▼こういう時代だからこそ「ひっそり・地味に・質素に」と、宮崎駿監督も鈴木敏夫プロデューサーも、ある方から聞いたというこの言葉を最近暗誦してます。加藤周一さんのドキュメンタリー映画「しかし それだけではない。加藤周一 幽霊と語る」が好評をもって迎えられアンコール上映が決まったのも、大きくとらえれば、この作品のもつ雰囲気がそうしたことと重なったからかもしれないと私も思いました。時代は本当に厳しいところに来ているようです。（ゆ）

▼東京近辺ではこの数年、閉館／オープンする劇場が大小とりまぜ大変な数、新陳代謝の勢いは止まらないかのようです。歌舞伎座というひとつところにあり続ける劇場を眺めてみると、伝統だけではない何か、劇場という建物が持つ力が見えるのでは、と企画したのがこの特集です。この特集にあたってご指導ご協力いただきました多くの方々にこの場を借りて御礼申し上げます。（Ｓ）

▼昨年から今年にかけての大ヒット作といえば、「１Ｑ８４」と「アバター」ですが、個人的にはどちらもいまひとつ乗り切れなかったというのが正直なところです。「アバター」より面白い映画も「１Ｑ８４」より面白い小説もたくさんあると思うのですが、〝ヒット〟というのは不思議なものです。（ち）

▼なにごとも起源が気になります。歌舞伎は、出雲阿国が京の四条河原ではじめた「かぶき踊り」

が起源だそうですが、そもそもは出雲大社の勧進のために諸国を巡っていた巫女だったとのこと。女歌舞伎を描いた「歌舞伎図巻」（徳川美術館蔵）を見ると、首には白いロザリオと透かし彫りの懸守、南蛮風の着物をまとった男装の麗人が大刀に手をかけポーズをとる姿とともに、それを食い入るように見つめる老若男女が描かれています。さぞかし観衆を魅了したことでしょう。ワープして見てみたい！（ひ）

▼遂に花粉症デビューしました。去年までは気付かないうちに訪れていた季節の移り変りですが、今年はまだ遠くにいる春の気配すら敏感に察知。くしゃみの回数が増えるたびに、春の深まりを感じる日々です。（も）

▼ぶらぶらと街を歩いているときに、知人から突然のメール「いま、そこら辺にいるから会おうよ」。最近よくある出来事です。それは「foursquare」で「いまどこにいるか」がウェブ上でオープンになっているから。foursquare とは「位置情報連動ＳＮＳ」で、携帯や iPhone に装備されているＧＰＳを利用して、自分の居場所を他のひとと共有できるサービス。ウェブがリアルの空間とつながっているのを強く感じられ、自分の現実感覚が変わっていくように思えて面白いのでオススメです。突然のメール、歓迎します（foursquare 内で「comajojo」と検索を）。（じょ）

2010年5月

▼「夜中一人でマイナーな映画をDVDで鑑賞していると、見終わったあと、映画の神様が降りてきて『よくぞ、この映画を見てくれた』と褒められた気がするんですよ」――と語る高井英幸さん。その眼はきらきらとして、まるで少年のよう。それが天下の東宝の社長の素顔です。これだけ映画を愛する人が映画界にいる限り、映画界の未来は安泰と思うのは、楽観的過ぎるでしょうか。高井さんの連載、今月で終了ですが、いずれ単行本で読んでいただけるよう予定しています。（ゆ）

▼この春自宅の引っ越しをするにあたり物をずいぶんと放出、引き取ってもらいました。新たな場で活躍している物たちの話をきくにつけ、持ち主が変わってよかったと一安心。こうした「まわしていく」仕組みや手順、もっと簡単かつ広くあってほしいのも事実。これ、人との関係をきちんと築かねばうまくいかないところがより一層、今の時代にこそ試したい仕組みと思うのですが。（S）

▼先日、私たちがよくお世話になっている印刷会社の技術者の方が亡くなりました。印刷の最後の工程で、ちょっと機械をいじって質を上げてしまう技術をもった人でした。すでに定年退職されていた中、請われて仕事をしていましたので、私が見ることのできたのは、その方が携われた仕事のほんの一部に過ぎませんが、尊敬に値するものだったと思います。ありがとうございました。（ち）

▼エコロジー（生態学）とエコノミー（経済）という言葉のもとになっているのは、ギリシャ語の「オイコス（家庭、共同体）」。森羅万象が連鎖する仕組みを学ぶことと、富や資源を無駄なく循環させることの基本にあるのは家庭生活。本来の意味を知ると腑に落ちることが多い！（ひ）

▼リサイクルには結構参加しているつもりでも「リユース」は残念ながらあまり実行できていないのですが、その訳はリユースをしていない大半の人が理由に挙げる〝他人が使ったものを使うのになんとなく抵抗があるから〟。つまり、ちょっとした気持ちの問題だけで二の足を踏んでいる、ということになります。自分の中の考え方や見方を少し変えることで何か大きな事の役にたてるのであれば、それを実行できるライフスタイルに変えて行くべきなんだろうな、と今回しみじみ思いました。（も）

▼iPadがアメリカで発売され、そのファーストインプレッションがネットを通して伝えられる4月中旬現在。毎日iPadのことを話題に誰かと話している。欲しくてたまらない。iPadとは何なのか？　タッチスクリーンとは何なのか？　スティーブ・ジョブズとは何なのか？　そんな問いを立てながら、映画や音楽や出版について考えている。新しいメディアが出ると、そのメディアに合った芸術が出てくる。今からそれがとても楽しみなのだ。（じょ）

2010年6月

▼久しぶりに見た「赤毛のアン」。井岡雅宏さんの美術に北の地の冷たい空気を感じました。細部まで描いているわけではなく、ざっくりした筆使いなのですが、なんとも感じがでているといったらいいのでしょうか。「背景が作品の品格を決める」とは宮崎駿監督の言葉ですが、「アン」を見て改めて納得です。井岡さんもキャラクターデザインの近藤喜文さんも故人ですが、優れた作品はいつの時代も人の心を打ち、永遠を獲得するのだと思いました。（ゆ）

▼中学生のとき、試験勉強で夜更かしする際には笑えるマンガを手元に置いて、眠気覚ましにしていました。その際、唯ひとつ小説でエントリーしていたのが井上ひさしさんの『ブンとフン』です。面白い小説を読んでクスッと笑うことはあれども、ギャハハと腹を抱えて笑うことは滅多にありません。でも『ブンとフン』は違いました。あの頃だからというのもあると思いますが、本当に大笑いして夢中になって読んでいたのです。いま思い起こしても素敵な読書体験でした。もっとも試験の結果は惨憺たるものでしたが。（ち）

▼『赤毛のアン』に負けず劣らず、登場人物たちのおしゃべりが魅力的なのが、柴崎友香さんの小説。普通にしゃべってるだけでもエンターテインメント性あふれる、柴崎さんの作品のリアルな大阪弁の会話を読んでいると、浄瑠璃のような上方の語り物の伝統を感じます。街や土地と

そこに暮らす人間たちが絡み合って発せられるハーモニー。大阪を舞台にした大阪弁から、近作では東京の街×大阪弁も増えて、木や植物が存在感を増しています。これからもどんどん新境地を見せてほしいなと思います。（ひ）

▼私が初めて『赤毛のアン』に触れたのは、アニメでした。後に友達に勧められて本を手にとったものの「アニメの方がずっと面白かった……」と途中で読むのを断念。声も姿も完全にアニメーションのアンが私の中に生きているのです。内容はもちろんですが、主題歌「きこえるかしら」とエンディング曲「さめない夢」が最高に素敵で、今回久しぶりに聞いて「このアニメは他と違う！」と子供心に感じていたのを思い出しました。（も）

▼ニコニコ生放送やDOMMUNEといったWebサービスが面白い。一時期はWeb上で動画コンテンツを見る際はYouTubeかニコニコ動画だったが、やっぱり「生」がイイ。ニコニコ生放送では討論番組を、DOMMUNEではトークショーやライブを見る。ぼくは80年代後半から90年代にかけてテレビっ子だったが、ニコニコ生放送やDOMMUNEには当時のテレビが持っていた「破天荒さ」があるように思う。こういう場所から新たな才能が出てくるんじゃないだろうか。そんな期待を持っていつもチェックしている。（じょ）

2010年7月

▼毎日が飛ぶように過ぎていく。日々〈事件〉が起き、それにどう対応していったらいいか考えているうちに日が暮れてしまう。こんな渦の中にいるときほど、人に会いたい、音楽も聴きたい、本も読みたいと思うから、ややっこしい。高畑監督は「日常を楽しむことを大事にしたい」とよく話されるが、ご自身の作品作りにかかる時間とどうバランスをとっておられるのか、その極意を教えていただきたいと思う。この忙しさ、17日の「アリエッティ」の公開までは続くだろうなあ。（ゆ）

▼iPadを買いました。しかし、どうもアップル・コンピュータと〈じょ〉君の巧みな販売戦略にうまく乗せられた感がなきにしもあらず。今は〈radiko〉でラジオ番組を聴いているだけなので、これでは高価なラジカセ状態である。まったくもって腹立たしい限りだ。う〜む、しかしiPhone4が気になる……。（ち）

▼有益な情報源はマスメディアからツイッターやクチコミサイトなどのソーシャルメディアへ移行し、広く浅く影響を与えるインフルエンサーよりも、狭く深く影響を与えるマイクロインフルエンサーとそのフォロワーが消費を左右する――。佐々木俊尚さんの『電子書籍の衝撃』

を読むと、いまが大きな変革期であることを再認識します。昨日の想像が今日の現実となる面白い時代。人間の脳はホモ・サピエンスになったときから二十万年くらい変わっていないけれど、この激変は人類の進化と関係しているのでしょうか。（ひ）

▼雑誌やテレビで繰り返し取り上げられ、発売延期、予約開始、入手直前直後と、そのすべての動向を追いかけられているiPad。古い言葉で恐縮ですが〝フィーバー〟とはよく言ったもので、最初はあまり興味がなかった人も、少しでも触れるとその熱病に伝染するその感染力の高さが興味深いところです。この熱をいつまで続けさせられるのか、ここからがアップルの底力の見せどころだと思うと、今後が楽しみです。（も）

▼ぼくは学生時代にネット企業で働き、ネットメディアの運営に関わった。そこで感じたウェブの「可能性」と「限界」を元に今回の特集「iPad」と向き合ってみた（具体的には〈ち〉さんのiPad）。いろんなことが問題としてあるけれど、少なくとも、「インターネットは無くならない」という事実は前提としていいんじゃないだろうか。その上でぼくはウェブをめぐる様々なテーマを考え進めていきたいと思っている。（じょ）

2010年8月

▼『ツバメ号とアマゾン号』。宮崎監督が選んだ「岩波少年文庫の50冊」の中の1冊だ。あの物語に書かれた「めくるめく夏休み」（宮崎監督の言葉）は、子供時代の幸福な時間に直結している。夏の気配を感じると、また、あの幸せな世界に帰りたくなる。永遠に続くかのような青空、濃い黄の花を咲き誇らせている向日葵、遠い空で光る稲妻——自然が猛烈な勢いで真夏に向かう季節だからこそ、読みたくなる本だ。（ゆ）

▼6月から7月に掛けては目の回るような忙しさだったのですが、そんな中で、唯一欠かさずに観ていたのがＮＨＫの朝ドラマ「ゲゲゲの女房」です。どんなに夜遅くまで仕事になったとしても、朝は7時58分に起きる。そんなリズムを保つことができたのは、このドラマのおかげ。どんなに貧しい中にも自分を見失わず飄々として運命を切り拓いていく主人公とそれを見守る妻。よくある話と言われればそれまでですが、それがほんとにいいんです。（ち）

▼「借りぐらしのアリエッティ」劇場パンフレットと『スタジオジブリ絵コンテ全集17　借りぐらしのアリエッティ』のために、作家の梨木香歩さんにエッセイを書いていただきました。メアリー・ノートンの『床下の小人たち』は幼い頃から愛読書だったという梨木さん。「小さな人

たち」への特別な思いを明かしてくれるとともに、この映画に登場する武蔵野の自然の魅力や、「借りぐらし」の現代的な意義など、映画の隅々まで丁寧に観て感じ取って、とても素敵な文章を書いてくれました。映画とともに梨木さんのエッセイをぜひ読んでいただきたいと思います。（ひ）

▼夏といえば映画。邦画ではジブリの最新作「借りぐらしのアリエッティ」が公開中です。ぜひたくさんの方に、目と耳と心で美しい小人の世界を体感していただけたらと思っています。そして、洋画で個人的におすすめなのが「プレデターズ」。異星人ながら侍魂を感じさせる男気あふれるプレデターがたまりません。ご興味があれば、ぜひ。（も）

▼前号の「iPad」特集で宮崎監督にインタビューをした際、「つくること」について深く尋ねた。そのとき、監督から出てきた言葉が「それぞれが持って生まれた星」というものだった。その人だからこそ書ける物語、その人にしか描けない構図、その人だからこだわってしまうディテール。そういったある種の作家性のようなものは、運命・使命を受け入れるところから生まれるのかな。監督は言った。「どんな状況になってもつくるに値するものはあります。つくれないだけで。だから、ぼくらの仕事は終わらないんです」と。（じょ）

2010年9月

▼「そこはあとでCG処理をしますからいいですよ、と言われることがあるけれど、そこを『いやいや』とか言いながら、人の手をかけてやると現場全体にいい緊張感が生まれることがある」という話を映画美術を手がける種田陽平さんから聞いた。本の編集も同じ。「ま、いいか」ですまさず、面倒がらず人にも作業にも一手間かけると、なにか違う。細部から全体が変わることがあると信じなきゃと、自分に言い聞かせている。(ゆ)

▼今年の夏休みは、広島と四国に行ってきました。あえて自動車で東京から延々と走り、到着地点は愛媛県と高知県の県境にある石鎚山が望める四国山地の中腹です。海抜約1400m地点のそこは、真夏であったにもかかわらず20度を切るくらいの涼しさ。折から台風が近づいていたこともあり(ちなみに自分は雨男らしい)、風あり霧あり雨あり、山側は雨なのに海側は晴れていたりと、自然の目まぐるしさを満喫できました。星空を望めなかったのが残念で、これはまた行かねばと思った次第です。(ち)

▼「人工的であればあるほどいっそうアクチュアリティを帯びるという都市の感覚が身体化されてゆく。もはや現実ではなく、技術を駆使して現実よりも現実らしい空間がうみだされる

ようでなければならなかった」(伊藤俊治『ジオラマ論』リブロポート)。映画の起源をさかのぼれば、ラスコーやアルタミラなどの洞窟壁画だと言われます。かすかな光のなかで揺れ動く動物たちの姿にこそ、その魂が宿っていると感じていた私たちの祖先。その同じ感覚をいまも体験できるのが、映画館の空間なのだと思います。(ひ)

▼言葉で表せない作品の世界観をつくり出す映画美術は、陰から映画を支えているようでいて実は作品全体を包みこみ支配してしまうほどの力があります。言葉以外で表された物事がその印象や品格を決める、というのは人間にもそのまま当てはまるのだなと思うと、まずは言葉遣いから正さねば……と思う今日この頃です。(も)

▼周囲の幾人かが「ネット上でお金を使うことに違和感がなくなってきている」という。ぼくもそう思う。これならお金を出したい、と思える作品が増えてきた(cosMo@暴走PのCDはネット上で収録曲が聴けるにもかかわらず購入)。大きくネットの潮流が変わりつつあるな、と感じている。つくり手たちがちゃんと食べていけるように、本当に良いものはしかるべき価格が付く、そんな環境を整えたいな、と考えている。(じょ)

2010年10月

▼新連載で登場いただいた関根忠郎さん。本来は惹句師ですが、実は絵や字を描くのも大得意。若い頃から映画館に通い、タイトル文字を模写したり俳優の似顔絵を描いたりしたとか。この話を聞いて思い当たりました。鈴木プロデューサーも、そうでした。昔の映画のタイトル文字を会議中にいたずら書きでよく書いています。そしてそれらをアレンジした鈴木フォントで、ジブリ作品の宣伝コピー（惹句）が書かれたりするのです。「映画好き」が嵩じると、こういうコトになるのだと思います。関根さんの「映画好き」も相当なもの。その「好き」を感じていただける連載にしたいと思っています。（ゆ）

▼最近はどうも何をやってもダメである。ネットで映画の座席予約をして映画館に行ってみるとこれは明日の予約ですと言われ、翌日映画を観ると今度は上映時間中ずっと何故か眠くて仕方がない。とまあこれは最も些末な例ではあるが概ねそんな感じで誰に文句を言える訳でもなく会社の前で居眠りをする猫にグチると「人間は愚かなもの」と言われた（ような気がした）。（ち）

▼出産を間近に控えて入院中の産院から原稿を送ってくださった翻訳家の泉京鹿さん。原稿をいただいた翌日には、無事に出産されたという連絡をもらってほっと胸をなでおろしました。

ご自身のライフストーリーと絡めて、ダイナミックに変容する中国の現代文学について書いてくれましたが、新しい生命の誕生をめぐる一連の出来事もドラマチックで、泉さんが翻訳されたアニー・ベイビーの小説の一編を読んでいるようでした。（ひ）

▼先日「地獄の黙示録」をついに映画館で鑑賞。これは〝観たい人が一定人数集まれば上映が決行される〟という、映画にフラッシュマーケティングの手法を取り入れた新宿のシネコンの企画に参加して実現したもの。ネット上で毎日少しずつ増える共同購入者の数を確認しながら「本当に人は集まるのか？」と日々ドキドキしていたぶん、映画の感動も倍増したような気がします。（も）

▼日本酒にハマっている。きっかけは「而今《じこん》」の純米吟醸。とろりとした舌ざわりで、クセがなく水に近い味わい。而今に出会って以来、二日にいっぺんは日本酒を巡っている。半年くらい飲み続けた知見としていえるのは、醸造系の酒は議論に向かない、ということ。長時間の話し合いの間に日本酒を飲んでいると頭がぽわーっとなり会話にならなくなってくる。なので、長話をするときはみなさん焼酎を飲みましょう（ちなみに、日本酒を座学で勉強するには、上原浩『純米酒を極める』がオススメです）。（じょ）

2010年11月

▼「崖の上のポニョ」の美術監督を務めた吉田昇さんの描く、雲や木々の柔らかさが欲しくて、ここ数ヶ月表紙をお願いしている。今月のテーマは秋。ところが、ラフ段階の絵は水遊びをする子供たち。「水が描きたくて」と吉田さん。でもどこが秋なんでしょうというのが、正直な感想。ところが完成した絵には澄んだ11月の空気が流れているから不思議だ。雲の形、木々の緑や水に足されたほんの少しの黄味、子供たちの長袖がその秘密だろうか。どうやら、吉田さんは魔法の筆を持っているらしい。（ゆ）

▼最近、短編アニメーションを観る機会が何度かありました。その中でとくに印象に残った作品が2本。ひとつは川本喜八郎の「詩人の生涯」、そしてDavid OReillyの「PLEASE SAY SOMETHING」という作品です。前者は一九七四年に日本でつくられた切り紙アニメーションで、後者は二〇〇九年にアイルランドでつくられたCGアニメーション。時代も国も手法も異なる2作品ですが、ともに普遍的なものを描いているというところでは共通しています。こういった作品を劇場で観ることができるのは幸運なことですね。（ち）

▼東京都現代美術館で開催中の「トランスフォーメーション」展。「変容」「変身」をテーマに、

15ヵ国21組のアーティストが参加するこの展覧会に、本誌で連載中の石川直樹さんも写真と映像作品を出展しています。石川さんを旅や冒険に駆り立てて止まないものは何か、極限状態でどんな意識や身体の変容が起こるのか……少しわかるかもしれません。会期は２０１１年1月30日まで。（ひ）

▼ベストセラービジネス書〝もしドラ〟こと「もし高校野球の女子マネージャーがドラッカーの『マネジメント』を読んだら」（ダイヤモンド社）が、アニメ化されることに。既にアニメ化されている人気マンガ「バクマン。」と共にＮＨＫで、というのがとても興味深いです。人気作品ゆえ誰もが予想していたアニメ化ですが、民放でなかった理由は何なのか。アニメ番組が一時より少なくなってきているいま、そこが一番気になります。（も）

▼40インチのテレビを買いました。すると不思議なことに、映画が観たくなりました。これまでは週に2、3本しか映画を観ていなかったのですが、今では週に7、8本。大画面になったおかげで「いい作品を観たい！」という欲が強くなったようです。テレビの大きさだけでこうも簡単に生活が変わってしまうのか、と自分の意志の無さと、環境の力におののいています。たった8インチ違うだけで！（じょ）

2010年12月

▼東宝社長・高井英幸さんの本誌連載「映画館へは、麻布十番から都電に乗って。」が単行本になり、角川書店より発売中です。装丁は、和田誠さん。帯は、鈴木敏夫プロデューサーと、映画好きがよってたかって作った本となりました。ゲラを読んだ和田さんは、高井さん同様麻布十番に住んでおられたこともあるそうで、「年代も近いし、今は無くなってしまった麻布十番の映画館に僕も行った。見ている映画が重なるなぁ」とのこと。ある年代の方には、この本に書かれた映画館、映画作品が、懐かしさを伴って立ち現れるようです。そうした読者が多くいますように！（ゆ）

▼無人島にＣＤを１枚だけ持って行くとしたら？　と聞いても「iPodを持って行くんで大丈夫っす」と答えられてしまう今日この頃。音楽――とくにアルバムのありがたみもずいぶん薄れてきたものです。ちなみに自分が無人島に１枚だけとなると、第一候補は「MUSIC FOR ASTRO AGE」（ヤン富田）あたりかと思いつつ、どうしても捨てきれないアルバムが数枚あり。やはり自分もiPodを持って行くことにしようと思い至った次第。（ち）

▼日曜日の午後はいつもJ-WAVEの『TOKIO HOT 100』を聴いているので、今回はクリス・ペプラーさんのクールかつソウルフルなトークを肉声で聴くことができて感激でした。平日の朝は、朝か

らパワー全開の別所哲也さんがナビゲートする『TOKYO MORNING RADIO』を聴いてテンションを上げます。かなりJ-WAVE濃度の高い生活です。（ひ）

▼いま、一番見たい映画は「ハリー・ポッター」でも「SPACE BATTLESHIP ヤマト」でも「ノルウェイの森」でもなく、「トロン：レガシー」。１９８２年公開の前作「トロン」は、コンピューター内に入り込んだ人間が擬人化されたプログラムと戦う、という近未来もので、当時としては画期的なビジュアル技法や設定で仮想世界を作り出した作品。後のフューチャリスティックな表現に大きな影響を与えた衣装デザインはメビウスさんが担当しています。正統な続編の「レガシー」が３Ｄで作られるとは……感涙です。（も）

▼９月から知人と同居している。ワンルームに男ふたり。「気が休まるときはあるの？」と問われると、ない、としかいいようがない。あらゆることで議論が始まるので、常日頃、緊張感はある。家に帰りたくない日もある。ただまぁ、ナンダカンダ面白くて、まだまだ同居は続く。（じょ）

2011年1月

▼高井英幸東宝社長を中心にした座談会、日本テレビの氏家会長の新連載と、原稿そのもの以外に、O型の私が得意としない「気働き」が必要とされる企画を担当した。しかし、おふたりともその年齢にならないと醸し出されないであろう魅力に満ち、お会いするたびに人生というものを考えさせられる。そのくらいの年齢になったら、私にもそれなりのものが備わるのだろうか？　「いくつまで生きるつもりなの！　１００歳？」という鈴木プロデューサーの高笑いも聞こえてくるけれど……。（ゆ）

▼特集の取材で、女優の香川京子さんにお会いしました。「東京物語」に出演された方にお目にかかることができるなんて夢にも思っていませんでしたので、とてもうれしいひとときでした。香川さんはまだデビューして３年くらいで、小学校の先生役がとても似合っていました。物語の最後近く、義理の姉である原節子さんと交わす会話がほんとにいいんですよね。おっと、東宝映画特集号なのに松竹映画の話をしてしまいました。（ち）

▼阪急神戸線・宝塚線は憧れの電車です。シックな色調の内装、車窓から見える高級住宅街……。うちの地元を走る庶民的な南海電車とは大違い。最近、阪急神戸線・宝塚線沿線在住の方のお話をうかがう機会が多く、必ず話題にのぼるのが小林一三翁の話です。宝塚とは古墳のこと。由緒正しい

葬礼の地で少女歌劇を創始し、華麗な歌舞音曲の殿堂へ育て上げるとは、さすが逸翁、云々。そして今号では、東京の宝塚の魅力について、樋口尚文さんが見事に解き明かしてくださいました。(ひ)

▼先日、久しぶりに近所の小さなレンタルＤＶＤのお店に行ったのですが、模様替えされた棚を見てびっくり。日本のテレビドラマとバラエティ番組のＤＶＤが店内のほぼ半分のスペースを占め、さらに、かなりの割合がレンタル中で大人気の様子だったのでした。一方、お店のメインであったはずのハリウッド映画は、端の方に追いやられて寂しい感じ。海外モノも映画より「24」などドラマの方がなんだか勢いがあって、最近はたとえレンタルでも「約2時間かけて1本の映画を観る」というのはハードルが高い娯楽なのだなぁ……と改めて感じました。(も)

▼同居を始めたことで、アリガタイことなのかマズイことなのか、気軽にゲームができるようになった。友人を呼べば複数プレーの場がいとも簡単に実現するので、ボードゲームにはもってこい。12月以来、我が家はボードゲーム場となり、よくゲーマーが訪ねてくる。団鬼六『真剣師小池重明』の世界が好きなぼくは重明のような天才が現れたときのために、良いパトロンになるための準備をしておかねばなるまい、と考える。パトロン準備とは資金集めよりもまず才能のある人間に気付けるくらい自分がゲームを理解することだ。こうして私生活はボードゲーム漬けとなった。(じょ)

2011年2月

▼日本各地に1995年位までは残っていた風習や祭り、神事などを記録したNHK制作の映像124話を見る作業を続けている。正月、まだ暗いうちから起きだし、その年初めての井戸水を汲み神に捧げる人、〝川ん太郎〟（かっぱのようなものだろうか？）伝説を、自分が小さい頃は確かにその気配があったとうれしそうに語る人、どの日本人の顔も芯の強さと闊達さを内包して見える。本当に普通の人なのに。翻って自分の顔は？　そこに浮かんでいるものは何だろうと思うとふと恐ろしくなる。この映像の記録「ふるさとの伝承」を次号では特集します。（ゆ）

▼午前十時の映画祭でキャロル・リード監督の「フォロー・ミー」（'73）という映画を見ました。もともとは舞台劇だったのを、戯曲を手掛けたピーター・シェーファー自らが脚本化した作品で、主な登場人物はひと組の夫婦と夫から妻の浮気調査を依頼された探偵の三人。素敵なシーンはいくつもあるのですが、中でもロンドンの街中を妻と探偵が歩き回るシーンはモンタージュされた映像と音楽（セリフはない）によって心が沸き立つ名場面。このシーン、すごく映画的なのですが、元の戯曲ではいったいどうなっていたのか……。気になります。（ち）

▼ジャック・タチの映画を初めて観たのは89年、六本木WAVE地下のシネヴィヴァンでした。「イリュージョニスト」に出てくるロックバンドの音楽を担当したのが元オレンジ・ジュースの

マルコム・ロスと知って、アズテック・カメラ、プリファブ・スプラウト、エヴリシング・バット・ザ・ガール、そしてフリッパーズ・ギター……当時聴いていた音楽がまた自分の中で盛り上がっています。タチ映画が鍵となっていたデビュー秘話をカヒミ・カリィさんが書いてくださいましたが、人生にはときどきギフトのような出会いがあるものですね。（ひ）

▼ＴＯＨＯシネマズが映画鑑賞料金を基本的に大人１５００円、18歳未満１０００円に変更すると発表しました（実施は一部の県のみ）。海外に比べて高いと言われ続け、物心ついてから上がる一方だった映画料金がまさか下がるとは……嬉しいと同時に、世の中のデフレを改めて感じて喜んでばかりもいられないような気分。これを機に、高校生や大学生には映画館での鑑賞体験をたくさん増やして映画好きな大人になって欲しいものです。名画座も少ない今、興味がある映画を大きなスクリーンで観られる機会は実はごくわずかなんですから。（も）

▼「男はつらいよ」のリリー四部作を観た。互いに好きあっているふたりなのだが、いつも寅さんはリリーを受け止めることができない。なんで追いかけないんだよ、とか愚痴りながら観ていたぼくは寅さんとリリーの結婚生活を観たかったたな、と思う。わがままで破天荒なリリーとどんな家庭生活を営むか。リリーが魅力的であり続けるには寅さんはどう振舞えばいいのか。リリーのような女性に魅力を感じてしまう男にとって避けては通れぬ問題だ。（じょ）

2011年3月

▼「ふるさとの伝承」の特集のために、宮崎監督と話した。宮崎さんは「日本人の根っこにあるものは、そうそう変わらない。それは現代のグローバリズムとは逆方向にある非合理的なものだけれど、それを大事にすると案外心地良い生活もあるのかも」と言う。私としては、耳に痛い。というのも会社自体が、ひとつの〝共同体〟のようで、そこにある、温かくもこんがらがったものの中で、日々、ため息をついたり、深呼吸をしたりしながら生活しているからだ。居直って、もはやそれを楽しむしかない!?（ゆ）

▼わけがわからなくてつまらないものもあれば、わからないけどおもしろいものもある。東京芸術劇場で観た「チェーホフ?!」は、後者でした。え？　どこがおもしろかったのか、ですか？　それが説明できないから、こんなややこしいこと言ってるんじゃないですか！　おそらく自分から進んでは観に行かないだろう作品に、無理矢理ずるずるっと引っ張ってくれたSさんに感謝です。（ち）

▼今号では谷川健一さんに取材させていただきましたが、御年89歳とは思えない力強く楽しいお話をうかがってこちらも元気になりました。90年代、編集者兼ライターとして『太陽』の仕事をよくやらせていただいていたので、『太陽』は私にとってとても特別に思い入れのある雑誌。初代編集

長である谷川さんに創刊当時のお話をいろいろお聞きできて興味深かったです。ちなみに平凡社の「平」は旧字体。ゲラでもしも「平」になっていると、平凡社内の校正者から必ず赤字が入ります。ときどき他社の本で「平凡社」になっているのを見るといまだにドキッとします。（ひ）

▼上野にパンダがやってきました。私が子供の頃はランラン・カンカンのブームがまだ尾を引いて、ぬいぐるみはもちろん、コップやカバンなど子供グッズのそこかしこにパンダが。そのせいか自分には好き嫌いを越えた〝パンダ愛〟があって、見ていると子供時代を思い出すような懐かしさを感じるのです。この感覚に共感してくださる方には、ぜひ高畑勲・宮崎駿コンビによる『パンダコパンダ』をおすすめします。懐かしくてほのぼのとして、元気でのんびり。まさに、パンダのイメージそのままの作品です。（も）

▼引っ越すことにした。むろん同居人は連れていく。と、ひとに話すと、あらぬ想像をしたがるので「世の中のひとはボーイズラヴが大好きなんだなぁ」としみじみ思う。先日「けんかえれじい」（1966）を観ていたら、男同士の熱い熱い団結が描かれていて、主人公・高橋英樹とヒロイン・浅野順子の狂おしい恋愛よりもそちらに目がいってしまった。当時「友情」として描かれた男同士の絆が、2011年現在の目で「ボーイズラヴ」と見えてしまうこの変化。隔世の感を禁じえない。（じょ）

2011年4月

▼「いまこの時でも、大工さんは家を作り、運転士さんは、電車を運転している。ならば我々は、自分たちの仕事である映画を作り続けましょう」。宮崎監督の社内のスタッフ向けの発言です。この間、いろいろな人がこの事態に際し発言していますが、私は宮崎さんのこの言葉が、一番ストンと胸に落ちました。というか、それしかできない気がしています。未来が見えない時こそ、目の前のことと思います。（ゆ）

▼いま、今夏開催予定の「フレデリック・バック展」と、GW開催予定の「メアリー・ブレア人生の選択、母のしごと。」展の準備を、ダメージを受けつつも少しずつ進めているところです。できることをきちんとやるのが、今はとても大事。「劇場の灯を消してはいけない」と、劇作家・演出家の野田秀樹さんも書いています（「NODA MAP」ホームページより）。頑張らないといかんですね。（ち）

▼鎌仲ひとみ監督のドキュメンタリー映画『ミツバチの羽音と地球の回転』を観ました。瀬戸内の美しい海に浮かぶ山口県・祝島。平安時代から続くお祭りを伝え、海の幸をいただいて暮らすこの島の人々は、すぐ目前の田ノ浦に計画された上関原発の建設に反対する運動を30年近く続けています。スウェーデンでは国民投票で脱原発の方針を決め、自治体ごとに風力や木質バイオマス

など自然エネルギー自給の取り組みが進んでおり、祝島の人々は、そうした事例を参考にしながら、原発反対を訴えるだけでなく、自然エネルギーで自立可能であることを証明しようとしています。この映画を多くの人に観てもらえたらと思います。（ひ）

▼東北地方太平洋沖地震で被害を受けられた方々に、心よりお見舞申し上げます。地震後、ここ東京でもさまざまな事が起きました。買い占められてガラガラになったスーパーの棚や、ネット上で乾電池が高額で売られていたのを見た時は、人間の業を感じてやるせない気持ちになりました。が、一方で帰宅困難者に休憩場所を提供して下さる方がいたり、ネットでの情報交換など、優しさを感じる機会もありました。人には必ず善悪の両面が同居しています。自分に不利益がある時に心の善悪どちらの部分を多くできるか、どの面を表に出し、人に優しくできるのかが人間として大事なのだなと実感しました。（も）

▼恋にやぶれて以来、まわりのひとに悩みを聞いてもらっていた。みなさん恋愛については一家言あり、ひとそれぞれに色んな愛の形があるのは知れた。しかし、恋愛それ自体については分からない。悩み続けた私がたどり着いたのは『熱風』で特集企画をやることだった。……渾身の恋愛特集、いかがでしたか？（じょ）

2011年5月

▼フランスのバイユー美術館で日本の「伴大納言絵巻」（出光美術館蔵）と、絵巻のように長いバイユータペストリーを並べて展示するという展覧会が開催中です。本物を展示するのではなく、高精細カメラで伴大納言絵巻を撮影・超拡大し、その筆遣いも紙のマチエルも再現し、絵画表現としての素晴らしさを実感してもらおう、刺繍で作られた世界の至宝、バイユーのタペストリーと、その表現の違いも比較してもらおうというのがねらい。コンセプトを作ったのは高畑勲監督。足掛け2年半、フランスとのえらく面倒なやりとりの末実現。ヨーロッパの人々がこの展示、どう見てくれるか、その反響が待たれます。（ゆ）

▼昨年「借りぐらしのアリエッティ×種田陽平展」準備段階の頃、種田さんが東京都現代美術館の館長でもあった氏家さんに、模型を使って展示のプレゼンをする場に居合わせたことがありました。美術館の中に映画のセットを建てるという前代未聞の試みに対して誰もが若干の不安を持っていたと思うのですが、氏家さんは「これも現代美術だよ。こういうことをやるべきなんだ」と、確かそんな感じであっさり全肯定。じつにシンプルで、でもシンプルでいいんだなって思ったことを憶えています。（ち）

▼2度目のエベレスト登頂のためネパールに滞在中の石川直樹さん。リトルモアのサイト内ブログ「石川直樹、10年ぶりのエベレスト登山日誌『ちょっと世界のてっぺんまで』」では、日記がほぼ毎

日更新され、石川さんの様子がかなりリアルタイムでわかります。いまやエベレスト登山をインターネット生中継する登山家だっている時代。植村直己さんが日本人初の登頂に成功した頃とはずいぶん様変わりした感がありますが、命がけの挑戦であることに変わりはありません。ご無事と成功を祈りつつ、標高8000メートルからの原稿を楽しみに待ちたいと思います。（ひ）

▼「ウソを見破るプロ」が活躍する海外ドラマを観始めました。表情や仕草、声などからウソを見抜いて事件を解決する荒唐無稽さが面白いわけですが、リアリティを持たせるために登場するのが、政治家の顔。ブッシュやクリントンなど、後にウソの発言が判明している彼らが、「後ろめたく思っている顔」などのサンプルとして頻繁に使われているのです。もし今の日本の政治家の発言を主人公が見たら、どれがサンプルになるのかな……と思うと怖い、今日この頃です。（も）

▼4月6日から13日まで被災地を訪れていた。NGOピースウィンズ・ジャパンの方々といっしょに一関を拠点にして、気仙沼、南三陸、陸前高田の避難所をまわった。気仙沼港から車で5分ほど走ったところに中華料理屋があった。店の前には行列。ぼくらも列に並び、温かい料理にありついた。ラーメン1杯で顔が明るくなる。被災地では仕事を始められるひとがいる一方で、そうでないひとがいる。歴然とした差がある。ある避難所の男性が「今まで通り仕事を続けられるひとを見ると、少し思うところがありますよ」と話してくれた。ただ、ぼくはあの日、中華料理を食べられたことが本当に嬉しかった。（じょ）

2011年6月

▼佐藤剛さんの「上を向いて歩こう」は、今回が最終回です。この連載、早くも7月上旬には、単行本で岩波書店から発売されます。連載時のゲラは佐藤さんの「ねばり」(!)の成果を原稿に反映させるため、赤字修正で真っ赤でした。最終回を迎え、これでやっと本にできると思いきや、「構成を時系列に変更したい」と佐藤さん。単行本でもその〝ねばり〟が、いかんなく発揮され、現在編集作業は悪戦苦闘中です。でもだからこそ、「奇跡の歌の誕生」をスリリングに描き出せるのだと、言い聞かせる日々です。(ゆ)

▼フレデリック・バックさんはすごく筆まめです。年賀状の返事はもちろん、本を贈ったときのお礼状などもすぐに届きます。ちょっとしか会ったことがないにもかかわらずです。驚くやら嬉しいやら。もちろん手書きです。フランス語や英語で書かれているので、きちんと読めないのが悔しいですが、手紙っていいものですね。普段はメールばっかりですが、たまには手紙を書こうとレターセットを買いました。出す相手がいませんが。(ち)

▼「森と芸術」展が東京都庭園美術館で開催中です(7月3日まで)。仏文学者の巖谷國士さんが監修を担当し、シュルレアリスムのスパイスを利かせたバラエティに富む展覧会です。岡本太郎が撮った沖縄の御嶽の写真もあれば、童話や絵本で描かれた森、男鹿和雄さんが描いた「もののけ姫」

の背景画も。図録の後記に引用されたピエール・ガスカールの「人間の未来を信じる者は、心の中にひそかに1本の木を持っている」という言葉に、岡本太郎がつくった「太陽の塔」の内部にあるモニュメント「生命の樹」を連想しました。（ひ）

▼ゲーム業界で働く友人を中心に、ここ一年ほど友達とボードゲームの会を開いています。〝ゲーム〟というとビデオゲーム的な物を指す今、懐かしくも古臭い感じかと思いきや……物理的に限られた条件のなか、想像力を駆使する方向で進化を遂げ、驚くほど多種多様な面白いゲームがあるのです。ビデオゲームを漫画だとすれば、ボードゲームは本のような存在なのかもしれません。本もボードゲームも人気が陰り気味ですが、ぜひまた光が当たって欲しいものです。節電にもなりますよ。（も）

▼友人の美容師と飲んだ。彼がいうには、大震災のあとから女性の髪の注文が変わってきている。「2、3ヶ月切らなくてもいい髪型にしてください」と。震災以後の非日常が続く中で女性は動きやすい髪型にしようとしているのだろうか。では、なぜ短い髪じゃないんだろう。とある女性と飲んだときにその疑問を伝えると「ショートカットは長い髪よりも手入れが大変なの」と教えてくれた。「伸びると中途半端になるので美容院に行く回数が増える。ショートカットの女の子は苦労しているのよ」と。そんなことがあって、ポニーテールのような長いけれど動きやすい髪型の女性が増えるのではないかと考え直すと同時に、個人的にはショートカットの女性に目が行くようになった。（じょ）

2011年7月

▼佐藤剛著『上を向いて歩こう』の単行本の校正と今号の『熱風』の校正作業がもろにぶつかっている。こんな時に頼りになるのが、校正者の方々。鋭い指摘が入ってくる。西暦に対応していない昭和の年号、登場人物の年齢と年号の不一致、中黒の有無、二重かぎと一重かぎの使い分け、人名表記などO型の私などとても見つけられない細かさで指摘が……。まさにプロの仕事を感じるとともに、自分の〝ザル〟校正がいやになる！（ゆ）

▼7月2日から開催されている「フレデリック・バック展」、すでにご覧になった方も多いと思います。フレデリック・バックはアニメーション作家ですが、アニメをつくる以前に、膨大な数のスケッチを描いています。後のアニメ制作の〝糧〟となったこれらのスケッチにもぜひ注目してもらいたいのですが、そうした視点とは別に驚くのがいちばん最初に展示しているピエロの絵。何とバックさん2歳の頃に描いたものなのだそうです。2歳ではありえない絵です。伝説かもしれませんが、ほんとに絵描きにならなくてよかったと胸をなで下ろしました。（ち）

▼『コクリコ坂から歌集』の手嶌葵さんの澄んだ歌声を繰り返し聴いています。手嶌さんの歌では、映画「西の魔女が死んだ」の主題歌「虹」も大好きです。さて現在、『スタジオジブリ絵コンテ全集18　コクリコ坂から』を鋭意制作中。昨年の『絵コンテ全集17　借りぐらしのアリエッティ』

の月報には、「西の魔女が死んだ」の原作者である梨木香歩さんが素敵なエッセイを寄稿してくださいましたが、今回の月報には、三浦しをんさんが寄稿してくださる予定です。どうぞご期待ください。(ひ)

▼七月十五日、日本テレビ系列の金曜ロードショーでジブリ制作の『海がきこえる』が放映されます。原作はライトノベルを代表する作家として絶大な人気を誇った氷室冴子さん。小中学生時代に『ざ・ちぇんじ』『なんて素敵にジャパネスク』などの「コバルト文庫」を夢中になって読んでいた私にとって、新井素子さんや藤本ひとみさんらとならび、その名を目にするだけでいまだに甘酸っぱい気持ちを思い起こさせてくれる特別な作家さんです。せつなく、ほろ苦く、でも懐かしい、まさに〝青春〟な作品、ぜひたくさんの方に見て頂ければと思います。(も)

▼7月からフジテレビで放映されるアニメ「うさぎドロップ」の原作漫画にハマった。30歳独身男が葬式の席で祖父に隠し子がいたことを知り、天涯孤独のその少女を見かねて一緒に生活を始める。保育園探し、おねしょ、発熱、小学校入学の際の名前書き……といった出来事に直面し狼狽している主人公の姿を見ながら「自分だったらどうする?」と考えてしまう。今のところ4巻まで読んだ。5巻からはいきなり10年が経って、主人公は40歳、少女は高校生に成長している。少女がどんな成長をしているのか、楽しみだが怖くてまだ読み進められていない。(じょ)

2011年8月

▼「コクリコ坂から」の海ちゃんがあげる旗、それと同じ国際信号旗が、ジブリの5スタの屋上にある。夏の夕方5時はまだ明るい。昼間の猛暑がやや収まり風がでてきた。青い空に旗が翻る。翻る旗が美しいことを間近で見て、初めて知った。と同時に、どこか物悲しい。「見えない放射能とともに生きることをよぎなくされた日本」という言葉が突然浮かんできた。それでも、海ちゃんのように、日常をまっすぐに生きるしかないと、旗を見ながら改めて思った。（ゆ）

▼『熱風』誌上で連載していた「ドーナッツ盤に恋をして」がようやく単行本になりました。タイトルは『亀渕昭信のロックンロール伝』。この左ページ下に広告がありますね。表紙に写っているカッコいいオジサンは誰だ!? と思われたかもしれませんが、これ著者本人です。音楽ファンならご存じのアートディレクターの信藤三雄さんが、亀渕さんの本質はこれだと撮り下ろしてくれました。一見の価値ありですので、ぜひ本屋で手にとってみてください。そしてパラパラとめくっていただき、そのままレジに持って行っていただくという流れで、ひとつよろしくお願いします。（ち）

▼遅まきながら「チャイナ・シンドローム」を観ました。原発の取材中に事故を目撃した女性リポーターから疑問を呈され、ずさんな安全管理に気づいた現場の担当者が、大惨事を回避する

ため原発を止めようとするが……。原発の安全性に警鐘を鳴らし、メディアの役割を問い直すこの映画、製作はマイケル・ダグラス。完成までは苦難の連続だったそうですが、１９７９年の全米公開直後、実際にスリーマイル島原発事故が起こり、映画は大ヒット。30年前の映画ですが、いま観ても、というより、いまだからこそ真に迫りました。（ひ）

▼7月半ば、震災復興のボランティアに行ってきました。完全復興には程遠い現地の状況を目の当たりにして、僅かな力にしかなれないことに歯痒さを感じずにはいられませんでした。その後、東京に戻りテレビに被災地のニュースが映ると、以前より熱心に画面に見入っていることに気付きます。震災から4ヶ月経ち、どうしてもどこか他人事として捉えてしまいがちだった震災が、自分の出来事になっている。ボランティアに行く意味はこういうことでもあるのだと実感しました。（も）

▼同居人と暮らして1年以上が経つ。家賃の高い部屋を借りてしまい、ひとりではどうにも払えず、京都にいた彼を呼び寄せたことがきっかけだ。当時学生だった彼は東京に来たがっていたので、トントン拍子に同居が決まった。以来、毎晩どちらかが寝る間際まで話す。「幸せな結婚生活」というものを自分より3つ歳上の男との暮らしで疑似体験をしている。同居人は「彼女ができれば出て行く」と言っている。一向にできそうにないので、同居は続く。（じょ）

2011年9月

▼ノルマンディーの一都市で、陸前高田にボランティアに行ったという人に出会った。ブティックの男性店員で、片言の日本語で「日本人ですか」と話しかけられてから、その話になった。その店で買い物をしようとしていた私は、宮崎さん言うところの、単なる〝消費者〟だったと思うが、一気に現実に引き戻された。ノルマンディーの広く大きな空と移り変わる雲の動きと緑色の海に魅了されつつ、日本のいまを考えざるを得ない夏だった。（ゆ）

▼東北地方でのボランティアでいちばん印象に残っているのは子供たちの元気な姿です。夏休みの小学校で学童保育の子たちの遊び相手をするというのを一日だけやったのですが、子供たちは僕らがへとへとになるくらいのエネルギーをぶつけて来ます。こちらはテレビで震災の映像を見て落ち込んだ気分を残しながらの参加だったのに、学校からちょっと離れると瓦礫の山がまだある、震災の傷も残されている場の子供たちと遊んで、逆に元気を貰ったような、そんな体験でした。（ち）

▼内田樹さんと高橋源一郎さんの震災と原発をめぐる対談（『SIGHT』夏号）を読んだら、奇遇にも石坂洋次郎の小説と映画について熱く語りあっていました。内田さんいわく、『青い山脈』とは敗戦時点で「戦後日本のあるべき姿」を描いたユートピア小説で、「これをひとつの原器として戦後日本社会を作りましょうという物語としてのメッセージ性があった」のであり、敗戦以来の大転換期に

あるいま、「現代の『青い山脈』が書かれるべき」と。ヴィジョンを描いて人々を牽引する物語が生まれることを切に望みます。(ひ)

▼友人の娘が中学校でいじめられているそうです。彼女が仲良くなった友達がいじめっ子も仲良くしたい子だったらしく、それが気に食わなかったのかクラス中にある事ない事を大げさに吹聴してまわり彼女を無視させているんだとか。学校に行きたくないと泣いている、と聞くと胸が苦しくなります。子供じみたいかにも女子中学生的な出来事ですが、たとえ大人になってもくだらない自意識や嫉妬をコントロール出来ずに意地の悪い事をする人は必ずいる。「だからいま、負けずに頑張って欲しい」友人はそう言って娘を学校に送り出した後、静かに泣いていました。いじめっ子はいまごろ、何を思って青春時代を過ごし、どんな大人になるのでしょうか。(も)

▼自動車免許合宿に行ってきた。場所は奥州平泉。自動車学校に隣接する宿舎に寝泊りしながら、被災地でボランティアをしたり、世界遺産に登録が決まった中尊寺に行ったりしよう、と予定を立てていたが、思いのほか教習所の日程が詰まっていて、毎日朝から晩まで運転と授業であっという間に14日間が過ぎた。合宿所にいるのは18~20歳の若者が多く、彼らは互いに仲良くなっていて、見事にカップルが生まれたり、別れたりしていた。そんな華々しい光景を横目に、最年長のぼくはひとりで綺麗な星空を見ていた。(じょ)

2011年10月

▼「E・H・シェパードが描いた、プーを持って階段を降りてくるクリストファー・ロビンの絵がなかったら、形にならない。本当に上手ですよね」。宮崎駿監督が、10月20日岩波新書から刊行予定の『本へのとびら』の中でそう語っている。私も大好きな絵で、ペン画のザラッとした感じが温かく、子供が階段を降りる時の身体のバランスの感じが絶妙だ。この絵だけで、クマのプーの世界にストンと入れる。挿絵が子供の心に遺すもの――相当大きいにちがいない。宮崎さんの仕事を見れば、それは明らかだ。「挿絵」の特集もありだと思っている。(ゆ)

▼今号に掲載した亀渕昭信さんと大瀧詠一さんの対談記事、いかがだったでしょうか。実際の対談は予定の時間を大幅にオーバーして6時間あまり、脱線に次ぐ脱線で話は面白かったもののこれをどうまとめるのか……と、頭を悩ましたことも事実です。記事は本来のテーマに即してまとめることにしましたが、それ以外の部分、小津安二郎や成瀬巳喜男の話から長嶋巨人やソニーのデバイスの裏話などなど、大瀧さんの好奇心と研究熱心さにひたすら圧倒された数時間でありました。(ち)

▼以前から興味はあったものの、なかなか接する機会がなかったヨーガ。会社で有志の人たちがヨーガ部を発足してくれたお陰で、昨年から習い始めました。月に1度、インストラクターの先生が会社に来てくれてレッスンがあります。その先生がこの秋から東京スカイツリーの近くで新しく

ヨーガ教室を始められたので、家が比較的近いこともあり、毎週土曜日の朝のクラスに通うことに。頚椎の椎間板ヘルニアやら、ギックリ腰やら、満身創痍ではありますが、インド発祥NY経由の身体技法でチャクラを活性化、デトックス&リフレッシュして英気を養いたいです。(ひ)

▼気温も高くまだまだ夏の気分ですが、私が通っているジムでは最近めっきり人が減り、秋の訪れを感じます。というのもジムでは毎年、4月頃に新しい人が増え始め、薄着や水着の季節である8月が混雑のピーク。秋の気配を少しでも感じると一気に人が来なくなるのです。そういう私もこの時期毎年さぼり気味で、確実にジムに早すぎる秋を連れて来る要因になっているはず。何か新たに目標を立てて〝秋要因〟から脱却したいと思います。(も)

▼昨年末のこと、TSUTAYAには置いていない通な映画を鈴木プロデューサーに見せてもらっていた。鈴木プロデューサーはテレビで放映されたものを録画し保存している。ビデオ・DVDになっていない貴重な作品も多い。その中のひとつにマキノ雅弘監督の「次郎長三国志」という作品があった。「『次郎長三国志』は面白い。『ONE PIECE』の作者・尾田栄一郎というひとも大ファンだよ」。広沢虎造の浪曲があり、森繁久彌の巧みな芸があり。ぼくは大晦日から正月にかけて夢中になって見た。その「次郎長三国志」全9部作がついにDVDで発売されることに!! 高いけれど、買わざるをえない。(じょ)

2011年11月

▼講談速記本の対談に登場していただいた大塚英志さん。実は、彼がまんが雑誌の編集アルバイトをしていた時代に出会っている。同じフロアーのとなりの編集部で仕事をしていた。痩せぎすの、がむしゃらに働く青年だった。30年ぶりの彼は、知識を蓄え、大学で受け持っている学生の将来まで心配する、立派な評論家になっていた。体重もかなり増えていたけれど。講談速記本について、知識を駆使して語る大塚さんの横顔に、1980年代、雑誌の責任者に何やら食ってかかっていた面影が一瞬重なった。光陰、矢の如し！（ゆ）

▼以前山﨑さんがブログに好きな映画のことを書いていて、その中で取り上げられていた作品を観たら、すごく面白かったということがあった。飲み会で隣になったときにそんな話をした記憶もある。しかし今回、改めてそのブログを読んでみると、その映画は全く登場していない。山﨑さんの簡潔だけど熱の籠った紹介を読んで観る気になったはずなのに何故!? おそらくどこかで記憶が行き違っただけだと思うけど、僕は勝手に、これは山﨑さんが僕に薦めてくれた映画なんだって思うことにした。『扉をたたく人』という映画だ。（ち）

▼本誌4月号の「恋愛」特集に寄稿してくださった脚本家の木皿泉さん。ドラマ『すいか』『セクシーボイスアンドロボ』『Q10』などを手がけ、寡作というかマイペースに作品を発表されていますが、

どの作品も熱烈な支持を集めるカリスマ脚本家ご夫婦ユニット。お二人のドキュメンタリー番組が11月12日22時〜、NHKBSプレミアムで放映されます。夫婦をテーマにしたドラマ部分もあり。エッセイ集『二度寝で番茶』（双葉社）での大福さんとかっぱさんの絶妙なかけあいがテレビで見られるかも。『身ぶるいするほど面白く〜人気脚本家・木皿泉のヒミツ〜』、見逃せません。（ひ）

▼会社の後輩に勧められて、遅まきながら人気マンガ『ハチミツとクローバー』を読みました。なんとなく食わず嫌いのまま今まで手が出なかったこの作品。簡単に言えば大学で繰り広げられる学生たちの青春群像劇なのですが、恋愛、成長、悩みなど、そこに詰まっている甘酸っぱい〝青春〟があまりにリアル。言葉にできないけれど経験した人にはわかる、あの感覚がぎっしり詰まっていて、自分の過去が何度もフラッシュバックしてしまいました。30歳を超えてから読むと自分が年を取ったことも実感させられること請け合いですが、未読の方にはぜひお勧めします。（も）

▼かれこれ同居を始めて1年が経った。掃除・洗濯・ゴミ捨てなどの家事全般はぼくがやっている。同居人（男）は汚い部屋でも一向に構わないという態度をとっているので、我慢ならないぼくがやる羽目になっている。そんなぼくを見て同居人は「こいつは家事が好きなんだな」と思っている節があるので、それも我慢ならない。2週間家をあけることがあり、さすがに奴も掃除をするだろうと思っていたが、帰宅すると2週間分の汚さに囲まれた同居人が待っていた。根負けして、また掃除をする羽目になる。（じょ）

2011年12月

▼『熱風』で連載したノンフィクション『上を向いて歩こう』（岩波書店刊）の著者、佐藤剛さんは音楽プロデューサーである。その剛さんプロデュースの由紀さおりとピンク・マルティーニのアルバム『1969』がiTunes全米ジャズチャートで1位になったという。由紀さんが日本語で歌う「夜明けのスキャット」などの日本語の歌が、アメリカの12人編成のオーケストラ・グループ、ピンク・マルティーニのサウンドと絶妙にスイングするこのCDは「日本の歌謡曲を『上を向いて歩こう』のように世界に発見してもらいたい」という剛さんの「音」の成果である。文字と音を行き来する剛さんの、次なる「文字」の成果は？（ゆ）

▼昔、編集プロダクションに勤めていた頃、角川書店とよく仕事をした。僕が編集部に詰めて入稿作業などをしていると、担当編集の上司だった井上伸一郎氏がふらりと現れてひと言ふた言、ねぎらいの言葉を掛けてくれたものだった。当時の井上氏は今回の対談のようなスーツだけでなくラフな格好のときもあった。そういえばいつだったか、バスケットボールユニフォームのような上下を着て編集部にいたことがあった。思わず二度見してしまったが、あれはいったいどんな意図だったのか、未だに謎である。（ち）

▼「岩波の理想は最高の内容の本を最高の造本でつくり、それを最低の価格で売ることである」。山本夏彦『私の岩波物語』（文春文庫）が伝える岩波茂雄の志の高さ。バックミンスター・フラー

の「Domore with less」級の究極の美学にシビれます。昔もいまも出版社の起業が大変なのは、5年前にミシマ社を起こした三島邦弘『計画と無計画のあいだ』（河出書房新社）を読むとよくわかりますが、いい本を出すことと出版社の規模は関係なく、ミシマ社のほがらかな奮闘ぶりは、みんなに応援したいと思わせる「原点回帰」の力に満ちています。（ひ）

▼戦後初めての一般公開となった、増上寺の三解脱門を見に行ってきました（11月30日で公開終了）。細く急な階段を上った先の2階内部には釈迦三尊像・十六羅漢像・歴代上人像が奉安されています。お年寄りばかりかと思っていたのですが若い女性が多く、30分以上並ばなければならない程の混雑ぶり。それに驚きつつ、同じ場所にある徳川将軍家霊廟に行くと今度は9割が10代から30代の女性で、みんな墓所と2ショット（？）の記念撮影中でした。〝歴女〟の話はよく聞きますが皆本当に楽しそうで、大して歴史に詳しくない私はなんだか圧倒されてしまいました。（も）

▼その日、「男女7人秋物語」の5話目を見始めた。明石家さんまさんと大竹しのぶさんの掛け合いが小気味よい。登場人物のそれぞれに「この人、ダメだなー」と思ってしまう嫌な面があってリアル。5話目を見終えて、隣で見ていた人が言った。「さんまさんの役は君に似ているね」。ダメだなー、と他人ごとに思っていたが、言われてみると確かに、当てはまる所がある。その日から、「おれ、情けないな……」と思いながら見る羽目になった。（じょ）

2012年1月

▼明治から昭和にかけて、二千冊も出版されたにもかかわらず、そのジャンルそのものが消えてしまった講談速記本。私も読むことはおろか、一冊も手にしたことがなかった。連載を担当して初めて本物を手にとると、その本のもつパワーがどこからともなく感じられる。駄菓子屋的な感じとでも言うべきものが香ってくる。こんな「はちゃめちゃ」な本が現代の書店の平台にずらりと並んだらどうだろう。ツルンとした現代において、人気を博したりしないだろうか。単なる懐かしさだけではない何かが、ここにはある気がする。（ゆ）

▼「メタボリズム展」という文字をチラと見たときに、ついに健康ブームもここまで来たのかと思ったのですが、これは60～70年代の都市計画の展示で、いわゆる体型のメタボは、メタボリズムではなくメタボリックというのをネットで読んでひとり赤面する年の瀬です。ちなみに六本木の森美術館で開催されている「メタボリズムの未来都市展」、今となってはありえないものや住みにくそうな建築物も多いのですが、単純に否定できない〝懐かしい未来〟の香りがありなかなかいいです。（ち）

▼髙橋秀実さんの『からくり民主主義』（新潮文庫）の解説で、村上春樹さんが次のように書いています。「僕らはその結論のなさを彼としっかりと共有することができる。それが共有されているというたしかな実感がそこにある。（略）みんなで輪になって座って、熱いコーヒーを飲みながら、『いや、困りました』とか、『ちょっと弱りましたねえ』とか、『なんか結論、出ませんねえ』とか言いながら、

頭をかいたり、ひげをしごいたり、腕組みをしたりすること。どこかから借り物の結論みたいなものをもってきて、大言壮語しないこと。そういうのは僕らの生活にとって、すごく大事なことなのではないだろうか?」。髙橋さんの文章の魅力について語りながら深層で民主主義（という言葉を一切使わずに）の本質についても語っているレイヤー構造に唸りました。（ひ）

▼CMでずっと気になっていた「スポッチャ」に行ってきました。曜日によっては24時間、バスケ、バレー、ゴルフ、野球、テニス、フットサル、バドミントン、釣りなど、屋内外で様々なスポーツができるこの施設。金曜日の夜に30代の男女8人で「学生ばかりで浮くかも」とドキドキしながら向かってみると、そこは自分と同じ社会人のパラダイスでした。会社帰りの服に不釣り合いな運動靴をはき、声を上げながら楽しそうに走り回るサラリーマンたちの姿は小学生のようで、微笑ましい限り。まるで校庭で遊んでいるような気分で子どもに戻った1日でした。（も）

▼とあるマッサージ師の方に触られ、自分の体のことを改めて知った。触られると、ヒャッと逃げてしまうか、あるいは体を硬直させてしまう。ぼくにとっては普通のことなので、マッサージ師の方から「こんなに敏感なのは珍しい……」といわれ驚くと同時に、色んな思い出が頭の中を駆け巡った。公園のベンチで好きなひとに膝枕を所望されてやろうとしたら、頭がぼくの膝に触れるか触れないかのところでヒャッと飛びのいてしまい、そのひとはベンチに頭をぶつけた。むろん、怒られた。どうにかして、敏感肌を治したいけれど、未だ解決していない。膝枕は夢のまた夢だ。（じょ）

2012年2月

▼三輪車タクシーがあった戦後すぐの自動車業界、戦後復興と政策——新聞記者だった氏家氏が見聞きした話が詰まった「昭和という時代を生きて」。御本人不在のいま、その事実関係の確認が毎回ひどく難しいのだが、お陰で資料を読む面白さを知った。『官僚社会主義批判』(宇都宮徳馬)、『日本自動車史年表』など校閲の方が送ってくれるものをかじるだけなのだが、こんな本があったんだとワクワクする。図書館で自分で漁り出したらもっと面白いだろう。本は、これだからやめられない。(ゆ)

▼昨年12月24日のクリスマスイブ、じょ君と一緒に、西荻窪でデモに参加しました。数十人の人たちが荻窪の商店街を練り歩く通称〝ゆるデモ〟。デモに興味はあったし現在の経済界のあり方に思うところもあったのですが、拡声器で何か叫ぶのはちょっとなーということでなかなか参加できなかったのです。とはいえ特集の國分功一郎氏の原稿にもある通り、〝参加すること自体が主張になる〟と考え、やや俯き加減ではありましたが参加してみました。次から徐々に顔の角度を上げて行く予定です。(ち)

▼今月は、いとうせいこうさん、津田大介さん、中沢新一さんに鼎談をしていただきました。誌面の都合でかなり割愛しましたが、できればニコニコ生放送したかったほどフルに濃密なトーク

でした。お三方のこれからの活動に注目しながら、参加したり応援していきたいと思います。さて、石川直樹さんの連載は今号で最終回です。連載を企画した前任者Kさんから引き継ぎ、先月はポリネシア、今月は北極、来月はエベレスト……という感じで文字通り世界中を飛び回る石川さんから、入稿日を過ぎてもまだ届かない原稿を待って暮らした日々は本当にスリリングでした。（ひ）

▼最近、菌に夢中です。とはいえ南方熊楠的な高尚な世界ではなく「ＬＧ21」を種菌にヨーグルトを作ったり（簡単です）、いまさら塩麹を作ったり（ものすごく簡単です）、友人から驚くほど簡単なレシピを聞いてパンを焼いてみたり（非常に簡単です）、放って置くと菌ががんばってくれる食物を週末に自作しているのです。おいしさより楽しさ優先ですが、牛乳がヨーグルトになったり、粉と水が膨らんだりするのを見ると、日頃完成品しか目にしていない食物が生きものであることを実感して、真摯に「いただきます」という気持ちになれるのでおすすめです。（も）

▼小学校の同窓会に参加した。卒業式ぶりに会う人ばかりだったが、すぐに話が弾み、場は盛り上がり、みんなでカラオケへ行くことになった。小学生の頃はみんなだいたい同じ音楽を聴いていた。その後の人生でどんな曲に出会って、十数年ぶりに会う人たちの前でいま何を歌うのか。ほとんどがぼくの知らない曲だったので、いちいち曲名をメモしておいた。そのメモに書いてある曲を最近聴き始めている。こうして、ボカロ楽曲だけを聴き続けた4年間に終止符が打たれた。（じょ）

2012年3月

▼サントリー美術館で国宝の油滴天目茶碗を見た。加藤周一さんは「手のひらのなかの宇宙」ということばで、天目茶碗を始めとする茶碗の美を書いていた（『日本その心とかたち』発売・徳間書店）。その言葉どおり、12世紀頃に中国で作られたその口径10センチ程の小さな器は、張り詰めた存在感で一つの世界を作っていた。美術館を出ると外は降り始めたばかりのぼたん雪。黒い地に金色の斑紋が散っていた茶碗のごとく、夜の空に白い雪が踊る。（ゆ）

▼今号の取材で養老孟司さんのご自宅にお邪魔しました。鎌倉のやや奥まったところにあり、しとしと雨も降っていたこともあって、映画「ツィゴイネルワイゼン」を思わせる何とも味わいのある空間でした。養老さんは子どもの頃は市街に住んでいたらしいのですが、このあたりの山によく虫採りに来ていたとのこと。今号の表紙はそんな初春の里山のイメージで描いてもらいました。よく見るとゾウムシなんかもいるんですよ。（ち）

▼大塚英志さんの連載に登場する徳間書店の旧ビル。私も88年秋、入社試験を受けに数回通いました。二階に足を踏み入れたことはありませんが、「コクリコ坂から」に出てくる社長室には、社長面接の際に一度だけ入りました。作業着姿の徳間社長は、立ち上がってご自分から名刺を差し出して「徳間です」とご挨拶されました。面接を受けに来た学生に対してもこの真摯な態度、すごい方だと思

いました。緊張していたので何を話したのかあまり覚えていませんが、「しっかり働いてくださいね」と力強く言われたことだけは覚えています。そして現在、毎朝、玄関で徳間社長の銅像にご挨拶するたびに「しっかり働いてくださいね」と言われている気がします。（ひ）

▼あの震災から、もう1年が経ちました。社屋にいた全員が外に避難した程の〝結構大きかった〟地震。揺れの収まりに安堵してテレビを見ると、そこにはまさにいま津波で飲み込まれようとしている福島の町や車や人々が映しだされ、「ああ、日常の延長は途切れたのだ」と言いようのない焦燥感と漠然とした不安を覚えたのを思い出します。その瞬間からはじまった帰宅難民、買い占め騒動、原発事故と、次々と非日常的出来事が起こるのが日常の世界に、まさか自分が生きていくことになるとは。自分にできることは何なのか、世界と自分との繋がりを今までになく考えた1年でした。（も）

▼インフルエンザにかかってしまい会社へ行けず、部屋に引きこもっていた。本を読み進めようとしたけれど、頭が朦朧として断念。寒気がするので布団にくるまりながら映画を見ると、いつの間にか寝てしまう。だらしないなぁ……と自分が情けなくなり、何かしようと思って部屋の掃除を始めた。時間をかけて部屋を磨いていくうちに不思議と元気になってきた。身体が求めた通りに動けたのか、と養老さんのおっしゃっていることを初めて体験した気がした。しかし、「何かしよう」と意識した時点で、あれは失敗だったのだろうか？　むずかしい。（じょ）

2012年4月

▼徳間書店の元社長、徳間康快氏がその経営に関わった真善美社。そこで戦後文学の出発点を作った若者たちが築いた梁山泊。その「血」が、同氏が社長を務めた徳間書店の『アサヒ芸能』編集部から『アニメージュ』編集部へと脈々と受け継がれているらしい。大塚英志氏の連載原稿からそれが読み取れる。時間も気にせずいろんな人がガヤガヤやっているうちに「面白い文化」が醸成される場所、梁山泊。それは、いまどこにあるのだろう。そんな自由な場所、現代に残っているのかとふと不安になる。（ゆ）

▼劇作家のタニノクロウさんと雑談をしていた時、アンドレイ・タルコフスキーの映画「鏡」にチェーホフが引用されているという話になった。「鏡」は、催眠効果の高いタルコフスキー作品の中でもとくに難易度が高く、かくいう私も2度ほど戦いを挑んでいずれも敗れている（寝た）。当然、チェーホフが引用されていたことも全く覚えていない。しかしその話を聞いて、めらめらとまた挑戦したくなった。思わぬチェーホフ効果？　である。（ち）

▼チェーホフの作品について、宮崎駿監督は「なぜかはわからないけれど、何度も読み返したくなるんです」と言っていました。チェーホフの翻訳を数多く手がけた神西清さんは、「チェーホフ序説」（『カシタンカ・ねむい　他七篇』岩波文庫所収）のなかで「チェーホフの非情」に

ついて書いています。「非情は勿論プラスの値ではないと同時に、マイナスの値でもない。それはゼロであり無であり空虚であり真空状態であり、（中略）純粋に無色透明な心的状態とでも言わなければなるまい」。確かに、何度も覗き込みたくなる深淵のような、読み返すたびに新しい解釈が可能な真空が、そこにはあるように思います。（ひ）

▼昨年10月の本誌特集「3・11後、作り手の課題」でインタビューをさせていただいた萩尾望都さんの新刊『萩尾望都作品集　なのはな』（小学館）が発売されました。タイトル作「なのはな」や「プルート夫人」「夜の雨――ウラノス伯爵――」など福島の原発事故に想を得て創作された短編は、ドキュメンタリーやルポルタージュでは感じられない〝あの日とその後〟への複雑な思いを心に残すものばかりです。それまでほとんど社会的な題材を描くことがなかった萩尾さんが「事故を知って胸のざわざわが止まらず、描かずにはいられなかった」と仰った姿が忘れられません。（も）

▼落合さんの連載が始まった。内容は野球のことではなく、映画について。「落合さんと映画……？」と不思議に思うが、実は落合さんは鈴木プロデューサーが舌を巻くほどの映画好き。観た作品の数は計り知れない。しかも、何度も観た作品は「何百本もある」という。到底追いつけないが、最近は落合さんが観てきた作品を毎晩観ている。落合さんの映画の楽しみ方、映画との付き合い方を学びたい。（じょ）

2012年5月

▼『明日に向って撃て！』。古澤利夫さんの『熱風』での連載「僕は映画を愛してる。」をまとめた本の題名だ（文春文庫）。命名者は鈴木プロデューサー。ポール・ニューマンとロバート・レッドフォード主演のこの映画の邦題をつけたのが、古澤さんであり、いかにも彼の生き方を象徴すると、本のタイトルにしてしまったのだ。古澤さんも大喜び。こういうところが、鈴木さんの面目躍如たるところ。何度も古澤さんに会ったわけではないが、古澤さんの本質を言葉にしてしまう。あとは、タイトルが効を奏してたくさん売れれば、万々歳！（ゆ）

▼今年の夏に東京都現代美術館で開催される「特撮博物館」で上映する短編映画「巨神兵東京に現わる」の撮影現場に通ってます。ＣＧ全盛の今、あえてミニチュアセットを全面的に使った撮影を敢行。本物のようで本物でない、作り物感に溢れているのがまさに映画の醍醐味といった感じです。また、撮影スタッフの職人魂がそれにも増して素晴らしく、こうした技術を絶やすのは本当に勿体無いです。夏の展示&上映、ぜひお楽しみに！（ち）

▼今年の本屋大賞受賞作は三浦しをんさんの『舟を編む』（光文社）。三浦さんには『絵コンテ全集18　コクリコ坂から』（徳間書店）にエッセイを書いていただきました。三浦さんにお願いしたのは、この映画を深く理解して素敵な文章を書いてくださることまちがいなしと思ったからですが、もう

一つ、徳丸書店の社長室に並んだ本のタイトルに、三浦さんならきっと反応してくださるはずという密かな意図もありました。そして期待通り、その本のナゾについてしっかり書いてくれました。その本とは、１９６８年に徳間書店から刊行された稲垣足穂の名著です。スクリーンで見逃した方も、ぜひ「コクリコ坂から」ＤＶＤ＆ＢＤ（6月20日発売）でゆっくりご確認ください。（ひ）

▼子どもの頃に大好きだった本を、少しずつ、思いついた時に買い集めています。幼稚園や小学校低学年の時に、何度も繰り返し読んではひとり空想に浸っていた本を久しぶりに広げてみると、何十年と見ていないのにちょっとした部分まで鮮明に覚えていて、夢中で読んでいたあの当時の自分に会えたような、不思議な嬉しさに包まれます。基本は絵本が多いのですが、最近買っているのは私の世代のバイブル的存在だった学研の『ひみつシリーズ』。『恐竜・化石のひみつ』や『古代遺跡のひみつ』など、できれば全巻揃えたいものです。（も）

▼先日、生後二ヶ月の赤ちゃんの子守りをする機会を得た。その赤ちゃんとはそれまでに何度も会っていたので、そつなくできるだろうと高をくくっていた。が、ミルクをなかなか飲んでくれなかったり、寝た後にベッドに移動させようとすると起きて泣いてしまったり、と片時も目が離せず振り回された。仕事をしながら子守りしよー、くらいに考えていた自分を恥じた。子育てって大変だなぁ……と心底分かり、自分の結婚観が変わる大きな出来事だった。（じょ）

2012年6月

▼連載を何本か担当している。氏家さんの連載のように語り部の方が亡くなられていると、あるエピソードを載せるべきか否かの判断に大きな責任が生じる。大塚さんの連載のように過去に遡り、ある時間を検証しようとするものだと、事実関係の確認は関係者の記憶に頼ることになるので、これまたややっこしい。仕事はどれも一筋縄ではいかないとは分かっているが……、である。救いは、読者の方からの「面白い」の声。さあ、今月の反響はいかに!?（ゆ）

▼今夏開催「特撮博物館」で上映される短編映画「巨神兵東京に現わる」は、可能な限りCGに頼らずミニチュアで撮影しようという志の下でつくられています。撮影現場では思いも寄らぬことが起きますが、それを楽しみつつ、どんどん取り入れていきます。CGの全てが予定調和とは言いませんが、人の考えを越えた想定外の面白さが飛び出してきたり、思わぬ化学変化が起きるのは、実写ならではの魅力だと思います。（ち）

▼『三鷹の森ジブリ美術館　図録』の増補改訂版（第三版）を制作中です。5月の新緑に彩られた外観写真をはじめ、新たに撮影した写真も収録しています。ジブリ美術館が開館したのは2001年10月。開館当初の写真と見比べると、時間の経過とともに建物やまわりの風景、植栽も変化していて、まるで生き物のように変容していく美術館の様子が写真からも伝わるのでは

ないかと思います。7月より販売予定ですので、ジブリ美術館にお越しの際は、ぜひ図録もお手にとってご覧ください。（ひ）

▼この間友達と〝ごはんのお供〟の話で盛り上がったのですが、1位を争ったのはやっぱり、たまごと納豆でした。しかし私にとってのお供は魚卵一択。たらこ、いくら、とびっこ、めったに機会はありませんがキャビアもごはんと一緒だとすごくおいしい。子供時代に母から「魚卵を食べると足が太くなる」と言われていつも美と食欲のジレンマの中にいたのですが、つい先日、母の口からそれが食べ過ぎを防ぐための嘘だったと告白されました。20年以上信じていたのに……。（も）

▼ゴールデンウィークはどこへも行かず、同人誌のお手伝いをしていた。電子書籍の雑誌で、ネット企業の若手が中心になって制作している。制作の仕方が変わっていて、顔を付き合わせての打ち合わせがほとんどなく、SNS上で議論をして進める。誰かの原稿ができたら、みんなで読んでダメ出しをする。原稿はワードがクラウド化したようなサービスを用いているので、みんなで一斉に編集ができるようになっている。……雑誌が完成するまで一度も紙を使わず、一度も会わなかった人がいて、「こんなやり方でも本はできるのか」とカルチャーショックを受けた。（じょ）

2012年7月

▼山崎正和さん。日本を代表する評論家の一人、『世界文明史の試み』という大著を仕上げられたばかり。1934年生まれ。私たち〝若造〟のインタビューにどう答えていただけるか？ドキドキだった。ところが現実は——。インタビュアーの川上量生さんにネットのことを逆取材、自分は文系だが理系の勉強をしなきゃと思っているところだと、川上さん推薦の本の題名をメモ。「今日は勉強にもなった」とにこやかに立ち去られた。なんとも精神のお若い方だった。歳をとるなら、こうでなくちゃ、ね！（ゆ）

▼ここ数ヶ月は劇場に映画を観に行く暇もない程忙しいのだが、そんな中、唯一観たのが、「この空の花 長岡花火物語」。監督は大林宣彦。第二次世界大戦の後、中越地震の後、昨年の震災の後、長岡はなぜ花火を打ち上げたのかというドキュメンタリーと、「さびしんぼう」のようなファンタジーが交錯する2時間40分の映画。劇中に登場する山下清の「長岡の花火」も息を呑むすばらしさだ。（ち）

▼三鷹の森ジブリ美術館で開催中の企画展「挿絵が僕にくれたもの」。展示の目玉は『アンドルー・ラング世界童話集』のために描かれたヘンリー・J・フォードの挿絵です。アンドルー・ラングはイギリスの文学者・民俗学者ですが、明治の日本の知識人に割と読まれていたようで、柳田國

男の『遠野物語』の成立にはラングの著作の影響があったそうですし、夏目漱石もラングの『夢と幽霊』のことをエッセイに書いています。どんなに独創的な作品でも、何の影響も受けずに突然出現するわけではなく、先行作品に学んで吸収し、過去からの大きな流れに連なっているのですね。（ひ）

▼7月1日から大好きだった〝レバ刺し〟が食べられなくなりました。この原稿を書いている現在はまだ6月中旬なのですが、今まで何の問題もなく謳歌できたことが、ある日突然、一生できない禁止事項になるというのは多分人生で初めての経験。なんだか戦々恐々とするあまり、その存在のありがたみをもっと噛み締めておくべきだったと、アルフォンス・ドーデの『最後の授業』を思い出してしまいました。まあ、たかが食べ物のことなんですが……。（も）

▼ミニ四駆を十数年ぶりに買ってきた。かつて男の子たちの間で流行ったおもちゃで、ローラーやギアといった細かな部品が揃っていて面白い。スピードを求めて、ボディを肉抜きして軽量化したり、シャーシ（土台部分）を改造したりする。さっそくミニ四駆を組み立てて、コースに赴くと、二〇～三〇代の大人だらけだった。凝りに凝ったミニ四駆ばかりで、到底ぼくなんかが気軽に遊べる場所ではなかった。子どもの頃からミニ四駆をやめたことがない、という驚くべき人もいて、彼我のマシンの速さで、十数年の重みが身にしみた。（じょ）

2012年8月

▼いわさきちひろの孫にあたる松本春野さん。彼女を紹介して下さったのは高畑勲監督。春野さんの絵本『ふくしまからきた子』の高畑監督の帯文を紹介させていただく。「春野さんの描く子は生き生きしてて、息づかいが聞こえてきそう。すばらしいレイアウトと、水彩の絵に気持ちがあふれ、いとしくて、心がほっこり、あたたかくなる」。彼女と会って話したあとの気分がまさにこの感じ。水分一杯のフルーツのような28歳！ 今後の活躍を期待したい。（ゆ）

▼初代のウルトラマンやウルトラセブン、そして物語に登場する怪獣たちやメカをデザインしたのは成田亨さん。彫刻家でもあった氏の、斬新かつ根源的なデザインを、毎週放映されたテレビ番組の中で見られた子供たちは本当に幸せだったと思います。諸般の事情でここ20年近く、書籍や図録などで成田氏の絵を見ることはできなかったのですが、今回の「特撮博物館」で、本当に久しぶりに展示と同時に図録掲載が叶いました。他にも見所はいっぱいありますが、これだけでも見る価値のある展示であり図録であると思います。（ち）

▼ノンフィクション作家・探検家の角幡唯介さんの初エッセイ集『探検家、36歳の憂鬱』（文藝春秋）が刊行されました。『熱風』昨年10月号の特集「3・11後、作り手の課題」に寄稿してくれた原稿「震災――存在しなかった記憶」も収録されています。地球上から秘境がどんどん消え、探検の社

会的意義もあまりなくなった現代において、あえて非日常に身を投じ、死にぎりぎり臨み、生き延びることで得られる「生感覚」を渇望する著者の、探検をめぐる真摯な思索と正直な懊悩(合コンでちっともモテない)が綴られます。生きることの意味を愚直なまでに問いかけ続ける探検家の文章に、強い「文学」を感じました。(ひ)

▼今月で最終回を迎えた本誌連載「物語『私の映画惹句術』」を早速書籍化すべく、現在編集の真っ最中です。8月25日に高倉健さんの6年ぶりの主演映画「あなたへ」が公開されますが、その惹句を書いた著者の関根さんの、「あなたへ」と、健さんと、映画への思いを本に封じ込めるべく、単行本の発売も公開と同じ8月末の予定。映画を観た人にも、これから観る人にも、そして連載を読んでくださっていた方にも、ぜひ書店で手にとっていただけたらと思います。(も)

▼子ども二人とプールに行った。月に一度のペースで会っている。子どもの頃、しょっちゅう遊んでくれる近所のお兄さん(おじさん?)みたいな存在はいなかったので、自分のしていることが何なのかよく分かっていない。子どもたちの手を取って幼児プールに入り、周囲の親子たちの中に交じった。こうしていると、ぼくらも家族のような気がしてくる。すると、なぜか「イケナイコトしたらちゃんと叱ろう」などとヘンな責任感が出てきて、イヤイヤ、マダマダ無責任なお兄さんでいようと思い直した。(じょ)

2012年9月

▼テイト・ブリテンで見た「シャロットの姫」。今回この絵について加藤明子さんに原稿をお願いしましたが、その文章の中に画面左に飛ぶツバメのこと、3本の蝋燭が囲むキリスト像のことが触れてありました。文章を読むまでそうしたものに全く注意がいっていませんでした。恐ろしく美しい絵、とくに舟に敷かれているタペストリーの模様の綿密さは覚えているのですが……。絵を鑑賞するとはどういう行動なんだろうと改めて思います。それでも、絵を見る時間は素晴らしく、最近では「レーピン展」がお勧めです。あのリアリズムはすごい！（ゆ）

▼夏休みを利用して、四国は石鎚山の中腹にある山荘に、車に乗って行ってきました。そこから今度は長野県の八ヶ岳へ。四国では雨と霧、八ヶ岳ではカンカン照りの猛暑と突然の雷雨と、あらゆる気候を楽しむことができました。山荘で食べた雑鍋、八ヶ岳で食べたきのこの味噌汁とナス、清里で食べたソフトクリームが印象に残っております。（ち）

▼「絵入り本は人の暮らしに絶対必要なものではないかもしれぬが、それはわれわれにあのようなかぎりない喜びを与えてくれるのだし、またもうひとつの絶対必要な芸術である想像的文学とかくも密接に結びついているので、思慮を備えた人々が鋭意制作にはげむべき、何よりも価値あるもののひとつであり続けるにちがいない」というのは、ウィリアム・モリスが１８９３年

の講演で語った言葉（ウィリアム・モリス『理想の書物』、川端康雄訳、ちくま学芸文庫）。源流にはさらに源泉があり、霊感と希望を求めて中世に向かった芸術家に、聖杯を探して旅する騎士の姿が重なります。（ひ）

▼本誌で先月最終回を迎えた関根忠郎さんの連載が、早速単行本になって絶賛発売中です。その名も『関根忠郎の映画惹句術』（徳間書店）。高倉健さん主演の映画「あなたへ」の惹句（映画宣伝コピー）ができあがる瞬間も含め、「仁義なき戦い」や「極道の妻たち」、「昭和残侠伝」など、誰もが一度は耳にしたことがある名惹句を生み出すまでのエピソードをまとめて読めるこの1冊。〝鈴木フォント〟で書かれた鈴木プロデューサーのコメントも帯になって巻かれています。ぜひ本屋さんで手にとっていただけたら嬉しいです。（も）

▼塩野さん×彩乃さんの短期集中連載が始まった。その中に門山さんがいいちこをグラスに傾けている写真がある。これは「ビールを焼酎で割る」という門山さん流の飲み方。グラスが空くと、門山さんがビールといいちこを注いでくれた。門山さんが用意してくれた料理や、ご近所さんが持ってきてくれた海の幸をいただき、酒が進む。注がれるままに、気分よく「いいちこビール」を飲んでいると、足がフラフラになる。そんな幸せが毎晩続いた。（じょ）

2012年10月

▼いつも思うのだが、映画館の魅力というのは不思議なものだ。どんなにレンタルビデオ店の新作コーナーにずらっと並べて置かれてあっても「たぶん借りないだろうな」と思うようなタイトルでも、劇場のポスターで見ると「見たい」と思ってしまう。鑑賞料金だって4倍くらい高いのに。「ゲレンデの恋は3割増し！」ではないが、やはりあの建物とスクリーンと暗い空間とには人をひきつける特別効果のようなものがあるのだろう。さて、今月から「熱風」の編集に参加することになりました、趣味は映画です。よろしくお願いします。（ぬ）

▼映画「桐島、部活やめるってよ」が面白かった。「ダークナイト・ライジング」や「プロメテウス」は、期待が大きかった分失望も大きかった。画面は豪華だが話に乗れず登場人物の気持ちも伝わらない。「桐島〜」はその逆。とはいえ画面がチープだということもない。台詞がいい映画だが、はっとさせられるいいショットがある。テーマも切実。いま観るべき映画。（ち）

▼豊﨑由美さんの最新書評集『ガタスタ屋の矜持　寄らば斬る！篇』（本の雑誌社）を読んで、話題作ながら未読だったイアン・マキューアン『ソーラー』（新潮社）を手に取りました。地球の未来を憂いて太陽光発電の推進を熱く説く高名な物理学者。が、その実は、部下のアイデアをパクった新技術でさらなる富と名声を得ようと企む倫理観のない俗物。破滅に向かいながらも

肥大した欲望の暴走を止められない人間の滑稽さを容赦なく描いた作品で、3・11以前に書かれた本ですが、いろんな意味でタイムリーな内容でした。(ひ)

▼昨年岩波書店より出版された宮崎駿監督の『トトロの住む家〈増補改訂版〉』が、この秋、台湾でも出版されることになりました。文章はもちろん翻訳されていますが、デザインなどは基本的に日本版のまま。日本の昭和30年から40年代の〝トトロが住んでいそうな家〟を監督のイラストと実際の家の写真で構成したこの本に詰まっている〝懐かしさ〟は、文化を超えて海外の方にも感じ取っていただけるのか、ドキドキしつつもとても楽しみです。(も)

▼ボカロ小説『悪ノ娘』シリーズ(PHP研究所)にハマった。ニコニコ動画上で再生数二百万回を誇る人気楽曲「悪ノ娘」「悪ノ召使」を元にした小説で、曲をつくった悪ノP本人がノベライズ化している。女子中高生たちに人気らしい。シリーズ累計八十万部のヒット作のようだ。友人に薦められたときは、懐疑的だった。読み終えて、友人のもとへ謝りに行った。「小説を読んでいて、活字から音楽が流れてくるなんて、初めて!」。電子書籍の作品に感動したことは一度もないが、ボカロ小説には未来を感じた。(じょ)

2012年11月

▼猫が好きで飼っているのだが、その仕草を見ていてつくづく思うのは「こいつはホント小さなライオンだな」と。で、ライオンであるならば基本は肉食である。昔から「猫は魚好き」と言われているが、どうやらそれは本来の猫の姿ではない。聞いたところによれば、江戸時代くらいまでの日本は主な蛋白源が魚だったので、長い時間をかけてそれに慣らされてきたとか。野生の山猫は小動物や虫などを食べているそうです。そうか、お魚くわえたドラネコではなく、ネズミを獲る方が〝ネコらしい〟んだ。（ぬ）

▼「館長　庵野秀明　特撮博物館　ミニチュアで見る昭和平成の技」が無事終了。動員数は約29万人。信じられないくらい多くの人が訪れてくれました。図録やグッズもかつてない売れ行きだったと聞きホッとひと安心。最終日、展示スタッフを中心に軽い打ち上げがあり、庵野館長や樋口真嗣副館長、展示コーディネーターの原口智生さんと西村祐次さんも来館。じつはこの4人が全員顔を揃えるのはこの日が初めてだったということもあり、みな喜びもひとしおな感じでした。この充実したチームの一員に末席ではあるけれども加わることができて誇らしい気持ちでいっぱいです。（ち）

▼『岸和田少年愚連隊』そのままの、ヤンキー率が非常に高い大阪のディープサウス「泉州」が地元ですが、今回の特集で斎藤環さんにインタビューしてくれた川上量生さんも、寄稿してくださった難波功士さんも、奇しくも同郷。全盛期にヤンキー多発地帯で思春期を過ごしたために、非ヤンキーで

あっても（いや、非ヤンキーだからこそ）、ヤンキーへの並々ならぬ関心を持ち続けるのかもしれません。「絆」に縛られるのは窮屈ですが、オタクといえどもこれからは仲間や家族が重要だし、いまヤンキーが注目される意味もそこにあるのかもと、斎藤さんと川上さんのお話を聞きながら思いました。（ひ）

▼最近観た「クロニクル（原題）」は、全米大ヒットのSF映画。高校生が偶然超能力を手に入れ喜んだのも束の間、次第に強くなるパワーが人を操り殺すことすらできると気付き……。後半、地味で冴えず友だちができないことにコンプレックスを抱く主人公は周りへの怒りや恨みを爆発させ、感情のままにパワーで世の中をコントロール、街中を恐怖に陥れます。力には責任と自制心が伴う、なんて理想は夢物語とばかりに、幼稚な精神と力が結びつくさまをまさにそのまま「AKIRA」の世界観で描き出しているので、大友克洋好きな方にもおすすめ。まだ28歳の新人監督のこれからに注目です。（も）

▼およそ二年半分の『熱風』を読み返していた。特集の変遷は時代の空気を反映しており、読み返すと改めて学びになる。ついでに、編集後記を読むと、ウェブに期待しつつも挫折し、忸怩たる思いを募らせていく自分の姿が見える。時代はこんなところにも宿るのか、いや、単に私がダメだっただけか。某所にて武者修行を始めるため、今号で『熱風』の編集から去ることになります。今までありがとうございました！（じょ）

2012年12月

▼村上福之さんの『ソーシャルもうええねん』を読んだ。ツイッターのフォロワー5000人が3800円で買えるとか、YouTube の再生回数5000回が2300円で買えるとか、SNSブームの危うさを見事に暴いてくれる内容だった。評価経済社会という新しい概念がある。フェイスブックの「いいね！」（ちなみに5000回のいいね！で16000円らしい）やツイッターのフォロワー数などが新しい価値基準として評価されるという考え方だ。だけどこれが売買できるってことは、つまり簡単に贋札が作れることと同じなんだなと。ネットはものすごい数の情報が次々と入ってくる、でもそれと同じ数だけ真偽を確かめなくてはいけないというこの空虚感がいまなのかなと思った。（ぬ）

▼いやー「ヱヴァンゲリヲン新劇場版：Q」面白かったですね。まさかあの人があんなことになるなんて！　衝撃の展開でした。……すみません、ウソです。この文を書いている段階ではまだ公開前。見ることはできていないのでした。勝手な想像でした。あの人があんなことになりませんように……。（ち）

▼特集で安野モヨコさんがカントクくんを描いてくださいましたが、ジブリ美術館で開催中の「挿

絵が僕らにくれたもの」展のパンフレットにも、展示を見た感想を、それはそれは美しいイラストにして寄稿してくださったので、ジブリ美術館においでの際はぜひパンフレットも手に取っていただけたら嬉しいです。ちなみに安野さんも所属するエージェント会社「コルク」が最近話題です。編集者の佐渡島庸平さんたちが講談社を辞めて10月に設立した新会社で、日本の出版業界ではまだ珍しいエージェントというスタンスで、さまざまなジャンルを横断して作家や作品のプロデュースをおこなっていくそう。編集のかたちもラディカルに変わっているのを感じます。(ひ)

▼犬童一心・樋口真嗣監督の最新作「のぼうの城」を観ようと、昼間のシネコンへ行ってきました。いつも行く夜中は人影まばらな映画館も、昼間は老若男女で大混雑。400席を超える上映スクリーンの7割以上が埋まり、久しぶりに大勢の人とひとつの映画を観る〝これぞ映画館での鑑賞体験〟をして、やっぱり映画は映画館だと、近頃めっきりＤＶＤ派になっていたことを反省しました。数百人と体験を分かち合う。同じものを観ながら笑い、驚いて息を吸う気配を感じる。スクリーンのサイズや音響技術だけではない、映画館でしかできない体験、皆さんは最近していますか?(も)

2013年1月

▼落ち葉の季節が好きだ。紅葉の美しさもさることながら、サクサクと落ち葉を踏みしめながら歩くときの感触がいい。あれは独特の癒し効果があるのだろうか、落ち葉の公園を散歩していると心からリラックスできる。ザ・ランチャーズの「真冬の帰り道」や南沙織の「木枯しの精」があたまの中でぐるぐると回っている。落葉樹は自らの葉を落とすことで、水の少ない季節に自身の身を守り、同時に堆肥を作り森に養分を与えている。そんな構造へと長い間時間をかけて進化させてきた自然の持っている力に、いまさらながらまったくもって感動させられる。(ぬ)

▼約30年ぶりにニュープリント公開ということで、ロベール・ブレッソンの映画「白夜」を観に行く。もちろん初見だが、ずいぶん昔に『池波正太郎の映画日記』(講談社文庫)で「こうした青春が失われようとしている現代に、意味ふかい示唆をふくんでいる」と書かれているのを読んで以来、ずっと観たかった作品なのだ。主人公の男女がセーヌ川のほとりで交わすことばにオーバーラップしてバンドの演奏が始まりキラキラした電飾の船がゆっくりと川を行く。このキラキラがいいんだよねえ。(ち)

▼『ロングテール』『フリー』が話題となったクリス・アンダーソンの最新刊『MAKERS 21世紀

の産業革命が始まる』（ＮＨＫ出版）。ＵＳ版『ワイアード』編集長のかたわら、ラジコン飛行機の製造販売会社を成功させた著者自身の体験もふまえ、ネットを駆使した新時代のメイカーズ（作り手）の躍進を紹介した本ですが、書かれているのは主にアメリカの状況。じゃあ日本はどうなっているの？　ということで、「日本版メイカーズ」といえる原稿を八谷和彦さんが書いてくれました。大企業による大量生産から、個人や少人数による家内制手工業的な製造へ。生産者と消費者が分離しないで、ともに当事者として繋がっている。コンピュータとネットの普及によって、かえってものづくりが原点回帰しているようです。（ひ）

▼子供の頃のコンピュータの思い出といえば、ＮＨＫの「みんなのうた」で流れていた童謡「コンピューターおばあちゃん」。その歌の影響もあって、当時〝マイ・コンピュータ＝マイコン〟と呼ばれていた個人向けコンピュータに憧れを募らせて、コンピュータ雑誌『コペル21』を定期購読し、つくば万博に行けることを夢見ながら、見たこともない未来の万能な機械と世界に胸を躍らせる小学生時代を過ごしていました。夢見ていたよりずっと先の未来にいま生きているのに、あの頃思い描いていた世界がまだやって来ていないのは少し寂しい気がします。（も）

2013年2月

▼樋口毅宏著『ルック・バック・イン・アンガー』を読んだ。出版社に勤める編集者たちを描いているのだが、夢も希望もない、ただただ深遠な孤独だけを感じさせる凄まじい内容だった。モデルは、高田馬場にあるコアマガジン社。何度か行ったことがあるのだが、トイレの貼り紙が印象的でいまでも覚えている。なんと「トイレを壊すな」と書いてあったのだ。普通なら「トイレをきれいに」だろう。編集者たちの、いいようのない鬱屈したエネルギーの行き場がトイレなのかなと思った。あれから10年以上過ぎた、あの空間からこんな傑作が生まれたとは。（ぬ）

▼83年に公開された「戦場のメリークリスマス」は、当時好きだった女の子が坂本龍一の大ファンだったので、話を合わせるために観に行ったのだった。映画は正直よくわからず（何せ収容所が舞台の男だらけの戦争映画だ）、結局その女の子ともうまく行かずで、まあ踏んだり蹴ったりだったのだが、坂本龍一の音楽は素晴らしかったし、ラストシーンのビートたけし（当時はまだ北野武ではなかった）の演技にちょっと感動してしまったのも事実だ。昨日、大島渚監督の訃報を聞いて、そんなことを思い出した。（ち）

▼先月に続き今月のカットも、美術部の平原さやかさんが描いてくれました。少し説明を。P27

は、スズメ科の鷽（ウソ）をかたどった木彫りの人形で、天神様（天満宮。菅原道真を祀った神社）の「うそかえ神事」で使われるもの。昨年の凶事を嘘にかえて今年の幸運を祈るお祭り。左大臣藤原時平の嘘による無実の罪で太宰府に流され、失意のうちに死んだ菅原道真。道真の祟りを恐れた朝廷によって、その怨霊を鎮めるためにつくられたのが天神様。藤原氏の政権に近い神道に対して、天神信仰の形成には反体制の人々の影響が強いとか。やがて慈悲や正直、学問の神様として厚く信仰されるようになったのは、皮肉であり救済でもあり、庶民の逞しさを感じます。（ひ）

▼最近面白く見ている海外ドラマは、スキャンダルで失脚した政治家とその妻が主人公の「グッド・ワイフ」。元弁護士の妻は仕事に復帰し、夫は政治家として再起を図るべく奮闘するのですが、法廷も政治も嘘が横行している世界。加えて彼らの子どもが通う学校や関係する会社でも多くの人が嘘で人間関係を回しています。嘘をつかない人はいないわけですから、それはある意味当然のこと。それより他人の嘘を執拗に責めたてる人物の方が、結局は一番嫌な信用ならない人物として常に描かれているのが、とてもリアル。大人はお互いのすねの傷を踏まえて関係性を築いているんだというメッセージが興味深いです。（も）

2013年3月

▼今回の「尊厳の芸術展」特集、この企画のそもそもの発端は、2012年11月下旬、高畑監督からの「〝尊厳の芸術〟を『熱風』で取り上げてみては」という一通のメールからだった。恥ずかしながら、このこと自体を全く知らず、聞けば上野の藝大美術館で展覧会を開催中だという。あわてて見に行ったのだが、平日にもかかわらず会場は満員だった。意外だったのは、展示されていた数々の作品から伝わってきたものが、苦しみとかそういう哀しい感情ではなく、もっとシンプルな創作の喜びとかそういった種類のものであったことだ。人間って強いなと思った。3・11に合わせて、3月は何の特集をやろうか考えていたときで、これはぴったりの企画だと思った。高畑監督に感謝。（ぬ）

▼ちょうど本誌が配布される頃、パンスターズ彗星が地球近くにやってきます。見られるかどうか微妙ですが（天気とあと日の入り直後、西の空を低く通るので）、楽しみです。どうでもいいですが、天文好き女子のことを「宙ガール」というそうです。「チュウガール」じゃなくて「そらガール」だそうです。（ち）

▼「尊厳の芸術展」を観て、以前に観たある展覧会のことを思い出しました。1992年にセゾン

美術館で開催された「シェーカー・デザイン」展。シェーカー教徒は、18世紀後半、イギリスからアメリカに渡ったキリスト教徒の一派。信仰のために自ら進んで世俗を離れて自給自足の生活をした彼らと、強制的に収容所に隔離された日系アメリカ人を一緒にすることはできませんが、どちらの作品にも、素朴で力強い美しさを感じました。「Hands to Work, Heart to God（手は仕事に、心は神に）」というのがシェーカーの教えですが、商業的な量産品とは違う、ひとつひとつの手作業に祈りの気持ちが込められている作品には、共通する崇高さがあるようです。（ひ）

▼「愛と哀しみの旅路」（１９９０年）は戦時下の日系人隔離政策に翻弄された日系二世の女性とアメリカ人青年の愛の行方を描いた米国映画。戦争や人種差別など社会的メッセージが込められつつもお説教くさくないラブ・ストーリーとして楽しめるので、今回の特集で興味を持たれた方はもちろん、そうでない方にもお勧めです。監督・脚本は「小さな恋のメロディ」「エンゼル・ハート」「ミシシッピー・バーニング」のアラン・パーカー、俳優はデニス・クエイドとタムリン・トミタ、とお勧めポイントはたくさんあるのですが、この日本語タイトルだけはどうにかならなかったのか……と思います。（も）

2013年4月

▼大学時代、8ミリで映画を撮っていた。フィルムが高かったので、撮影する前はものすごく考えて、本当にこのカットが必要なのかどうか、極限まで無駄のないよう、それこそ必要なカットすら諦めるというくらい切り詰めてた。フィルムがなくなって感じたことは、スチルでもムービーでもとにかく老若男女めったやたらと撮りまくっているということだ。電池が切れるまで脊髄反射的に考えないで撮り続ける。料理だろうがネコだろうが桜だろうが見境なく撮りまくる。この「考えるより先に撮る」という行為が、人にとっていいのかどうなのかよく分からない。(ぬ)

▼一部で話題のパンスターズ彗星は、3月10日頃には結構明るく輝いていたみたいです。僕はわざわざ長野まで行きましたが、山に隠れて見えませんでした(←馬鹿?)。その代わりに、突然西の空に現れて10分くらいで消えてしまう発光物体を見ました。何かの星とは思うけど(位置的には火星か天王星が近い)、何故急に現れ消えたのか。もしかして彗星以上に不可思議なものを見てしまったのか……。謎は深まるばかりです。(ち)

▼次号で特集「グローバル企業とタックスヘイヴン」を企画しました。鋭意編集中です。Tax Haven とは租税回避地。脱税や資金洗浄、テロ資金の隠匿、肥大する金融市場と相次ぐ経済危機

にも深く関与しています。タイミングよく、いい参考書が出ました。志賀櫻『タックス・ヘイブン――逃げていく税金』（岩波新書）。著者は、かつて大蔵省主税局などでこの問題に取り組んだ経験をもつ弁護士で、実態を解説しています。「マネー・ゲームの本質的欠陥は、使用している金融工学理論の様々なところに、『無限』という数学的概念が組み込まれていることである」。現実の世界は有限であり、そこに無限を持ち込めば破綻は必ず起こるわけですが、一度開けてしまったパンドラの箱を元に戻すのは至難の業のようです。（ひ）

▼「日本よ、これが映画だ。」のコピーで話題になった、アメコミのヒーローたちがチームを組んで地球を守る映画「アベンジャーズ」。去年の全米興行収入1位を記録したこの作品を今更ながら観たいのですが、登場するヒーローたちは既にそれぞれ主人公を務めた映画が何本もあり、それを知らないと存分には楽しめないらしい。そこで最近は毎週末、頑張ってヒーロー物を観ています。「アイアンマン」シリーズ2本と「マイティ・ソー」を終えた今、残るは「ハルク」と「キャプテン・アメリカ」。本命の「アベンジャーズ」を観る前に、アメコミはお腹いっぱいになりそうです。（も）

2013年5月

▼フィルムについて興味深い話を聞いた。放射線でフィルムが感光するというのだ。ISO400程度の高感度フィルムを、一定期間チェックしたい場所に置いておけば、現像してその軌跡から被曝、累積照射が測定できるというのだ。わざわざ高価な機材を買わなくても、こんな身近にある安価なもので、大切なことが分かる……とここまで書いて「あっ」と思った。そうか、もうフィルムは全然身近ではないんだ。今だったら線量計の方がよっぽど身近かもしれないなと思った。サバイバルの初歩として、ひとつのモノを、本来の使用用途とは全く別の方法で使って、非常時に役立てるというのがある。電子機器が増えると、こういう工夫の余地もだんだんとなくなっていくのかなと思った。（ぬ）

▼閉館前の銀座シネパトスで山田洋次監督の「男はつらいよ　寅次郎夕焼け小焼け」（76年）と「故郷」（72年）の2本立てを見た。その数日後に偶然にも、山田洋次監督へ取材をお願いすることになったのだが（4月号「フィルム」特集）、「故郷」は時代の流れによって故郷を離れ、生きていく為に仕事も変えなければならなくなるという話で、映画がいつの間にかフィルムからデジタルになり、好むと好まざるとにかかわらず仕事を変えざるを得ない現在の映画業界の状況とも重なる。

いつの時代も〝大きなもの〟という奴は……。（ち）

▼タックスヘイヴンについて考えると、どうしても「国家とは何か」という問題に突き当たります。2000年にアメリカで出版されたA・ネグリ、M・ハートの共著『〈帝国〉』（以文社、2003年）は、国民国家にかわって、〈帝国〉と呼ぶべきグローバルな主権が世界を支配する時代になると予言した本でしたが、まさにそんな時代の到来を実感する日々です。ただ、今号の特集でドラッカーを敬愛する岩崎夏海さんが書かれたように、また渋沢栄一が「信用は実に資本であって商売繁盛の根底である」と言ったように、いまをときめくグローバル企業といえども、「信用」なくして世界制覇は難しいでしょう。ましてや、これからの「評価経済社会」の時代においては。（ひ）

▼ティラミス、パンナコッタ、カヌレ、クイニアマン、ナタデココ、ベルギーワッフル、マカロン、ロールケーキ……過去さまざまなお菓子の流行がありましたが、いま私に到来しているのは「うまい棒　シュガーラスク味」（1本10円）ブーム。今年登場したこの新しい味は甘さと塩っぱさが混在したラスクの味を完全再現しつつ、駄菓子スピリッツは決して失っていないという、まあとにかく、想像を遥かに超えて素敵なスナックなのです。みなさんもぜひ、子どもたちの羨望の視線を集めつつ、駄菓子屋さんでうまい棒を大人買いしてみてはいかがでしょうか。（も）

2013年6月

▼椎名誠『ぼくがいま、死について思うこと』（新潮社）を読んだ。もう69歳、こういうことを書いてもいいと思えるような時期になったのだろうか。このくらいの年齢の人が死について書くと、どうしても「人生これから、老いてますます盛ん」的な威勢のいいものか、「大宇宙の時の流れの中での人の営み」といったような、荘厳なものになってしまうことが多いように思える。その点、椎名氏の本は、死についての本の紹介や、家族や友人など身の回りの人の死の話、自殺や、孤独死、尊厳死の話など、一緒に考えられる読者を置いていかない構成となっている。ぜひ一読を。（ぬ）

▼スティーブン・スピルバーグ監督作「リンカーン」を観た。スピルバーグらしいスペクタクル描写一切無しの地味な映画で意表を突かれたものの、いろいろと考えさせられる良い映画だった。奴隷制度を無くすために憲法を変える。そのため必死の努力を重ね議員の票を集める。時間はわずか一ヶ月。劇中でリンカーンは「一ヶ月で十年、歳を取ったように見える」と言われるほど疲労困憊するが、執念で改正案を議会に通す。憲法を変えるのは本当に大変なのだ。（ち）

▼この春から初夏にかけて、個人的に「木皿泉祭」です。寡作で知られる脚本家の木皿泉さんの作品が続々とリリースに。4月には初の小説『昨夜のカレー、明日のパン』と『文藝別冊　木皿

泉　物語る夫婦の脚本と小説』（ともに河出書房新社）。5月にはエッセイ集『木皿食堂』（双葉社）が（小誌の「恋愛」特集に寄稿してくれたエッセイも収録）。脚本を手がけた劇場アニメーション映画『ハル』が6月8日より公開、そのノベライズ本も5月末発売と、快進撃が続きます。木皿作品に触れると、その前と後では全身の細胞がすっかり入れ替わった感じがするほど。脚本、小説、エッセイ、いずれをとっても、深く柔らかく沁みこむ物語力に心地よく圧倒されています。（ひ）

▼6月1日から、TOHOシネマズの高校生の映画料金が1500円から1000円になりました。「映画館を経験したことのない高校生に、より鑑賞しやすい料金を」という改定理由は映画館未経験の若者の多さを物語り、少なからずショックです。ちなみに私の映画館デビューは、小学校1年のとき。記憶にあるのは金髪の女の子がプールで遊んでいるたった数秒の場面だけなのですが、暗闇のなかひときわ明るいスクリーンをみんなでこっそり覗いている、という不思議なワクワク感だけはリアルに覚えていて、いまでも時々、部屋の明かりを消した瞬間に思い出したりするのです。タイトルもわからないあの映画と、いつの日かもう一度逢いたいものです。（も）

2013年7月

▼今年の夏は妖怪が熱い！　6月から『水木しげる漫画大全集』の刊行が始まった。半世紀以上に及ぶ、水木漫画の集大成だ、これは絶対に買わねばなるまい。3日発売ということで、毎月3日は「ゲゲゲの日」だ。全巻購入者特典の一つとして、ビビビの名刺入れがもらえるという、微妙にマニアのツボをついた特典も嬉しい。『ゲゲゲの鬼太郎　TVアニメDVDマガジン』も5月から出ているので、こっちも買わねばならず忙しい。水木作品と言えば、鬼太郎の原点ともなった紙芝居「蛇人」「空手鬼太郎」「ガロア」「幽霊の手」があるが、残念ながら、これは現存が確認されていない幻の作品だ。どこかにあるのだろうか……ロマンを感じる。もし宇宙人に遭えるのと、どっちを取るかと言われたら、きっと迷わず紙芝居を取るだろうなあ。（ぬ）

▼家からテレビを無くして半年。多少は知的な生活になるかと思ったがネットとラジオの比率が高まっただけで怠惰な状況は変わらず。そんな中で収穫の一つは、月～木曜の朝、インターFMで放送中の「バラカン・モーニング」を聴くようになったこと。ピーター・バラカンさんがDJの、主にちょっと古めの洋楽やワールドミュージックなどがよくかかる番組だ。放送は「radiko.jp」で聴いて、いい曲だなーと思ったら「Shazam」でチェック。本当に気に入ったらCDか配信で買う。

音楽の楽しみ方がずいぶんとスマートになったことを実感します。（ち）

▼『スタジオジブリ絵コンテ全集19　風立ちぬ』を編集中です。宮崎駿監督は、絵コンテを描きながら、絵と一緒にストーリーも紡ぎ出すスタイル。ポニョの絵コンテ同様、スタッフにイメージが伝わりやすいようにとカラーで彩色されています。よく言われるように、絵コンテはオーケストラの楽譜のようなもの。大勢のスタッフが、そこに描かれた音符や記号から監督の意図を汲み取って自分のパートを懸命に演奏し、それらが組み合わさって一つの作品になるわけですが、まとめ上げる力の源泉となるのは、やはり監督の強い思いなのだと絵コンテを見ていて感じます。（ひ）

▼カンボジアで１２００年前に失われた都市が発見されたそうです（6月15日付シドニー・モーニング・ヘラルド紙）。重要な遺跡は既に散々発見・発掘され尽くしていて、自分は「遺跡だけでなく、その発掘自体をも歴史的出来事としてしか知ることができない世代」だと思っていたところにこのニュース。ぜひ約１００年前のツタンカーメン発掘時のように、「世界中が固唾を呑んで、その続報を待つ」という体験をしてみたいものです。事故でも事件でもなく、勝ち負けがわかるわけでもない。ただ、待ち遠しいから知りたいニュースとして。（も）

2013年8月

▼講談社現代新書『ウルトラマンが泣いている』を読んだ。円谷英二の孫にあたる円谷英明氏による、いわば円谷一族の内紛劇を描いたこの本は、叔父にあたる円谷皐氏、従兄弟にあたる円谷一夫氏へのものすごいルサンチマンが内包されている。ほとんど暴露本のような内容だが、もちろん暴露本のような、売らんかなの目的でおもしろおかしく書かれたものではない。ただ事実を淡々と書いた結果が、暴露本のようになってしまったということで、華麗なる円谷一族の争いが実にスキャンダラスであったということだ。現在、円谷一族は円谷プロから追放されてしまっている。本当にウルトラマンは泣いていると思った。てか「ティガ」も赤字だったのか！（ぬ）

▼「風立ちぬ」を観て、堀越二郎や堀辰雄と同じ時代を生きた映画監督、山中貞雄のことを思い出した。山中は堀越二郎よりも６つ若いが商業学校卒で、二郎が三菱に入社したのと同じ昭和2年にマキノ・プロダクションに入社して仕事を始めた。脚本家・映画監督としていくつもの傑作をつくり、昭和12年末軍隊に召集され、翌13年に中国で戦病死した。昭和初期にはいろんな才能が花開いたが戦争で多くが失われた。創造的人生の持ち時間は10年と劇中でカプローニは語るが、山中貞雄の映画人生も10年と少し。しかし満28歳で死ぬなんて、やっぱり早すぎる。（ち）

▼映画「風立ちぬ」で二郎が菜穂子に告白するセリフを聞いて、頭に浮かんだのは夏目漱石『夢十夜』の第一夜。死にゆく女が「百年待っていて下さい」と言い、男が「待っている」と答えると、女は涙を流して息絶える。そして約束通り、百年後に戻ってくる——一度読んだら忘れられない印象的な作品ですが、二郎が菜穂子に愛を告げるとき、死すら二人を分かてない、時空をこえた恋人たちの一途な思いがオーバーラップしました。『挿絵が僕らにくれたもの』展—通俗文化の源流—」で、漱石とイギリス絵画などを例に挙げ、「通俗文化はリレーのようなもの」と語った宮崎駿監督。作品は独創ではなく、先人からのバトンを受け取ってつくられるものだという思想をここにも感じました。（ひ）

▼東京都現代美術館で開催中の「手塚治虫×石ノ森章太郎　マンガのちから」展に行って来ました。石ノ森章太郎の生家を訪れたこともある私は、『００９』の９人の顔と共に、アトムが〝あの横向き〟で並ぶポスタービジュアルだけで、まず感涙。子どもの読み物だった漫画の世界を想像力と努力だけで切り開き変えていく２人の足跡が時代背景とともに展示され、大人が漫画を楽しめるのはもちろん、美術館で漫画が展示される事自体がその切り開かれた道の先にあるのだということを、しみじみ考えてしまいました。『００９』の流れ星の直筆原稿も見られるので、夏休みにぜひ。（も）

2013年9月

▼ムバラクの長期独裁政権を打ち崩したエジプト革命。選挙による民主的な政府の誕生を世界は歓迎した。でもそれがこんなにも早く崩壊してしまうなんて。アラブの春とはいったい何だったのか。比較で言えば、ムバラクの時の方が悪いなりにもまだ治安などは、安定していた。民主主義は、人類が長い時間と多大な犠牲を伴って手に入れた理想のシステムのはずではなかったのか。もしかすると、それすらもアメリカによって刷り込まれた幻想なのかもしれない……。あらゆること、常識とされてきた正しいと言われていることすらも疑ってかかることが大切だと考えさせられる。(ぬ)

▼WOWOWのホームページで見ることができる「町山智浩の映画塾」が面白い。とくに8月に配信された「桐島、部活やめるってよ」の解説は見事で、「ナッシュビル」、〝実存主義〟、『嘔吐』といったキーワードを手がかりに、映画が高校生活を描いた単なる青春映画ではなく、より普遍的な〝なぜ生きるのか〟という問いかけが込められた作品であることを解き明かしていく。もう一度映画が見たくなる! 残念ながらWOWOWでは見られないのだが(テレビがないので)。(ち)

▼『絵コンテ全集20　かぐや姫の物語』を編集中です。絵コンテを読んでいると物語の背景や

細部にも興味が湧いてきます。かぐや姫伝説の新解釈で面白いのが、沖浦和光さんの『竹の民俗誌』（岩波新書）。『竹取物語』のもとになった説話は隼人が伝えていたもので、隼人とは南洋の島々から黒潮にのって渡ってきて南九州に定住した先住民族。ヤマト王権に抵抗したものの征服され、畿内に移住させられて竹製品の製造などをしていました。朝廷や貴族に対する辛辣な視点は、被支配者であった彼らの怨念がこもっているという説には説得力があります。日本文化の古層を掘ると驚くほど海外に向かって開けていることが多いのですが、『竹取物語』もまたしかりです。（ひ）

▼畑中さんの著書『ファッションフード、あります。』に書かれている食の流行は、そのまま私の歴史でもあります。〝VIPチョコレート〟との出会いを起点に「女子として、現代人としてこのくらい押さえていて当然」と言われているスイーツやフードを追い続けた結果、今ではクイニーアマンやカヌレを見ると「あの夏はこんなことがあったなぁ」と、懐かしい曲を耳にした時のような切ない気持ちになる始末。……まあ、楽しいからいいんですが。ちなみに、今年の冬は〝クロナッツ〟ブームが来ると踏んでいます。（も）

2013年10月

▼『熱風』7月号の憲法改正特集ですが、いまでも「見逃したのでもう一度ダウンロードできるようにしてほしい」というリクエストを多々頂き、このテーマに関する読者の関心の高さが窺われます。安倍首相は、集団的自衛権の行使を巡る憲法解釈の見直しについて、年明け以降に論議を進める考えを示しており、総理の改憲への意欲はかなり熱心なようです。さて、リクエストに応えて、憲法改正特集をＷＥＢで再公開することにしました。スタジオジブリのＨＰのトップページと、出版部のページでダウンロードできますが、内容は以前と同じものです。まだの方はこの機会にぜひ。（ぬ）

▼訳あって昨年末に多磨霊園の側に引っ越したのですが、緑も多くなかなか快適です。ただひとつだけ誤算だったのが、今年の夏が暑かったせいか出るのです、アイツが。といってもヒュードロドロではなくカサカサッと動く黒いアイツです。最初はいちいちビビッてましたが、慣れてくるものです。今はプシュー、パサッ、ポイで終わりです。抜本的対策用トラップも仕掛け、ようやく御一同の姿を見かけなくなったなあと思ったら、もう秋でした。そういえば、シリアの政情も気になります。（ち）

▼最近、渋沢栄一に関する本を読んでいます。鹿島茂さんの大著『渋沢栄一』（上下巻、文春文庫）

が面白かったです。日本初の株式会社と日本初の銀行を開業し、500以上の株式会社の設立に関わった「日本資本主義の父」は、同時に多くの病院や学校を作った社会事業家でもありました。自己利益の最大化のみを追求すれば必ず破綻するのが資本主義の構造で、最終勝利者になるのは渋沢栄一のようにモラルを商売の本質と考える人だと鹿島さんは書いています。孫の渋沢敬三も実業のかたわら民俗学に勤しみ、宮本常一ら民俗学者への惜しみないパトロネージュで知られますが、資本主義というバトル・ロワイヤルで生き残るための原理を祖父から学んでいたようです。（ひ）

▼今から36年前、「スター・ウォーズ」が公開された1977年に地球を飛び立ったボイジャー1号が、人工物として初めて太陽系圏の外に出たと発表されました（9月12日、NASA）。ボイジャーには地球の存在や文化を記した〝ゴールデンレコード〟が積まれているのですが、そこにあるカーター大統領の言葉には心を動かされるものがあります。「これは小さな、遠い世界からのプレゼントで、われわれの音、科学、画像、音楽、考え、感じ方を表したものです。私たちの死後も、本記録だけは生き延び、皆さんの元に届くことで、皆さんの想像の中に再び私たちがよみがえることができれば幸いです。」これが拾われる頃、人類は滅びているかもしれません。その理由が人類自身によるものでなければいいのですが。（も）

2013年11月

▼とにかく猫が好きだ。どんなに急いでいても、猫を見れば必ず立ち止まってアタマを撫でていかなければ気がすまないし、人と話をしていても、猫が来ると会話はストップ、気持ちも猫に行ってしまい「失礼だ」と怒られたことも多々ある。日本各地で〝猫の島〟というのが人気だ。過疎の島などで、人よりも猫の数の方が多く、住民もエサをあげたりしてかわいがっている。全体的に時間はゆっくりと流れ、猫たちものんびりと過ごしている。どこか学ぶところがありそうだ。（ぬ）

▼『ナショナル　ジオグラフィック電子版』を購入。iPadやiPhoneで読むことのできるビジュアル雑誌は初めて買いましたが、これがとても素晴らしく、いまいち盛り上がらない電子出版業界ですが、少し希望を感じました。10月発売号の特集は「写真の限りない可能性」。内容は言わずもがなですが、家ではiPad、出先ではiPhoneで読むことのできる利便性の高さ、写真は紙と同じかそれ以上に綺麗で、文章の量もほどほどに短く読みやすい。また写真家の語りを動画で見ることができるなど、お得感もあります。お金も掛かってそうで、おいそれと真似はできそうもありませんが、いつかこんな本をつくってみたいです。（ち）

▼12月上旬発売予定の『絵コンテ全集20　かぐや姫の物語』（徳間書店）を編集中です。毎回、意外に苦労するのが用語解説の原稿です。同じ用語でも、スタジオによって違う意味で使っていたり、同じスタジオ内でも認識にかなり幅があったりするのです。たとえば「つけPAN」と「Follow PAN」の違いについて、作画、撮影、仕上、制作など各部署で質問すると、人によって認識がずいぶん違うので（それでも映画は阿吽の呼吸でちゃんと仕上がるから不思議です）、誰もが納得する落としどころを見つけるのが難しく……。とはいえ、ふだんは見えない制作工程を詳しく教えてもらえるのは楽しくて勉強になります。（ひ）

▼ジブリがある東小金井から西に5駅、新宿から電車で約30分の距離にあるJR立川駅は、髙島屋や伊勢丹などが建ち並ぶ大きな駅。その駅周辺に、近々IKEAとコストコができるらしいという噂を耳にしました。私にとって、郊外のイメージは完全にこの2つの海外系量販店。クルマでないと行けない距離にあるはずだった大型店舗が向こうから近づいて来るなんて、まるで今まで都会に侵食され続けていた郊外が一気に反撃に出て形勢逆転、都会を追い詰め出したかのようです。そして都会の端に住む私は噂が本当ならいいなと、早くも郊外に肩入れしています。（も）

2013年12月

▼立て続けの食品偽装ニュースには驚いた。9月に「熱風」で食品特集をやった時、食品業界についていていろいろ調べたのだが、この問題は出てこなかった。長い間隠蔽されていたのだろうか。しかしもっと驚いたのは、この期に及んで、これを〝誤表示〟と言い張ることで、インチキをごまかそうとしている姿勢だ。それは食品業界だけでない。脱税を申告漏れ、ヤラセを演出など、巧みに言い換え、本来の語の持つ負の意味から目を逸らそうとしている。日本語を悪用してはいけない。(ぬ)

▼最近、会社の近所にある「江戸東京たてもの園」によく行く。明治から昭和にかけて、庶民が暮らした〝本物(および復元)〟の家や商店は、わけのわからない面白さに満ちている。当時の暮らしぶりや建物がつくられた由来などを知るとなお楽しい。個人的なお薦めは前川國男邸と鍵屋。前川邸は外観は和風なのに中は完全な洋風。正面から見ると完全にシンメトリー。伊勢神宮とモダニズムがぶつかってとんでもないものが出来上がってしまった感あり。鍵屋は〝昭和の居酒屋〟。前川邸は格好いいけど少々堅苦しい。やっぱり鍵屋が居心地いいな。(ち)

▼「男女、という意識もない、ただ二つの新鮮な生命体が大きな自然に包まれて跳躍する。言

葉も必要ではない歓喜の時。変化の激しいエネルギッシュな荒野と一体になり、自分が自分以上のものとして溢れでる恍惚感」（津島佑子『本のなかの少女たち』中公文庫より）。エミリー・ブロンテ『嵐が丘』のキャサリンとヒースクリフについての文章。純粋に野生児である少女の喜び（と、その少女時代が失われる悲しみ）について書かれたエッセイに感銘を受けたという高畑勲監督。『嵐が丘』を読み返したけれども、むしろこの小説のエッセンスをこのように読み取った津島さんの文章に感動したそう。高畑版かぐや姫が希求した「生の歓喜」の秘密が垣間見えるエピソードです。（ひ）

▼「かぐや姫の物語」は、今回執筆してくださった方々の原稿からもわかるように、観る人によって、実に色々な感じ方ができる作品です。私も様々な方にインタビューをしながら、「そういう観方があったのか」「そこが印象に残ったとは！」と何度も驚き、そのたびに新鮮な気持ちで映画を思い返していました。観る人の数だけ、その人の「かぐや姫」がこの世に生まれているのだと思うと、作品の持つ凄みを感じます。できることなら子どもの時にこの作品と出逢いたかった……！　まだご覧になっていない方は、ぜひとも映画館に足を運んでみてください。（も）

2014年1月

▼「かぐや姫の物語」を観てから、月についていろいろ考えている。ヨーロッパでは、狼男しかり、月の光は人間を狂わせるものという位置づけだ。英語の、気が狂ったを意味するルナティックは月のことを意味している。でも月の光って太陽の光なんだけどなあ。ちなみに人間のカラダは水なので、月の満ち欠けの影響を受け、満月や新月の夜は出産が多いと言われているけれど、これは迷信で、統計上そんなデータはないと言っている人もいる。同様に満月の夜は犯罪が多いとも言われているけれど、これもウソらしい。実際に犯罪が多いのは週末だとか。でも月は人間にいろいろな想像力を与えてくれる。(ぬ)

▼「かぐや姫の物語」に登場する御門のアゴはなぜ長いのか。一部で話題のようですが、キャラクターをつくった田辺修氏によると「最もきれいな顔にしたくて、一時は石作皇子として描いたキャラを御門にしようかとも考えたのですが、悩んでいたところ、高畑さんから『美男だけど一ケ所バランスを崩してみたらどうか。たとえばアゴとか』と言われこのように決まりました。」とのこと。そんなコメントもさりげなく収録された『ジ・アート・オブ　かぐや姫の物語』(徳間書店刊)、絶賛発売中です。(ち)

▼ハイデガーとアーレントの技術論をもとに思索した『死を超えるもの　3・11以後の哲学の可能性』（森一郎著、東京大学出版会）を興味深く読みました。「思考しない」という凡庸な悪こそが、全体主義という怪物を暴走させた原因だと看破したアーレントは、1950年代にすでに原子力についても卓見を披露していました。原子力は地上の自然の力を超えた「宇宙的な力」であり、人類は自らの絶滅を可能にする技術を獲得してしまった、と。ちょうど映画「ハンナ・アーレント」も話題ですが、ラスト近く、彼女が学生に講義する場面がとくに印象的でした。「私が望むのは、考えることで人間が強くなることです。危機的状況にあっても、考え抜くことで破滅に至らぬよう」。（ひ）

▼日本では物語やゲームなどの創作物は「主人公が女性だと売れない」と長く言われていました。昔話や童話に男性主人公の話が多く、それらを子どもの頃に読み聴きしてきた女性は性差なく主人公に自分を投影しやすいが、男性はそれが苦手だからだとか。でも最近は少年・少女漫画の垣根も低くなり、主人公の性別に関係なく支持される作品が多くなっているように感じます。女らしさや男らしさよりもっと根源的な〝人間らしさ〟の物語を、私たちが求めているからなのかもしれません。ちなみにジブリの長編作品は公開中の「かぐや姫の物語」を含め21作品中13作品の主人公が女の子（私見です）。今夏公開となる最新作も女の子が主人公です。（も）

2014年2月

▼いままで12回にわたった『熱風』の顔である松本春野さんの表紙ですが、今月で終了です。どこか昭和の懐かしさを感じさせてくれる松本さんの画、登場する子どもたちの表情が、なんともユーモラスで毎月楽しみでした。時々顔を出す準レギュラーの猫のミーちゃん（勝手に名づけました、ミィと鳴きそうなので）もかわいかったです。個人的にいちばん好きだったのは10月号のお月見の画でした。松本さん、ありがとうございました。今後のいっそうの御活躍を期待します！（ぬ）

▼最近、クラウドファンディングにワクワクさせられています。面白そうなことをやろうとしている人に小口で出資をして、その成果の一部を受け取るというものですが、先日はCAMPFIREというサイトでとある演劇に出資。といってもたかだか500円。これでそのお芝居をニコニコ動画で見られるというものです。また、Kickstarterという海外のサイトで、ドイツ人が作った、コーヒーの生豆から焙煎・抽出まで一気にできるという謎のマシンに出資（約3万円）。夏には完成予定とのこと。これは大ハズレの予感もするのだけれど。（ち）

▼『池上彰が読む小泉元首相の「原発ゼロ」宣言』（径書房）が面白かったです。首相時代の

原発推進発言から3・11を経て原発ゼロ宣言へと至る過程を時系列に沿って追い、小泉元首相の真意について池上彰さんが分析、解説しています。小泉発言をスクープした毎日新聞の山田孝男さんと池上さんの対談や、細川護熙元首相（東京都知事選挙の結果やいかに）のインタビューも。池上さんが教授をつとめる東工大の学生たちとの活発な議論（講義録）では、脱原発を実現するための課題が浮き彫りに。それにしても小泉元首相の直感的メディア戦略の巧みさはいまも健在。孝太郎さんと進次郎さんに世代交代したかに見えた小泉家ですが、純一郎さんからもまだまだ目が離せません。（ひ）

▼この3月に、雑誌『日経ビッグデータ』が創刊するそうです。去年の末頃からよく耳にして、なんとなく理解しているつもりなのに上手く説明できない、私にとってイマイチ掴みきれていない〝ビッグデータ〟という言葉。とにかくいま、ビジネスの世界でこの言葉さえ出しておけばOKっぽい事だけはわかっていたつもりだったのですが、まさか雑誌が創刊されるほどとは！「世間で話題になったカテゴリーはとりあえず全て『日経○○』になる」という噂（？）もあるなか、年々、自分が情報弱者として取り残されていくような気がして心配です。（も）

2014年3月

▼熱っぽいなと思って早めに寝たら、夜中にみるみる高熱が出て大変なことに。医者へ行くと、A型のインフルエンザと診断され隔離生活が始まりました。どこでウイルスをもらったのか分かりませんが、今度は自分が歩くバイオ兵器となり、感染させてしまう側に。医者からは最低一週間は外出禁止の指示、熱が下がっても感染力は残っているのです。しかし一週間は長く、絶対外出してしまう人はいて、こうしてパンデミックとなっていくのです。帰宅後のうがい、手洗い忘れずに。（ぬ）

▼さて先月に引き続いて今月もクラウドファンディングです。Kickstarter で、「CMYK Playing Card」の backer（出資者のことをこう称している……らしい。）になりました。これは「CMYK」という出版・印刷業界でおなじみのカラーチャートを使って表現された「トランプ」です。20年以上仕事で見てきたカラーチャートをこんな風にアートにしてしまうなんて！　と感心。ちょっとしたアイデアが小さな商売の芽になる。面白いです。（ち）

▼ジブリ作品で多くの原画を手がけている稲村武志さんの公開講座「アニメーションの基本」（@デジタルハリウッド大学）を聴講しました。アニメーター志望の高校生や大学生を対象と

した講座でしたが、長年の経験をふまえ、宮崎駿監督や先輩アニメーターたちから学んだことなどのお話がとても興味深かったです。おすすめの映画は？　という会場からの質問に、「かぐや姫の物語」とフレデリック・バックさんの作品を挙げた稲村さん。「観た人の感覚を広げてくれる。芸術とは本来そういうもの」と。「映画は観客の記憶を呼び起こすと同時に、その映画がまた観た人の記憶になっていく。映画をつくる人間はそれを忘れてはいけない」という言葉が心に残りました。（ひ）

▼この原稿を書いている2月現在、世間の話題はオリンピック一色。私も日々一喜一憂しているのですが、それは昔の「がんばれ日本！」というものから、国籍に関係なく選手個人に注目し応援する形へと変わってきています。国内のテレビなどが情報の大部分だった時代と違い、海外のネットニュースや動画サイトなどから国の枠を越えた多様な情報が得られるようになったことで、すべての価値がフラットになり、ナショナリズム的なものが私の中で意味を成さなくなってきているのかもしれません。オリンピックは平和の祭典とも、国の代理戦争とも言われます。情報の力で後者の存在が無くなることを願っています。（も）

2014年4月

▼今月から表紙の絵が変わりました。新しく表紙を描いて下さる加藤秀之さんは、なんと黒澤明監督のお孫さんです。緻密に描き込まれたこの絵のことを、加藤さんに聞いたところ、次のようなメールが来たので紹介します。「この絵は、洗濯物を畳んでいる時に、ふと思いつき描き始めた作品です。空や植物、家やそこに暮らす住民達、全てが糸やボタンや生地で出来ています。毛糸や布の柔らかく、暖かい感触が伝わるように意識しながら描きました」。加藤さんは、今後1年間にわたる表紙画のなかで、ひとつのストーリーを考えているようです、乞うご期待！（ぬ）
▼「スタジオジブリ・レイアウト展」は2008年に東京都現代美術館で開催されましたが、その後も国内で巡回を重ね、昨年はついに韓国で開催。そして今年の5月には香港で開催されることになりました。巡回を重ねるごとに展示作品も増え、図録も版を重ね、収録作品は当初「崖の上のポニョ」までででしたが、5月に完成する最新版では「風立ちぬ」「かぐや姫の物語」までを収録。全460ページという大ボリュームになりました。香港展の開催に合わせて、セブンネットでも販売予定ですので、ぜひご一読ください！（ち）
▼人口減少社会について宮崎駿監督の考えを尋ねたとき、監督から返ってきたのは、死をいか

に受け入れるかについての話でした。その後、『チベット死者の書』のDVDを見直しました。1993年に放映されたNHKスペシャルの番組で、宮崎監督が深い感銘を受けた作品。久しぶりに観て、以前よりいっそう引き込まれました。そういえば韓国ドラマをよく観るのですが、お墓参りのシーンが多く、生者は死者にたびたび呼びかけ、死者の声を聴こうとします。死者と会話しながら生者がこの世を生きている姿がそこにはあります。葬送儀礼を行い、死者と会話することによって人類は他の霊長類から分岐したそうですが、おそらくそこに惹かれているのだろうなと思います。(ひ)

▼朝日新聞朝刊の4コマまんが「ののちゃん」は20年超え(!)の超長期連載ゆえ、今まで多くの登場人物が生まれています。そのなかでも最近私が気になってしかたがない新レギュラーが〝ゴースト選手〟。ののちゃん憧れのサッカー選手で、運動量がすごくいつの間にか後ろにいるためゴーストの異名を持つという、外国の代表DFです。日本語を話さず、基本は壁に貼られたポスターでの出演なのにとにかく面白いんです！　彼メインの作品は現在5本、早く新作が読みたくてたまりません。そんなゴースト選手の初登場からすべてが読める最新刊「ののちゃん　全集9」は4月26日発売です。どうぞよろしく。(も)

2014年5月

▼新宿髙島屋「円谷英二　特撮の軌跡展」に行った。展示のメインは「悪魔はふたたび」の国立競技場での撮影ジオラマだ。マンとアボラスが闘う特撮シーンのスタジオセットが再現されている。人気のバルタン星人や最終回のゼットンをさしおいて、なぜこの回なのかは実は言うまでもない。ジオラマのシーンは特別に円谷英二氏が演出を担当しているのだ。テレビの画面上からいきなりウルトラマンがフレームインしてくるカットはゾクゾクするほどカッコよかった。怪獣2匹といい、スペシウム光線3回の大サービスといい（他の回は1回）、とても贅沢な回だった。質の良い作品は何十年たっても色褪せることはない。（ぬ）

▼家からテレビ回線を無くして1年ちょっとになりますが、無ければ無いでまあ何とかなるというのが実感です。テレビをやめたのは、それほど立派な大義があるわけでもなく、収入が増えないので支出を減らそうという極めて現実的な理由なのです。新聞も同様。しかし、同じくらいコストのかかる携帯電話やインターネットは捨てられなかった。ネットの情報はテレビや新聞に比べて薄っぺらいのは分かっていたはずなのに、どうしてなのだろうか。（ち）

▼「思い出のマーニー×種田陽平展」が、江戸東京博物館で7月27日～9月15日まで開催されます。

同時開催で、江戸東京たてもの園では「ジブリの立体建造物展」があり（7月10日～12月14日まで）、後者の展覧会の図録を編集しています。ジブリ作品に登場する建築や建物にフォーカスした展覧会で、監修は本誌連載でもおなじみの建築家・建築史家の藤森照信さん。図録に収録するため、先日、藤森先生と宮崎駿監督の対談が行われました。映画と建築の話にとどまらず、子どもの頃の記憶から死んだ後のプラン（？）まで、興味深い話がたくさん聞けました。うまく原稿にまとめられるよう鋭意努力中です。（ひ）

▼久々に読んでいて熱くなった本、ジェフリー・サックス著『貧困の終焉』（早川書房）。「世界の1％の最富裕層が世界の富の半分を独占し、最富裕層85人の資産総額が世界人口の半分の総資産額に匹敵する」といわれるように人も国家間もバカバカしい程に貧富の差が開いている今の世界をどうすれば変えられるのか、具体的な方法が提示されているのですが、何よりも素晴らしいところは、〝貧困は終わらせるべきで、終わらせることができる〟と明言していること。もう手遅れで誰も止められない、という諦めを払拭する熱がこの本にはあるのです。読むと人間の強欲さに無性に腹が立ちますが、「CBSドキュメント」が好きだった人には必ず響く1冊、オススメです。（も）

2014年6月

▼『美味しんぼ』問題だ。なぜ政府までもが、漫画の一表現に、あれほどまでヒステリックに反応したのか分からない。よほど突かれたくない事情でもあるのか、はたまた寝かかっている子を起こされたくないのか。しかし過剰に反応している人を見ていると、きっと漫画読んでないだろうと思う。きちんと読んでいれば、例えば作者が福島の食品について、安全性の部分もしっかりと描いてることが分かり、福島のことをどのように世に訴えようとしているのか分かるはずだ。『美味しんぼ』福島の真実編の最終回では、福島の危険な部分を訴えることについて、それを「住んでいる人たちを傷つけるから控えようとするのが良識」とされていることについて〝偽善〟と言っていた。（ぬ）

▼最近のお気に入りのCDは、コーエン兄弟の新作映画「インサイド・ルーウィン・デイヴィス」のサントラです。とくに「Fare Thee Well」と「Five Hundred Miles」の2曲が素晴らしく、昔のアメリカは貧しかったけれど、慎ましく美しかったのだなあと思う。映画自体は5月末公開で、これを書いている時点ではまだ観られてないのですが、サントラを聴く限り傑作間違いなし。（ち）

▼半藤一利さんの『日本国憲法の二〇〇日』（文春文庫）を読んで「オキュパイド・ジャパン（占

領下の日本)」への関心が再燃しています。その昔、軽井沢のホテルで「MADE IN OCCUPIED JAPAN」と刻印された可愛いカップ&ソーサーの復刻品を見て(というよりも、OCCUPIED JAPAN時代のものをわざわざ復刻して外国人観光客の多い場所で売っている、その屈折した行為を無邪気に行っていることに)衝撃を受けたのが意識したきっかけでしたが、少し前までは日比谷のあたりを歩くと、古いビルの英語表記にもGHQがいた頃の面影が残っていましたね。半藤さんの本は、歴史を彩る意外なエピソードに満ちていて、日本人のメンタリティの複雑さにも思い至らされます。(ひ)

▼「ガール・ミーツ・ガール」と聞いてまず頭に浮かんだのは「ルームメイト」('92年の米国映画)と「私が愛した天使」(一条ゆかりさんの漫画)。タイプは違えども、両者とも最初は上手くいっていた関係が片方の執着により恐ろしい結果を招くというサイコな作品で、同性ながら「女子って、ミソジニーをこじらせると面倒くさかったりするし……」と思っている私の深層心理が透けて見えるようです。そして、もっと明るく元気で美しい作品は無いものかと考えた末に思い至ったのが「アルプスの少女ハイジ」。幼い2人ゆえにお互いに対する思いの言葉も純粋で、これこそが女子の理想の出会いのような気がします。(も)

2014年7月

▼テレビ番組や本にありがちな〝3分で世界が分かる〟といった類の「簡単で分かりやすい」を売りにしたコンテンツが嫌いだ。中東情勢や、集団的自衛権、領土問題等を、近所づきあいなどを例に出して説明する。しかし当たり前の話だが、様々な問題は、長い歴史の上に積み重なっていて、そこを簡単に理解しようとすれば、大事なことは全て抜け落ち、送り手側が誘導したい単純化された結論を刷りこまれてしまう。また、安易に解を求めようとすれば、人間の持つ理解しようとする力も削いでしまうことになる。言うまでもなく、世界はもっと複雑で人間の思考や感情も複雑だ、そこに民族や宗教、ルサンチマンも絡んでくる。3分で分かるわけがない。（ぬ）

▼『美味しんぼ』問題はさておき、最近の『ビッグコミックスピリッツ』では、『デッドデッドデーモンズデデデデデストラクション』（浅野いにお）と『健康で文化的な最低限度の生活』（柏木ハルコ）が面白い。どちらも今の問題にきちんと向き合いながらも、主義主張を訴えるのではなく面白い物語として成立させている。今後の展開が楽しみな2本です。（ち）

▼東京・小金井市の江戸東京たてもの園で「ジブリの立体建造物展」が開催中ですが（12月14日

まで）、この展覧会の図録を編集しています。最新作「思い出のマーニー」から遡り、「ハウルの動く城」のハウルの城、「千と千尋の神隠し」の油屋、「となりのトトロ」の草壁家など、ジブリ作品に登場する建造物について、建築史家・建築家の藤森照信さんの解説とともに紹介した図録です。もう一冊、『スタジオジブリ絵コンテ全集21　思い出のマーニー』も編集中で、月報には朝井リョウさんがエッセイを寄稿してくれます。女子力の高い文体では、社会学者の古市憲寿さんと双璧をなす朝井さんが、「マーニー」についてどんな感想を書いてくださるのか、とても楽しみです。（ひ）

▼『くるみわりにんぎょう』（徳間書店）を読んで、子どもの頃好きだった絵本のことを思い出しました。それらは私のなかで時々ページがめくられます。『ねないこだれだ』（福音館書店）のせいで私はいまだにベッドから足を出して寝られないし（お化けが来るから）、冬の夜の道すがら明るい家の窓を見かけると『なんでもぽい！』（偕成社）の深い穴が頭に浮かんで、家族のありがたみが身にしみます（自分のわがままで家族が底なし穴に落ちてしまう話なので）。読まなくなって何十年も経ったいまも私の行動に影響を与え続けているとは、絵本、恐るべし。（も）

2014年8月

▼一昨年の衆院選で安倍自民が圧勝した段階で詰んでしまったことではあるが、集団的自衛権の新解釈が閣議決定された。次は徴兵制、と心配する声も上がっているが、さすがにそこまでは行くまい。それをやったら政権が持たないことくらい、政府だって想定している。しかしその代わりに、自衛隊、いや国防軍になるのか、入れば金銭的に多くのメリットがあるという、いわば傭兵制になるのかと思っている。アメリカと同様、親が低所得で大学進学が難しい若者などを奨学金目当てで入隊させる手口だ。日本にも非正規やリストラなどで、生活が苦しい若者がいっぱいいて、彼らに苦渋の選択を強いるのだ。(ぬ)

▼『ジ・アート・オブ　思い出のマーニー』(スタジオジブリ責任編集、発売:徳間書店)と、『新江戸東京たてもの園物語』(企画・編集:江戸東京たてもの園、スタジオジブリ)の、編集を担当しました。どちらも7月末発売済みで、『ジ・アート』は全国の書店、『たてもの園物語』は現在、江戸東京たてもの園で買うことができます。現在、たてもの園では「ジブリの立体建造物展」、江戸東京博物館では「思い出のマーニー×種田陽平展」が開催中です。お立ち寄りの際はぜひこの2冊に目を通してもらえると嬉しいです。(ち)

▼藤森照信先生の本を読んで勉強する日々。先日、藤森先生の事務所で原稿チェックを待って

いるあいだ、本棚に未読の『NA建築家シリーズ04 藤森照信』(日経BP社)を発見、敵情視察(?)で手にとったところ、仕事を忘れて読み耽りました。藤森先生と同級生(東北大学工学部建築学科)の小田和正さんの対談では、小田さんが作曲するとき「ここは階段で、ここはトイレで」と家を設計する感覚で音楽をつくるという話が。建築家の石山修武さんとの対談では、藤森先生の建築が宮崎駿監督の映画にどんどん近づいていているという石山さんの指摘も。そんな藤森照信×ジブリの「ジブリの立体建造物展」は、江戸東京たてもの園にて12月14日まで開催中。図録も発売中です。(ひ)

▼杏奈は、多くの大人に学生時代の〝あの頃〟を思い起こさせるのではないでしょうか。自意識を持て余して些細な事で不安になったり苛立ったり、かと思えば突然はしゃいだり。乱高下するテンションで心のなかがいつも過剰だった、あの頃です(私はリアルに思い出して恥ずかしかったです)。「まさにいま、そんな感じ!」という子供の皆さんは、ほとんどの人が通る道なんだと思って数年間をやり過ごして下さい。その時期があるから自分を制御できるようになるし、笑って振り返れる日が来るので、心配することはありません。「そんな時期はなかった」という大人がもしいたら、それはきっと恥ずかしくてちょっとごまかしているか、輪のど真ん中にいた類まれなリア充のなかのスーパーエリートかのどちらかなので、参考にしないで大丈夫です。(も)

2014年9月

▼集団的自衛権行使を既定路線のごとく突き進める安倍内閣だが、ひとつ疑問がある。もしそうなったら、日米安保条約はどうなるのだろうか。言うまでもなく、日本はアメリカに守ってもらう代わりに、米軍基地用の土地や思いやり予算を差し出してきた。この条件でアメリカ側は納得したのだから、防衛に関してはフィフティフィフティのはずだ。しかし、その前提条件が崩れるにあたって、米軍基地問題や、多額の援助金、または地位協定は当然見直されなければいけないのではないだろうか。ぜひとも安倍首相にはこの問題に関して「日本を取り戻して」もらいたいものだ。しかしなぜ新聞、テレビなどのメディアはこのことを追及しないのだろう。（ぬ）

▼2年程前に、大林宣彦監督の映画「この空の花――長岡花火物語」が素晴らしかったと書きましたが、今年の夏は念願叶って、実際に長岡へ花火を見に行くことができました。「フェニックス」という花火は噂に違わず素晴らしいものでしたが、この花火が2004年に起きた中越地震などの災害からの復興を願ったものであることを知って見ると、やはり胸に迫るものがありましたね。「フェニックス」は複数カ所から何百発もの花火を打ち上げるのですが、それを制御する技術力にも改めて感心しました。（ち）

▼ウェス・アンダーソン監督の「グランド・ブダペスト・ホテル」をやっと観ました。舞台はヨーロッパの架空の国にある温泉リゾートの豪奢なホテル（チェコのカルロヴィ・ヴァリにあるグランドホテル・パップがモデルとか）。主人公はこのホテルのコンシェルジュと、彼に「ここで働かせてほしい」と直談判して弟子入りするベルボーイの若者、というと、つい「千と千尋の神隠し」を連想してしまうのですが、魑魅魍魎のような濃い人々が集うにふさわしい魅惑的なホテルでした。ウェス・アンダーソンの才能に惚れ惚れし、過去作品を遡って、その世界に没入中。精巧なストップモーション・アニメーション映画「ファンタスティック　Mr.FOX」にも驚愕しました。（ひ）

▼この夏はじめて知った、小学生に大人気だという『妖怪ウォッチ』。身近に対象年齢の子どもがいないため未だに内容がよくわからないのですが、〝妖怪〟というキーワードだけで興味津々です。私にとって妖怪といえば、やはり漫画もアニメも水木しげる先生の「ゲゲゲの鬼太郎」。ほかに「ドロロンえん魔くん」なども見ていましたが、どちらも楽しいだけではなく人間社会で生きる妖怪の切なさや寂しさ、やるせなさのようなものがあり、「人間のエゴの醜さ」を彼らに教えられたような気がします。そして「世の中の思うままにならないこと、理由を付けられない不思議なことは、妖怪のせい」というおおらかさも、一緒に学んだ気がするのです。（も）

2014年10月

▼人とコンピュータとの最初の合体はウォークマンだと思う。ヘッドフォンを耳にあてた瞬間、自分だけの仮想空間が目の前に広がる。「マトリックス」のVRの概念など、どれもウォークマンの延長に過ぎない。今回の特集にあたり、真っ先に思い出したのは、ウォークマンの生みの親である元ソニー取締役・黒木靖夫さんのことだ。生前、何度もお話を伺ったが、私が黒木さんに、ウォークマン難聴事件を引き合いに出して、コンピュータと生身の人間との相性について質問したことがあった。黒木さんは、自分の開発したものにつけられた文句を否定するかと思いきや「こんなものずっと聴いてたらそりゃ難聴にだってなるよ」と。つまり、どんなモノも使い方次第なのだと言いたかったのだ。この一言に全ての答えが凝縮されている。（ぬ）

▼先月、長岡花火を見に行ったと書きましたが、新潟に行ったのにはもうひとつ目的があり、それは新潟県立万代島美術館で開催された「近藤喜文展」を見るためでした。近藤さんの関わった「未来少年コナン」や「赤毛のアン」「名探偵ホームズ」などの原画やスケッチ、「リトル・ニモ」のパイロットフィルム（恥ずかしながら初見）、実現しなかった企画のスケッチやボード（「王女と献身的な犬」見たかった……）等々。唯一の長編監督作品「耳をすませば」の絵をパノラマ状に大きく引き伸ばしたフォトスペースあたりで思わずほろりとしましたね。とてもいい展示で

した。それにしても本当に惜しい人を亡くしたのだと改めて思った次第です。（ち）
▼次号より、舘野仁美さんの連載が始まります。舘野さんは「となりのトトロ」以降の数々のスタジオジブリ作品において、動画チェックを担当してきた方です。いくつもの過酷な現場をサバイバルしながら、優秀な動画チェッカーとして監督たちを支え、後輩アニメーターを指導してきた舘野さんに、ジブリ生活27年を振り返っていただきます。「いまだから話せること」もこの機会に吐露していただく予定なので、乞うご期待。私もドキドキワクワク、ちょっとハラハラです。（ひ）
▼私とインプラントコンピュータの一番古い接点は「バイオニック・ジェミー」。半身をメカニカルに改造して瀕死の事故から蘇った美女が悪と戦う、ハッピーな米国ドラマです。外見はそのままに機械によって超人的能力を得た身体は子ども心に純粋にかっこ良く、そんな夢の世界に憧れを持って観ていました。「銀河鉄道９９９」の機械の身体、「攻殻機動隊」「マトリックス」のプラグイン、「ルパン三世」のマモーなど、〝人間と機械の融合〟と聞いて頭をよぎる傑作はどれも人間が幸せとは言い難いものばかりですが、ファースト・コンタクトの「ジェミー」のせいか、マシン・エイジで夢見ていた未来がいつかやってくるのでは……と、この歳になっても心のどこかで期待してしまう自分がいるのです。（も）

2014年11月

▼毎月本誌の表紙のイラストをお願いしている、加藤秀之さんの個展「ヌクヌクのいるところ。」が12月に横浜で開かれます。ヌクヌクとは、表紙にも登場している毛糸の不思議なキャラクターです。個展では新たに描き下ろした作品、ヌクヌクの住む世界を見ることができますが、それと一緒に『熱風』の表紙の原画も展示するということです。加藤さんはかなり細かく描きこむタッチなので、この機会にぜひ本物で、不思議な世界の細部まで見ることをお勧めします。▽12月2日（火）～12月14日（日）、横浜gallery and cafe fu（ギャラリー・アンド・カフェ・フー）にて。神奈川県横浜市中区石川町1－31－9、入場無料（ぬ）

▼9月半ばに有休を取って、四国に行ってきました。これまでに何度か泊まったことのある石鎚山の中腹にある山小屋で2泊。いつもは雨にたたられることが多く雨男の面目躍如といった感じでしたが、これまで夏休みに行っていたのを9月に変えたのが功を奏してか、さすがのお天道様も雨の準備が間に合わなかったようでからりといい天気。西日本最高峰の石鎚山に無事登ることができました。（ち）

▼舘野仁美さんの新連載「エンピツ戦記　誰も知らなかったスタジオジブリ」が始まりました。こ

の先、舘野さんを待ち受ける大きな試練とは⁉　エンピツ戦士の運命やいかに⁉　動画チェッカーとして舘野さんの弟子にあたる大橋実さんが毎号挿絵を描いてくれる予定です。次号もお楽しみに。そういえば、ドラマ版『アオイホノオ』で、若き日の庵野秀明監督がテレビの前に正座して「今日は宮崎さんの作画なんだよ」と『ルパン三世』を見るシーンがありましたが、いつの日かジブリの人間模様がドラマ化されることがあるのでしょうか。そのときは「エンピツ戦記」も原作の一つにクレジットされるべく、知られざるエピソードの数々を記録に残しておきたいと思います。（ひ）

▼映画の年間の制作本数も観客総数も興収も世界一なのは米国、ではなく実はインド。あのドリームワークスもJ．P．モルガンとインド企業の出資を主に設立されていますし、ブラピやトラボルタ、エマ・ワトソンなどのハリウッドスターもインド映画への出演を検討しているそうです。そう聞くと「ブラピが歌って踊る⁉」と思ってしまいますが、シネコンの登場で上映枠が増えたこと、欧州など世界中に住むインド系移民を意識すること、ＩＴに強くＣＧ技術が高い上に安価なことなどで、最近は〝歌って踊らない〟社会的テーマを盛り込んだ都会的な娯楽作品が増えているのです。今注目の作品『Ｉ』もその一つ。映画を学ぶにはインド、という時代がもうそこまで来ているのかもしれません。（も）

2014年12月

▼突然の衆議院解散に「やられたな」という思いが強い。選挙の争点は消費税引き上げ是非のワンイシューになると思うが、本来であればそれについては、景気の動向を判断して政府が決めるということになっていた。つまりこれは解散の大義がまったくない解散なのだ。理由は、アベノミクスの失敗や拉致問題をごまかしたいのと、集団的自衛権や原発再稼働を選挙の争点にしてほしくないからである。もっと言えば、対中国問題や、沖縄の基地問題もある。しかし突然の解散なので、メディアでこのことを十分に喚起する時間が足りない。おそらく自民党は勝つだろう。勝てば全てのことが信任されたことになる。何度も言ってきたが、選挙が終わってから騒いでも遅いのだ。（ぬ）

▼建築家・藤森照信さんの連載「建築の素《もと》」が、今月で最終回となりました。2012年7月から2年半、全30回の連載でした。2008年に東京都現代美術館で開催された「スタジオジブリ・レイアウト展」の図録に寄稿（「ジブリアニメの二つの遠近法」）をお願いした後、いつか連載を頼みたいと思っていたのですが、それがこんなかたちで結実し、また、これがきっかけの一つとなって、書籍『新　江戸東京たてもの園物語』やイベント「ジブリの立体建造物展」につながったのではないかと思います。個人的にも節目の年末、混沌としておりますが、次は

この連載をどうやってまとめて、改めて世の中に出していくか、ですね。（ち）
▼「ジブリの立体建造物展」の会期延長を記念して、ご要望の多かった図録のネット販売が「どんぐり共和国　そらのうえ店」で始まりました。来年3月15日まで会期が延長になったので、ぜひ江戸東京たてもの園で実際に展示をご覧いただきたいのですが、なかなか行けないという方や、展示は観たけれど図録を買い忘れた方にご利用いただけたら幸いです。舘野仁美さんの連載「エンピツ戦記」は今号休載ですが、舘野さんがオーナーの「ササユリカフェ」が12月12日にオープンします。西荻窪駅北口を出て徒歩3分のところにあるビルの4階で、見晴らしのいいテラス席もあります。こちらもぜひお茶や食事を楽しみに足を運んでみてください。（ひ）
▼来年の秋から中吊り広告の無い新型の山手線が導入されるそうです。学生時代にずっと電車通学をしていた私は、本も広げられない片道1時間〜1時間半の間、唯一中吊り広告を眺めることだけが楽しみでした。さまざまな雑誌広告を見るため、左右に振り向くだけで車両全部の広告（片面だけですが）が見渡せるドア付近中央をいつも陣取るという、今思えば非常に迷惑な事もしていました（笑）。雑誌編集の仕事をしたいと思ったのもこの経験があったから。腕時計、雑誌、広告と、私のまわりの色んなモノがケータイに敵わず負けていく。これが発展と進化なのだとわかっているけれど、淋しいです。（も）

2015年1月

▼ペヤングソースやきそばに、ゴキブリが入っていた問題で、製造・販売メーカーのまるか食品は当面の間の全工場での生産自粛と、全商品の販売休止をすることを発表した。また日清食品冷凍は同社が製造・販売している冷凍パスタに、ゴキブリの一部が混入していたと発表した。まるか食品は、約4万6千食の商品の自主回収を発表、日清食品冷凍も、約75万食の回収を発表。僅かな虫の混入だけで、両社合計80万食以上の〝食べ物〟を廃棄するとはもはや正気の沙汰ではない。例えばアメリカの食品医薬品局が認めた食品の混入物レベルはもっと緩やかだ。つまり製造過程において、虫などが混じってしまうことはある程度仕方がないとして、その許容範囲を法制化している。虫なんか食べたって死にはしない、消毒のための殺虫剤の多用の方がよっぽど危険ということだろう。それどころか虫を食べる文化だって日本にも世界にもある。話は違うが、ジャポニカ学習帳の表紙に親たちがクレームをつけたらしい。というのも、それまで伝統的に理科のノートなどの表紙には昆虫の写真が使われていたのだが、なんと子供たちが虫を気持ち悪がっているというのだ。女の子が実際の虫を怖がるというのはまだ分かるが、蝶やカブトムシなどの写真までも拒否するようになったとは。何かがおかしいと思う。（ぬ）

▼ＷＯＷＯＷで10月から11月にかけて放映された、大島弓子原作のドラマ「グーグーだって猫である」が面白かった。決して劇的ではない、何気ないエピソードの積み重ねが、その人を形作っているのだということを描いた稀有なドラマだったと思う。主演の宮沢りえや長塚圭史、黒木華はもちろん、短い時間登場する有名無名の脇の役者も、舞台の一つとなっていた吉祥寺の井の頭公園のゆったりとした情景描写も良かった。地上波じゃ出来ない贅沢だなァと思った次第。（ち）

▼新宿を代表する歌舞伎町の映画館、新宿ミラノ座が２０１４年12月末に閉館しました。初めて親の引率なしに〝友達同士で映画館〟デビューを果たした地（「バック・トゥ・ザ・フューチャー」を観ました）なので感慨もひとしおですが、老朽化に加えて観客数減少という閉館理由は、最近シネコン一辺倒だった自分に跳ね返ってきて耳に痛いものがあります。幕を閉じる場所があればこれからスタートするところもあり、４月にはミラノ座向かいの元コマ劇跡地にＩＭＡＸ設備も備えたシネコン、ＴＯＨＯシネマズ新宿がオープンとのこと。これを機にまた若い人にも「映画といえば歌舞伎町」というイメージが復活すればいいなと思います。（も）

2015年2月

▼フランス「シャルリー・エブド本社襲撃事件」は衝撃だった。誹謗中傷などは別として、言論の自由は絶対に守られなければならないが、これに限らず、このような事件は同時に別の問題も提起していると思う。それは西洋文化の持つある種の思い上がりだ。西側諸国は長い時間をかけて、西洋文化こそが正しく美しいという価値基準を世界中に広めてきた。金髪、碧眼の白人は美しく、キリスト教こそが正義だと。異文化を駆逐し、全世界を西洋の理屈で押し通そうとしている。コカ・コーラ、スターバックスコーヒー、マクドナルドはどこにでもあるし、日本では正月よりもハロウィンやクリスマスの方が盛り上がる。以前に読んだ本、イーサン・ウォッターズの『クレイジー・ライク・アメリカ　心の病はいかに輸出されたか』(紀伊国屋書店刊)によると、アメリカは病気まで世界に広めようとしているらしい。うつ病、PTSD、拒食症などのアメリカ型の精神疾患が世界を席巻し、その結果、民族固有の多様な症候群や治療法が姿を消しはじめたというのだ。パリでは「テロに屈しない」として大規模なデモが行われ、人々は新たな決意を誓った。しかしテロの背景には、文化や差別の問題がある。実際フランスでの移民差別は酷いし、格差の問題など、西側諸国、持てる者の傲慢さは当然のごとくあるわけで、言論の自由だけで片付けられるような図式ではない。なぜ、自分と違う人

間を思いやる相互理解と赦しが言い出せないのだろう。（ぬ）

▼昨年末にまとまった休みが取れたので、これもいい機会と思い南米へ旅行に行った。行き先の一つは、椎名誠さんの著書『パタゴニア　あるいは風とタンポポの物語り』（情報センター出版局／上製版）を読んで以来ずっと訪れたかったパタゴニア。もちろん椎名さんたちによる80年代初頭の〝冒険〟と、すっかり観光地化された現在の旅行とでは比較のしようもないが、あの中に書かれていた〝大きな空（本当に空がでかい！）〟と〝風（いつも風が吹いている！）〟を実感でき、羊とカニも食べられて大満足でした。椎名さんが行った時のドキュメンタリー番組を（ぬ）編集長が持っているらしいとのこと。今度ぜひ貸して下さい！（ち）

▼今年の第87回アカデミー賞長編アニメーション部門に高畑勲監督の「かぐや姫の物語」がノミネートされています。世界の多様な人々に向けマーケティングされた作品が多いなか、様々な意味で日本的要素の強いこの作品がノミネートされたことは素直に嬉しく、これから「かぐや姫」が世界でどのように受け取られるのか、とても興味深いです。なお、短編アニメーション部門には「トイ・ストーリー3」でアートディレクターを務めた堤大介さんの共同監督作品がノミネート。日本時間で2月23日（月）午前中にスタートする授賞式、会社でドキドキしながら見守る予定です。（も）

2015年3月

▼産経新聞の「南京大虐殺はなかった」報道がずいぶんと酷い。虐殺の人数については諸説あるのは分かる。確かに中国側が主張している人数、30万人は誇張していると思う。でもたとえば南京攻略戦に参加した元日本陸軍少将、上海派遣軍参謀長飯沼守の日記を読むと「十二月二十一日　荻洲部隊山田支部の捕虜一万数千人は逐次銃剣を持って処分しありし処」（『飯沼守日記』南京戦史資料集1　偕行社）と書いてある。もちろんこの日記そのものの信ぴょう性を疑う声もあるだろう。しかしそもそもこの記録自体が、旧陸軍将校の親睦団体によって編纂されたもので、わざわざ都合の悪いことを捏造するとは思えない。また外務省のＨＰを見ると、南京大虐殺について、日本政府の見解として「非戦闘員の殺害や略奪行為があったことは否定できないと考えています」と述べている。朝日新聞が、虚偽の証言に基づいて従軍慰安婦をあったとしてきたのは大問題だが、同じようにあったものをなかったとするのも問題ではないのか。右でも左でもない、ただ歴史を客観的に検証していき、たとえその結果が意に添わなくても受け止めることが大事だと思う。（ぬ）

▼海外旅行に行くと思いも寄らぬことに巻き込まれることが多い。4年前にペルーに行った時は、現地ガイドが約束の時間に現れず、夜中に名も知らぬ村でポツンと置き去りにされたし、昨年末

は、パタゴニアへの経由地でしかなかったはずのマイアミの飛行場で突然出発が9時間遅れになり、またしても置き去り。まさかこの歳になって空港で夜を明かすことになるとは思わなかったなあ。映画「ターミナル」みたいな出逢いもなかったし。でも、戻ってみると観光の思い出よりもこういう出来事の方が印象に残っているのだ。旅って不思議。（ち）

▼江戸東京たてもの園で開催中の「ジブリの立体建造物展」にはもう行かれたでしょうか？建築家の藤森照信氏監修なので立体化した油屋や草壁家の模型など建築の側面から見たジブリの建造物という切り口はもちろん充実ですが、実は多数のイメージボードも見どころのひとつ。詳細な設定や監督の指示も書き込まれ、原画の持つ力と魅力を感じて頂けるのではないかと思います。そしてジブリの展示を見終わるとその先に広がるのが、たてもの園の野外展示。江戸時代から昭和初期までの30棟の復元建造物が町のように建ち並んでいるのですが、なかでもお薦めなのがル・コルビュジエのもとで学んだ建築家・前川國男の自邸が移築された「前川國男邸」。特徴的なリビングに開放感のある吹き抜け、余裕のあるアプローチなどシンプルながら細部まで考えつくされたもので、今の時代には無い、空間までをも上品に美しくつくりあげる建物です。ほかにもトトロや千尋の世界を彷彿とさせる古き良き空気を纏った建物が集合しているので、両方併せて建築の世界をぜひ堪能してみてください。会期は3／15（日）まで、あと僅かです！（も）

2015年4月

▼前々号の「再生可能エネルギー」特集中で「12月17日付の東京新聞が安倍政権の武器輸出に関する自分のコメントを載せなかった」という趣旨の発言が古賀茂明さんからありましたが、この発言のその後について少し書きます。この話を古賀さんが「報道ステーション」でしたところ、古賀さんのコメントを落としたということは同社内で問題となりました。編集局長からの「現場が萎縮してはならない」という内容のメールが社員に流れ、古賀さんのコメントは12月28日付の同紙夕刊に掲載されました。東京新聞では正しい形での自浄作用が働いたということになります。東京新聞は、数ある新聞の中でも私はとても応援しています。記者の方は会社員として組織の中で働いていれば、これからも様々な圧力があるかと思いますが、その時々で上手に対応しながら、なんとか負けずに報道を続けてほしいと思っています。(ぬ)

▼クリント・イーストウッド監督の「アメリカン・スナイパー」を観た。イラク戦争で一六〇人殺した実在の射撃兵の話で、彼が戦争から戻ってくるたびに少しずつおかしくなり、最後は皮肉にも自国の退役軍人に撃たれて死ぬ。ドラマのエンディングの後に、実際の葬式の記録映像が流れる。そしてクレジットロール。記録映像には哀しげな音楽が付くが、クレジットロールに

音楽は無い。しんとした重苦しさ。久々にいろんなことを考えさせられる映画でした。84歳でこんな映画を撮るイーストウッドはホントに大したもんです。（ち）

▼先日「330年以上前に絶滅したとされる鳥〝ドードー〟がコスタリカで発見された！」というニュースがありました。無人のビデオカメラに偶然映っていたというのです。後に自然保護キャンペーン用にブラジルのNGOが作ったCGだと判明するのですが、それで思い出したのが子供の頃に読んだ『ドラえもん』の「モアよドードーよ、永遠に」。様々な絶滅した動物が過去から現在に連れてこられるというそのお話で、はじめて私は人間によって絶滅した動物がいること、一度絶滅したらもう二度とその種は現れないのだという事実を知ったのでした。最後、動物たちは地球の果ての誰も知らない無人島に放され、その地で繁栄していく未来をイメージさせてお話は終わるのですが、実際にそんなことはありえないからこそ、なんともせつない気持ちになります。声高に自然保護を叫ばれるより心の奥底に響くこの作品は『ドラえもん』（てんとう虫コミックス）第17巻に収録されていますので、未読の方はぜひ。（も）

2015年5月

▼TOHOシネマズの「新・午前十時の映画祭」が始まった。この企画は入場料金も安くて、昔の名画座のようなものだ。過去の名作をスクリーンで観る機会がめっきり減ってしまったいま、午前十時と言わず、午後二時でも、夜八時でも、深夜二時でもいいからもっとやってほしいものだ。映画館の暗闇の中で昔の映画を観ていると、当時を思い出すことがある。しょっちゅう「おなか痛い」などとウソを言って授業をサボって観に行っていたので「もしかしたらいまごろ学校から家に連絡が行っているのでは」と、不安になったものだ。あの頃の名画座はオンボロだったので、静かなシーンだと踏切の音が聞こえてきたり（江古田文化）、おしりでバネの数が数えられるようなイス（文芸坐）とかも普通だった。トイレのサンポールのにおいやベタベタの床はどこも共通だったし、上映中にタバコを吸ってる客がいた劇場（新宿昭和館）すらあった。大学時代になるとさらにサボりに拍車がかかり、ついに4年の進級時に家に「単位不足につき4年での卒業不可」という手紙が届いてしまったのだった。（ぬ）

▼4月11日から、熊本市現代美術館で「館長庵野秀明　特撮博物館」が開催されました。これが最後の展示になりますので、お近くの方はぜひお見逃しなく！　この開催の少し前に、東宝

が製作する新作の「ゴジラ」で、脚本・総監督を庵野秀明さん、監督・特技監督を樋口真嗣さんが務めることが発表されましたね。〝怪獣大戦争〟的なゴジラはハリウッド版に任せて、恐ろしくも神秘的なゴジラを、行き詰まり感のある現在の日本を破壊するようなゴジラを、期待しています。（ち）

▼ジブリ美術館では5月30日より、宮崎駿監督による新展示『幽霊塔へようこそ展』がスタートします。監督が子供の頃に出会って深く記憶に刻まれたという江戸川乱歩の小説『幽霊塔』を読み解き、さらに後に監督した「ルパン三世　カリオストロの城」の〝あの時計塔〟などとの繋がりも明かされるとのことで、個人的にもとても楽しみな展示です。ちなみに私にとって江戸川乱歩といえば、小学校の図書室にあった劇画チックな表紙の小説『少年探偵団シリーズ』と、なにより土曜ワイド劇場のテレビドラマ「江戸川乱歩の美女シリーズ」。明智小五郎を演じる天知茂が、最後に犯人の前で謎解きをしつつ顔から変装のゴム製マスク（？）をベリッと剥がす（そして警部役の荒井注がそれを見て毎回驚く）、それが見たくて夜更かししていたものでした。マスクを取った後の顔に少し糊が残っている演出が素晴らしかったです！（も）

2015年6月

▼今年は戦後70年。海外だと1/4世紀ごとの計算ということで、区切りとして75年が注目されるのでしょうが、日本人の平均寿命を約80年とすると、70年は、戦争を記憶している世代から直に話を聞くことができるギリギリのところだと思います。その戦後70年に関する取材で、先日、美輪明宏さんにお会いすることができました。美輪さんは「もののけ姫」「ハウルの動く城」などジブリ作品と関係が深いのはもちろんのこと、長崎で原爆を体験しておられる戦前から戦中戦後に至る日本の歴史の証言者でもあられます。そして、美輪さんと言えば「黒蜥蜴」。江戸川乱歩や三島由紀夫と実際に交流があった美輪さんの代表作のひとつですが、とても残念なことに、年齢的な理由から、今回が最後の「黒蜥蜴」になるようです。公演は、9月4日（金）～9月21日（月）まで東京芸術劇場で行われます。完売必至のチケットの一般発売は6月21日（日）10：00からです。（ぬ）

▼東京国立博物館で開催された「鳥獣戯画──京都　高山寺の至宝──」展に行ってきました。900年も前に描かれた線画のタッチがじつに魅力的で、これが「かぐや姫の物語」のルーツの一つなんだなぁと改めて実感しました。ただ、残念だったのは美術館に入るまでに1時間半、絵

の前にたどり着くまでにさらに1時間かかったという混雑ぶりで（まあ日曜だったので自業自得ですが……）、やっと絵の前に着いたと思ったら今度は急かされ、絵自体も前期後期と二回来ないと全部を見ることができないという虚しさ……。果たしてもう一回あの混雑を体験したいかというと、正直微妙なところです。（ち）

▼この半年ほど、70、80年代の金田一耕助シリーズを少しずつ観直しています。子供の頃、後で怖くて眠れなくなるのがわかっていながら、テレビでやっていた映画やドラマを指の隙間から恐る恐る観ていたのですが、大人になったいま改めて観てもその妖しい薄気味悪さは健在で、ほんの一瞬の場面からも様々な情がドロドロと漏れでている感じで私の心を惹きつけます。役者さんたちはもちろん美術の存在感と重厚感が本当に素晴らしく、こんな日本映画を新作で観たいと強く思った次第です。ちなみに金田一耕助はたくさんの役者さんが演じていますが、私のベスト金田一は石坂浩二版、一択！　……いや、気軽な古谷一行版もやっぱりいいし、鹿賀丈史版も捨てがたいのです。（も）

2015年7月

▼自宅の近くにはまだ水田が残っている。今年も例年のごとく田に水が張られ、ほどなくして田植えが行われた。子供の頃から変わっていない習慣で、このような自然の水があると、何かいるかな、とついつい覗きこんでしまう。というのもなにしろ水棲昆虫が好きなのだ。カブトムシやクワガタムシなどの陸の昆虫も好きなのだが、水の中はまったくの別世界で、ワクワク度が違う。オタマジャクシにヤゴやゲンゴロウやガムシ、水カマキリやタイコウチなどの水中軍団の中でも、タガメは別格だった。サイズや獰猛さ、希少性は他の虫とはレベルが違い、ただひとつカメムシの仲間であるということを除いては文句のつけどころがなかった。その雄姿を図鑑で見てはコーフンし、いつの日かタガメを捕まえることを夢見て野山を駆けずり回っていた小学生時代だったが、ついに夢は叶わずタガメに出会うことすらできなかった。いまタガメはインターネットで3000円前後で簡単に買うことができる。(ぬ)

▼ジョージ・ミラー監督の「マッドマックス　怒りのデス・ロード」を観た。面白かった！物語はほとんどなく、話の構造も至ってシンプル（A地点からB地点に行きA地点に戻るだけ）。主人公はほとんど喋らず何を考えているのかさっぱりわからない。ないない尽くしの映画だが

なぜか面白い。CGのアクションだけで話が何もなくてつまらないというのが、近年の大作映画の傾向だけど、こうしてアクションだけで話がなくても面白い映画を見せられると、映画の面白さって何なんだろうと改めて考えてしまいますね。（ち）

▼アイスモンスター、ブルーボトルコーヒー、ルークスロブスター、ドミニクアンセルベーカリー――海外で話題のフードショップが続々と日本に上陸しています。味覚を楽しむのでなく、服や音楽、アートのように〝新しい〟という価値観でポップカルチャーとして消費される。そんな食べ物を「ファッションフード」と名づけた畑中三応子さんは書籍『ファッションフード、あります。』（紀伊國屋書店刊。おススメです！）で「すべての食べ物には情報が含まれている。私たちはモノとしての食べ物だけではなく、情報も一緒に食べている」と語っています。流行だけでなく、産地問題、機能性表示食品制度なども含めたいまの食にまつわる状況を端的に言い表していて、考えさせられるものがあります。しかしながら前出の上陸ラッシュ、個人的には海外に行った際に訪れる楽しみが減るのであまり嬉しくないのですが、みなさんはいかがでしょうか。（も）

2015年8月

▼古代史の学説の変化はおもしろい。僕が子供の頃は、恐竜は氷河期または火山の爆発で絶滅したと習ったが、いつの間にか、ユカタン半島に落ちた隕石が原因となっている。最近だと、そもそも恐竜は滅びていなくて鳥に進化したという説もある。ある種の恐竜に羽毛が生えていたのは事実のようで、そうなると、今後描かれる恐竜の姿も、鱗ではなく羽が生えたものになるのかな、と思うとちょっと調子がくるってしまう。ゴロザウルスやジラースの立場はどうなるのだ、羽が生えた恐竜なんて、それではジェロニモンになってしまうではないか。やはり恐竜はコモドオオトカゲをモデルとした、正調スタイルでないと。個人的には、昔の子供向け自由帳のでたらめ恐竜の表紙絵が好きだ。人間と恐竜が一緒にいたり、酷いのになると火を噴く恐竜がいたりして、でもそれはそれでずいぶんと楽しんだものだった。(ぬ)

▼NHKで4月から5月にかけて放映されていたドラマ「64(ロクヨン)」を、遅ればせながらNHKオンデマンドで観た。「クライマーズ・ハイ」の原作・脚本、「ハゲタカ」の撮影、「あまちゃん」の演出・音楽を手掛けたチームが作っただけあり、見応え十分。主演のピエール瀧もはまり役だった(おそらく民放だったら視聴率稼ぎの二枚目俳優を連れてきて話を台無し

にしていただろう)。タイトルの「64」というのは昭和64年つまり平成元年のことで、自分にとっても社会人一年目の思い出深い年だ。ピエール瀧の所属する電気グルーヴも結成は平成元年……。(ち)

▼夏は台風の季節。そして台風と聞いて思い出すのは、もちろん『ドラえもん』の「台風のフー子」(てんとう虫コミックス第6巻収録)です。謎の卵から生まれた台風の子供フー子は、卵を孵《かえ》してくれたのび太にまるで子犬のようになつき、野比家で成長していきます。しかし、未曽有の超巨大台風が日本に接近、「直撃したら家が壊れてしまう」と心配する家族を見て家を飛び出し、家族を守るために小さな身体で巨大台風に挑む……という、愛情を持てばどんなものとも心は通じ合うというメッセージが込められたこのお話。『ドラえもん』には珍しいアンハッピーエンドで、子供の頃大泣きした記憶があります。〝泣ける『ドラえもん』〟といえば「おばあちゃんのおもいで」「のび太の結婚前夜」「さようなら、ドラえもん」などがよく挙がりますが、〝フー子〟もかなり心を揺さぶりますので、未読の方はぜひ。(も)

2015年9月

▼戦後70年、多くのメディアで戦争のことが取り上げられているが、いま学ばなければならないのは、知将として名高い日本海軍芙蓉部隊隊長の美濃部正少佐の行動だと思う。いまさら説明は不要だと思うが、彼が特攻に反対したのは、単なるヒューマニズムからではなかった。特攻が戦略として愚かで不毛だから、それに代わる有効な案を出して反対したのだ。少佐の論理的で説得力ある意見には、精神主義一辺倒の軍の上層部は反論できなかった。いま、安倍政権の戦争法案に対して、ただただ「戦争反対」を繰り返すのではなく、平和主義でいくことが、日本の未来にとっていかに有益かつ、合理的なのかをきちんと検証して説明する方が有効なのではと思う。理性は感情に勝る、と信じたい。ちなみにあと1名学ぶべき軍人を挙げるならば、伊藤整一海軍大将だろう。伊藤は大和が特攻を命じられた坊ノ岬沖での戦いの時、沖縄到達が不可能となった段階で、本来は現場の指揮官には権限がないにもかかわらず、軍の命令に背き独自の判断で作戦を中止、約270名の兵隊の命を救った。伊藤は、その後艦長室に入り施錠、大和とともに最期の時を過ごした。前述の美濃部は、戦後、一部の左翼たちが、彼を反体制のシンボルに祭り上げようとする動きに対して、一切それに乗ることはなく、ほぼ沈黙を貫いた。（ぬ）

▼9月12日から開催される「ジブリの大博覧会」のパンフレット制作を手伝っています。「風の

谷のナウシカ」（１９８４）から「思い出のマーニー」（２０１４）まで、映画を制作・宣伝するために作られた数々の関連素材（企画書、ポスター、チラシ、プレスシート、グッズetc.……）が準備の為に集められ、スタジオの広大なスペースを埋め尽くすのを見て感嘆。映画は作って終わりではなく、その面白さをいかに世間に知らせるかが大事という当たり前のことを改めて思い知らされました。また同時に、「あーこんなのあったね」とシンプルに楽しむこともできる（とくに初期作品の混沌と熱気がすごい！）展示になってます。（ち）

▼22年前の「ジュラシック・パーク」で大興奮し、続く「２」「３」で激しく落胆したジュラシック・シリーズ。あまり期待してはいけないと自分に言い聞かせて観た最新作「ジュラシック・ワールド」ですが……とにかく面白かった！　ストーリーは単純だしツッコミどころもありますが、そんな事が気にならないほど、物語に浸ってワクワク楽しめる久しぶりのモンスタームービーでした。例えるなら、最近の超大作が〝アップが多用されたＴＶ中継のスポーツ観戦〟だとすると、本作は〝テーマパークでのジェットコースター体験〟でしょうか。また、近年の研究で優勢とされている「ティラノサウルスは超前傾姿勢で派手な羽毛だらけ（つまり、ほとんど鳥）」という説が完全に無視され、昔ながらの深緑でゴジラチックなカッコいい恐竜だったのも、よかったです。（も）

2015年10月

▼EUの難民問題、地理的条件もあり日本では対岸の火事として見ているようだが、この切迫していない時にこそ、対応を考えなければと思う。もし北朝鮮が崩壊したらどうなるのか、中国が旧ソ連のように解体されたらどうなるのか、いずれの場合も大量の難民が日本に押し寄せる可能性が高い。安倍総理の唱える、今の時代一国平和主義ではダメというのであれば、日本は軍事だけでなくこういった分野でも国際貢献をしなければ、主張に一貫性がないと思うのだが。言うまでもないが、日本の難民受け入れ態勢は先進国の中でも最低レベルだ。かつて、30年以上前、ベトナム戦争の時のボートピープルを、日本は難民として受け入れた。あの人たちは、今どこでどのように暮らしているのだろうか。(ぬ)

▼旅にまつわる特集を考えていたものの、いざ本当に実現した時には本当の旅に出かけていて、特集に全く参加できなかったという楽しくもあり残念でもあった9月でした。旅についてですが、いつも海外に行くと思うのは、日本の食事は美味しいということ。日本人なのでややひいき目にはなりますが、高級なお店だけではなく、500円から1000円くらいで、外国人にもおすすめできるお店が、それこそジブリのある東小金井にも数軒はあったりするわけです。それをちゃんと伝えるだけで、ずいぶん違うはず。そういうところから何か始められないかと思うのです。(ち)

▼先日、レンタルでシリーズ「1」「2」「3」を一気に借りて〝ひとり「バック・トゥ・ザ・フューチャー」祭り〟を開催しました。1989年に劇場公開された「2」で描かれている未来の世界はまさに今年、2015年。映画の未来に合わせてか、作品中で登場した「自動靴ひも調整スニーカー」がナイキから、「空飛ぶホバーボード」はレクサスから、今年発表されています（全く同じでは無いですが）。ASIMOなど今のロボット開発に携わる人の多くが、子供の頃に観た「アトム」に憧れてその道を目指したと語るように、「バック・トゥ・ザ・フューチャー」が見せた夢の未来が、現実の未来の一部を作ったのだと思うとなんだか感慨深いものがあります。ちなみに主人公のマーティがタイムトラベルした未来は、2015年10月21日午後4時29分。思わずじっと時計を見てしまいそうです。（も）
▼新連載「グァバよ！」の編集担当をさせて頂きます新人です。どうぞ宜しくお願いします。しまおさんに連載をお願いするご連絡をしたのが今年3月です。なんとしまおさんは4月出産予定。というわけで、連載スタートまで6ヶ月かかりました。出来上がった連載は、ゆったりした時間の流れを感じます。私のバタバタと過ぎていく毎日に、待ったをかけてくれる存在です。さらに日常にまぎれて忘れている大切なことを思い出すきっかけを与えてくれるものになっています。これからの連載、私が一番楽しみにしているかもしれません。というのも、担当の私も出産を終えたばかり。娘の成長とグァバ君のそれを比べたりしながら、いい連載にしたいと思っています。（あ）

2015年11月

▼トヨタ2000GTと言えば、日本が誇る国産車の最高傑作であり、現在における価値は2013年のRM Auctionsで、約1億1800万円で落札されたという、世界も認めたものとなっている。しかし、2000GTは、どうみてもそのスタイリングにおいてジャガーEタイプの影響を受けているし、X型バックボーンフレームのシャーシはロータス・エランである。当時の日本のモータリゼーション事情を考えれば、河野二郎以下、当時の開発者たちの、世界に追いつけ追い越せという情熱と、英国製スポーツカーへの憧れとが入り混じって、これらの輸入車たちを大いに手本としたのは想像に難くない。とはいえ、リトラクタブルのヘッドライトなど、ジャガーにはないオリジナルのスタイルもまた取り入れられている。そして前述したように、2000GTが日本、いや世界屈指の名車であるという事実は少しも揺らぐことがない。(ぬ)

▼公私ともに忙しい日々が続いていますが、最近気になっているのが、シリアなどからの難民の受け入れについてです。遠い世界の出来事と思ってしまいがちですが、日本の近隣で何かが起きたら、どう対応するのか、そして自分はどう思うのだろうかと考えてしまいます。困っている人たちを助けてあげたいと思うけれど、それによって自分たちの生活が苦しくなったり、治安が悪くなるのは困ると思って拒否してしまうのではないか……。そんなことをときおり考えな

がら、私事の準備をああでもないこうでもないと進めている今日この頃です。（ち）

▼「スター・ウォーズ／フォースの覚醒」予告編第3弾が解禁されました。10歳で出会ってから既に四半世紀を超えてシリーズを見守っている私。新作の情報が小出しにされるたび一喜一憂してきたわけですが、今回のトレーラーではついにハン・ソロとレイア姫のツーショットが公開され、ミディクロリアン値も跳ね上がる気分でした（「スター・ウォーズ」ジョークです）。ここ数年は情報鮮度の問題、つまり人々の〝飽き〟の早さゆえ、宣伝や露出を遅めに始める傾向があると聞きます。そんななかで「スター・ウォーズ」は今年初めから常にさまざまな形で宣伝活動が行われ、作品情報が人目に触れ続けている珍しいケース。1年かけてどれだけの人の期待を高め続ける事ができたのか、チャレンジングな宣伝の結果としても、12月18日の公開日に注目しています。（も）

▼今回特集「オリジナルって何？」の村瀬拓男さんの原稿を担当しました。著作権制度の現状を、分かりやすく説明していただきました。ネットの普及により、誰もが著作権侵害の被害者にも加害者にもなり得る時代ですので、多くの方に読んでもらいたい内容です。制度としてオリジナルを守る流れがあるのですが、それは必要なことなのだと思います。しかし、このことが新しい創作表現の大きな壁となってしまわないよう、許容する懐の深さも持った社会であって欲しいと思います。（あ）

2015年12月

▼ほうとうひろし氏のツイッターを見ていたら、食パンをくわえて「遅刻遅刻」と言いながらバスに乗る少女に関する考察があって、興味深かった。僕はオリジナルは1960年代の少女マンガあたりだろうと漠然と思っていたのだが、いまのところは、1962年の『サザエさん』、次が1965年10月9日の『朝日新聞』に掲載されたサトウサンペイ「フジ三太郎」、その次は2ヶ月後の『週刊少年マガジン』1965年12月19日号のちばてつや『ハリスの旋風』（但しここで国松がくわえているのはおにぎりだが）のようだ。さらに驚くべきことは、1970年製作の実写ラブコメ映画「おませなツインキー」では、なんと女子高生が食パンくわえて登校する描写がある。源流を探る研究は本当におもしろい。（ぬ）

▼最近はあまり映画を観る時間もなかったのですが、偶然に観ることのできた「バクマン。」はおもしろかった。漫画家を目指す少年達の話ではあるけれど、それに限らず何か一つのことに熱中して身も心も捧げる馬鹿な人の話が好きなのです。脇のキャラクターが主人公の引き立て役ではなく、それぞれがそれぞれの人生を生きている感じがあったのも良かった。自分は全然若くはないですが、何か新しいことをやる気にさせてくれる、笑えて泣けるいい映画でした。（ち）

▼〝TOHOシネマズ、一部劇場で「スター・ウォーズ」最新作の料金を2000円に値上げ〟

のニュースで多くのSWファン同様、モヤモヤした気持ちになった私。映画チケットの売上（興行収入）は作品ごとに決められた比率で配給会社と映画館で分配するので、映画館側ばかりに非難がいってしまうのも違う気がしますが、現時点では理由がはっきり明かされていないのでなんとも言えずモヤモヤ、といったところ。ただ、人々の映画館離れが叫ばれるなか、話題のSWをきっかけに「やっぱり映画は映画館で」という風潮が高まる→映画館がいつも盛況になり映画料金が下がる、という妄想を膨らませていたので、現実世界で逆のことが起きたのはちょっと残念です。（も）

▼喫茶店で連載の打ち合わせ中、しまおさんの膝の上にはグァバくんがいます。打ち合わせが1時間以上と長くなってきて、グァバくんが泣き始めました。慌てた私は「もう今日は終わりにして帰ったほうがいいですよね」とバタバタ。が、しまおさんは「暑いのかな。ちょっと外に行ってきますね」と、グァバくんを抱っこしてゆっくりと外へ。しばらくするとごきげんなグァバくんが戻ってきました。しまおさんの息子への接し方はこんなふうに、はじめての子どもとは思えないほど落ち着いています。私より9歳年上のせいでしょうか。自分の娘に対する態度を思い返し、私もしまおさんのような母親になりたいと思いました。（あ）

2016年1月

▼筒井康隆の短編に「急流」という作品がある。時間の進み方が加速度的に速くなる話で、とうとう最後は時間が滝になって流れ落ちてしまう。これをフィクションと笑ってはいけない。いま実感する時間はものすごく速くなっている。これは生活スタイルと密接な関係がある。手紙はLINEとなり瞬時に届くし、Amazonが地域限定ながら1時間で届くサービスを始めている。北海道や九州の地方出張も日帰りは当たり前で、交通機関は数分遅れただけで「ご迷惑をおかけします」と謝る。これは全て消費者の「待ちたくない」というわがままニーズによるところが大きい。最近では、通販会社が過去の注文履歴を元に、頼んでもないのに送ってくるというサービスすらあるようだ。こんなんでいいのだろうか。時間の流れが速くなるに従って、加速度的に社会のイライラが増してきていると思う。（ぬ）

▼先日、金沢と輪島へ旅行に行きました。冬の味覚を堪能し、基本的には大満足の旅でしたが、ひとつだけ気になったのは、金沢の混雑ぶり。北陸新幹線が開通して急激に人が増えたせいか、駅前は乗用車とタクシーとバスが入り乱れてにっちもさっちもいかず、観光用のバスはルートがわかりづらい上になかなかやって来ない等々……、街自体のオペレーションがうまく機能していない感じで、海外からのお客さんも結構来ていたのにこれでは……と、残念な気持ちに。道路のインフラなどは少しずつ変えていくしかないけど、例えば英語のできる案内係の人を

置くとか、できることから少しずつでいいので、ぜひお願いします！（ち）

▼伊勢丹新宿店や銀座三越など首都圏の百貨店8店舗が、今年の元旦と従来初売り日だった翌2日を休業日にしました。賛否両論あるようですが、三が日はお店が閉まっていて当然という子供時代を過ごした私は断然「お正月は休みでなくちゃ」派。大晦日の騒がしさから一転静まり返る街の様相に、幼いながら他の行事とは一線を画した厳粛さを感じていたものでした。さまざまな暮らしをしている人々が1年に1度、同じ文化のもと同じような物を食べ、同じような行動を取って年の始まりを過ごすというのは、とても大切なことのように感じます。競うように欲望を満たせる便利な消費社会もいいけれど、みんなで不便を受け入れる社会もいいなと思うようになったのは、やっぱり私が年を取ったということなんでしょうか。（も）

▼『ハウルの動く城』の色校正作業をしています。老婆になったソフィーがはじめてハウルの城に出会い、城に向かって歩くシーン。「老婆の足で城まで歩くのは大変だな」とスクリーンで感じたその距離感が出ていません。城と一体化してソフィーが同じ平面に存在しているように見えてしまうのです。奥行きを少しでも読者に感じてもらうよう、ソフィーの服の色を実際の作品の色に近づける赤字を入れます。ＤＶＤや書籍の色を参考に進めようとすると、それぞれ少しずつ違って見え、迷いが生まれます。最初から見本を頼りにするのではなく、自分の目で見た映画そのものと色校正ゲラの違和感に気がつく事が大事なのです。新米の私は先輩にいろいろ教わる毎日です。（あ）

2016年2月

▼すしざんまいの社長が、ソマリアで、元海賊たちとマグロ漁をやっているというニュースを聞いて驚いた。もともと海賊たちは好きで海賊をしていたわけではなく、ソマリアが無政府状態になったことで、漁場と仕事を失った地元漁民が武装化していったのだ。そんな海賊たちに、仕事を与え、船を与え、マグロ漁の技術を教えたことで、海賊は漁師に戻った。現在海賊被害はゼロだが、もちろんこれは、すしざんまいだけの功績ではなく、日本の海上自衛隊を含む各国政府の働きも大きいだろう。しかし、警備や護衛という力で抑えるのではなく、根本原因を解決していく方法は、テロにも有効なのではないだろうか。世界の問題は複雑な要素が入り組んでいて、良い悪いでジャッジできるほど単純ではない。ちなみにこの話は続きがあり、海賊がいなくなったら、複数の国々が国際海事法を無視してソマリアで再び略奪漁を開始したので、元海賊たちはまたピンチになっているそうだ。(ぬ)

▼年末年始は日本映画専門チャンネルで放映していた「北の国から」のテレビシリーズを何故かずっと観ていた。80年代のトレンディドラマはいま見直すと何もかも古くさくて悲惨なものが多いけど、「北の国から」は古い感じがほとんどしない。自然を描いているということもあるし、流行ではなく普遍的なものを描いた作品だからだろうか。本放映時は年齢の近かった子どもの純くんや蛍ちゃんに感情移入して観ていた。でも今や自分も父親世代、田中邦衛演じる五郎さんの駄目な親父っぷりが

何とも愛おしく心に沁みてくるわけで。（ち）

▼２年前の編集後記で、「世界の富裕層上位85人が保有する資産は、世界人口の下位35億人の資産と同額」というＮＧＯ団体発表のデータに触れました。先日その最新版が発表されたのですが、曰く２０１５年時点では「上位62人と世界人口の半分に当たる下位36億人の資産が同額、どちらも約２０６兆円」。２年で格差はより開いたことになります。良い生活を求めて資産を増やすのは自然な行為だと思いますが、〝上位〟の資産は１人平均３兆円以上。最低限の生活さえ困難な経済的奴隷ともいえる人をつくり出して手に入れているのが、３台目のプライベートジェットや５軒目の家や８台目の車だと思うと、人間の強欲さというのは本当に恐ろしいです。富裕層ほどチャリティ好き（税金控除の対象になるから）というのもなんとも皮肉。こういうのを〝ゲスの極み〟というんでしょうか。（も）

▼親戚が娘にプレゼントをくれるということで、谷川俊太郎さんの絵本をリクエスト。『もこもこもこ』（文研出版）を頂きました。最初にページを開いた時、少し不安な気持ちになりました。「言葉は少ないし、正直よく分からない……。娘が気に入らなかったらどうしよう……」。しかし娘の反応を見てホッと一安心。「パクッ」「ツン」のページが好きで、指をさして笑っています。本棚から引っ張りだして、「こっち！」と読み聞かせを催促されることも。読み方を変えたり本を動かしたりするうちに、私も楽しくなってくるから不思議です。意味が分からなくても面白いものがあると、娘に教えてもらいました。（あ）

2016年3月

▼ジャーナリストの堤未果氏は、米国で若者が生活のために軍に入らざるを得ない状況を、著書『ルポ貧困大国アメリカ』で〝経済的徴兵制〟と呼んだ。米国で起こったことは高い確率で日本でも起きる。実際に文科省の有識者会議では、奨学金返済で困っている若者に、防衛省でインターンシップ体験をさせたらどうかという発言も出ている。さすがにインターンシップイコール〝兵隊〟という短絡的思考はないが、それでもずいぶん弱みにつけこんだ発想だと思う。そしてインターンシップという、オブラートに包んだような言葉。昨年、防衛装備庁が発足したが、防衛装備とはとどのつまりは武器である。戦車を特車（かつて）、駆逐艦を護衛艦、戦争は有事と言い換えられている。大体言葉を妙に言い換える時というのは、どこかにやましいところがあるものだ。衆議院解散の可能性もある昨今の政局。国は自分たちの目指す方向性が正しいと思うのであれば、このようなごまかしで本質をぼやかすのではなく、堂々と伝えてほしいと思う。（ぬ）

▼火星に一人で取り残されることはおそらく無いと思うけど、大きいか小さいかは別にして、何らかの問題や危機に直面することはあるだろう。その時に、目の前にある問題を可能なところから一つ一つクリアして、最終的な目的にたどり着くことができるかどうか。あまり暗くなったり落ち込んだりせずにポジティブに問題に立ち向かうことができるかどうか。そして力になってくれる仲間

がいるかどうか……。面白いだけでなくいろいろ自分の身になって置き換えて考えさせられますね、はい。「オデッセイ」という映画の感想でありました。（ち）

▼花粉症の季節がやって来ました。一昨年まで頭痛がしても鼻がムズムズしても「ちょっと調子が悪いだけで、名前を言ってはいけない例のあの病なんかじゃない」と精神力で乗り切っていましたが、去年の春ついにその自己暗示が効かないレベルに。今年は花粉症でないことを誇っていた過去の自分に決別し、現代病（諸説ありますが）にかかったのは私が現代人である証、とニュータイプとしての誇りを心の支えに日々を過ごしています。さて、花粉症といえば思い出すのは「ののちゃん」に出てくる大玉転がし命のタブチ先生。2月を過ぎるとひどい花粉症で目が充血＋イライラが頂点に達することでおなじみですが、現在編集中の最新刊でももちろんその姿が見られます。新聞掲載2年分の「ののちゃん」が詰まった『ののちゃん　全集10』（徳間書店）は4月末発売予定です、どうぞよろしく。（も）

▼今月号から佐藤剛さんの連載、『「ヨイトマケの唄」をめぐる旅～美輪明宏と中村八大、三島由紀夫が生きた時代～』が始まりました。29歳の私にとってあまり馴染みのある時代ではなく、聞いたことがない歌も沢山出てきます。でも佐藤さんの原稿をきっかけに聴いてみると「ワァ、素敵」と思ったり、「すごい迫力」と衝撃を受けたり……。佐藤さんの歌や人物、時代に対する愛情を感じられる連載です。ぜひお楽しみに。（あ）

2016年4月

▼先月の人工知能特集以来、AIについてさらに考えるようになった。この分野での急務は、自動運転だろう。とくにこれからは高齢者のドライバーがますます増える。高齢者はモラルの欠如による危険運転はしないだろうが、判断力の低下による事故を引き起こす可能性は大きい。都市部では免許返納という選択肢もあるが、地方でクルマ抜きの生活は難しい。また、トラックやバスなどの長距離ドライバーの事故も後を絶たない。よく東名を使うが、トラック運転手の運転マナーは本当に酷い人が多い。ただ、ノルマやスケジュール、そして劣悪な仕事環境など、同情する余地もある。この原稿を書いている最中に、山陽道のトンネル事故のニュースが入ってきた。交通事故の問題は、完全解決までは無理としても、自動運転によってかなり減らすことができるはずだ。（ぬ）

▼最近、訳あってこれから新しい商売を始める人たちと会っている。八百屋を始めたいと思っている人、食堂を始めて軌道に乗りつつある人等々。ただ、やりたいことはあるがどうやっていいのか分からない人も多い。何事も0から1へのステップアップが難しく、お膳立てされた中でしか仕事をしてこなかった人や、立派な肩書きを持っていた人ほどこの壁を乗り越えるのが大変なのだという。伸るか反るか。もがきながらいろいろやってみようと思っている。（ち）

▼90年～91年に米国で放映され一大ブームを巻き起こしたテレビドラマ「ツイン・ピークス」。当時、

私もレンタルビデオ店をはしごするほど夢中になっていたのですが、なんと25年ぶりに新シリーズを制作するというので復習のためリピート鑑賞を開始しました。驚いたのは四半世紀経ったというのにまったく古さを感じさせず、今の私にも変わらず面白く美しいこと。「25年前もこのシーンはワケがわからなかった……」などとあの頃の自分を懐かしみつつ観ています。そして25年といえば、「ののちゃん」も今年で足掛け25年!! 「となりのやまだ君」のタイトルで1991年10月10日に朝日新聞で連載を開始してから、日本中がほぼ毎朝ののちゃんに会っているのだと思うと、〝25年ぶり〟とはレベルが違う〝25年間〟の重みと凄みを改めて感じます。そんな日本の朝の顔「ののちゃん」の最新刊『ののちゃん　全集10』は、4月28日発売予定。本書のための驚きの描き下ろしもあります！（も）
▼展覧会「三軒茶屋　三角地帯　考現学」（2／28で終了）にしまおさんの書かれたパネルが一枚展示されていたので、見に行ってきました。そこには地元の個人商店で必要なものを買い揃え、古い銭湯に行くしまおさんの体験談が書かれていました。個人商店で買い揃えることの面白さは、最近スーパーかコンビニの2択になってしまっている私にはとても刺激的でした。しまおさんに聞くと、パネルに出てくる建物は消防法にひっかかるので、いつ取り壊しにあってもおかしくないとのこと。スタジオジブリのある東小金井駅でも区画整理のためどんどん古い建物が新しくなっています。似たような建物、似たような駅ばかりになってしまう気がして、寂しいです。（あ）

2016年5月

▼いま保育園に、周辺住民から子供の声がうるさいというクレームが押し寄せている。なかには、そのために1000万円をかけて防音壁を作ったところまであるという話も聞いた。千葉県市川市ではとうとう苦情で、新設予定の保育園が開園中止となってしまった。もちろん、これは単純な話ではなく、周辺住民との話し合いが十分ではなかったとか、道路事情の問題などもあるのだろう。しかしどう考えても本音は「老人たちが静かに暮らしたい」というところではないか。つまり子供の声はもはや騒音で、保育園は、ゴミ焼却場や原発、基地などと同じ迷惑施設になってしまったのだ。昔は、子供たちの遊ぶ声というのは平和の象徴だった。ウルトラマンが怪獣を倒したあとの街には子供たちの遊び声が……というのは、現代では、しかしその横には顔をしかめる人たちが、ということになってしまうのだろうか。(ぬ)

▼朝日新聞朝刊の4コマ漫画「ののちゃん」は今年で足掛け25年の長期連載ゆえ、たくさんの登場人物がいるのですが、なかには「登場は1年に1度あるかないか、しかし大事なレギュラーメンバー」というキャラクターも存在します。〝町内会長〟(毎年12月24日にサンタクロース姿で登場。ワンマンで決めてから理由を考える、口癖はバカヤロー。)や、〝コンビニの店長〟(モデ

ルはジブリの鈴木プロデューサー。口の悪さが特徴。）など、4月末に発売された『ののちゃん全集10』でも元気に登場していますので、どうぞお見逃しなく。なおこの最新巻には、連載7111本に加えて番外編とも言える描き下ろし漫画「たまのののちゃん」、そしてこちらも描き下ろしの「祝10巻の記念おまけ漫画」も同時収録しています。（も）

▼5月といえばゴールデンウィーク。昨年は家族旅行で長野の大岡へ行き、親戚の友達が経営する喫茶店を訪ねました。そこに地元の歌手、ふまさんが来店。マスターが紹介してくれました。音楽好きな父が大喜びで話していると、なんと何曲か披露してくれることに。歌い始めると急に空気がかわり、歌声のみですごい迫力。一番感動したのは、お腹の子どもに向けた曲。当時妊娠中の私にぴったりの歌詞を即興で歌ってくれたと聞いて驚きました。マスターも他のお客さんも皆聴きいり、涙を流しながら握手を求めている男性も。生で聴く歌は格別だなと感じた体験でした。そんなことを思い出しながら、美輪さんの歌声を聴いています。イヤホンで聴いても迫力満点。生だったらどれほど素晴らしいでしょう。ぜひ聴いてみたいです。（あ）

2016年6月

▼都美術館で開催中の若冲展の待ち時間が、5時間半近い日も出たと聞いて驚いた。NHKの度重なる若冲推しのためだろうか、ものすごいブームだ。というわけでもないが、国立新美術館のルノワール展へ行った。こっちはゆっくりと鑑賞できた。日本ではルノワールはあまり人気がないようだが、なぜなのだろう。モチーフとして選んだ人物が時代に合わないのか。あるいは輪郭のぼんやりとした感じがダメなのだろうか。若冲のように、パキっとエッジが効いてる方が今の時代には受けるのだろうか。でも色調は、本当に魅入ってしまうほど美しいし、光と影の描写の秀逸さは言うまでもない。幸せな人たちの絵ばかり描いていたルノワールだが、現実は、それとは真逆の人生だったようである。幸福そうな人たちを、アトリエで一心不乱に描き続けた不幸な画家の心境を考えたのだが、鬼気迫る負の執念を感じた。（ぬ）

▼例年以上に注目されている今年の米国大統領選ですが、私が気になっているのは暴言で躍進中のトランプよりも、クリントン関連の話題です（どちらもあまり好きではないのですが）。初の女性大統領誕生に向けた女性票が期待されたり、蓋を開ければ女性に人気が

ないと言われたり。ある世代以上の男女が共に持つ「女性は女性を支持するはず」という考え方は70年代生まれの私には既に理解できない感覚で、ニュースを見るたび「私も結構な大人なのに、世の中はさらに前時代の価値観で動いているんだな」と驚いたりしています。才能や環境など様々な意味で恵まれているであろうクリントンでさえ、同性というだけで夢を託さざるを得なかった時代の影響を避けられないなんて、時代の空気や習慣など、人の心がつくりだしたものは何より強固で、変えることが本当に難しいのだなと、今回の特集と重ねて改めて感じました。(も)

▼人は、お茶をいれて飲みながら話すと、落ち着いて話ができるそうです。温かさや香りだけでなく、お茶をいれる動作や音にも人の心を和らげる効果があるそう。きっと母親の料理にも同じような効果があると思います。キッチンに立つお母さんの後ろ姿、包丁やフライパンを使う音。味だけではなく、母親の愛情で、美味しいと感じるのだろうと思います。特集のように「キッチンがなくなる時代」がくるのは親子の繋がりがなくなってしまうようで寂しいです。(あ)

2016年7月

▼日本語がどんどん外国語に置き換えられている現象に興味がある。ただし、言葉なんて時代とともに変わっていくものなので、このことを非難しているのではない。外国語だからといって、無理に日本語に翻訳しないでそのまま使っているものも年々多くなっているように思える。これは単にカタカナ言葉を多用するという問題だけでなく、概念の輸入というか侵入とも言えるのではないかと思う。最近だとヘイトがある。英語のHateから来ていて、従来の意味は嫌うだが、ヘイトスピーチなどの、憎悪に基づいた行動をヘイトと呼んでいる場合も多いようだ。このヘイトという概念、昔から日本人にあったのだろうか。ヘイトという言葉が先行することで、後からそのことが既成化されてしまったのではないだろうか。もともと日本は、ほぼ単一民族なので、他国ほどに人種偏見の問題はなかった。でもこの言葉が市民権を持つことで、その行動が生まれてしまったというか。ヘイトは悪い例だが、ハグなども同様のケースではないかと思う。この行為には、単に抱擁するという以上の意味があり、そういった感情もかつての日本人にはなかったと思うのだが。(ぬ)

▼7月16日(土)よりジブリ美術館で、宮崎駿監督による企画・監修の新企画展示『猫バスにのってジブリの森へ』がスタートします。美術館では毎年、アニメーションに関する作り手の思い

や作品づくりの源となったものに焦点を当てた企画展示が行われているのですが、今回の新展示では２００１年の『千と千尋の神隠し展』から２０１５年の『幽霊塔へようこそ展』までの14の企画展示を凝縮して一挙に紹介。大人も乗れるネコバスも復活するなど、大人も子供も楽しみながら、すべてを通してアニメーション制作者たちのアニメーションに込める思いが伝わる展示となっているとのこと。過去に見逃した展示がいくつもある私は個人的にもとても楽しみにしています。なお大人も乗れるネコバスについて、社内のとある筋からは「以前よりももっとネコバスです」という暗号のような情報が。みなさんもぜひその目で確かめてみてください。（も）

▼出版部の窓から見える位置に、ヒヨドリが巣を作り、ひなが4羽生まれました。親鳥の子育てを観察するのが毎朝の楽しみに。巣の近くのカラスを追い払ったり、雨に打たれながらひなを温めたり。たくましい姿に私は感心するばかり。ところが9日目、ひなの姿が見えず、巣を覗くと空っぽ。親鳥もいません。社内では、カラスの仕業か、蛇か猫かと話題に。自然は甘くないんだと思いしり、とってもショック。翌日、編集後記に書こうと調べていると、ヒヨドリの巣立ちは早く、11日ほどとのこと。ひなを見つけたのが月曜、もしも土曜に孵化していれば11日目。あのたくましい親鳥は、きっと今でもひなたちを守っていることでしょう。負けていられないな、と思うのでした。（あ）

2016年8月

▼高倉健さんの長編ドキュメンタリー映画「健さん」を見た。「ザ・ヤクザ」「ブラック・レイン」「ミスター・ベースボール」など外国映画にも多数出演していた健さんなので、マイケル・ダグラス、ジョン・ウーをはじめとする、錚々たる顔ぶれが健さんのことを語っているのがすごい。しかしいちばんすごかったのは、八名《やな》信夫さんだった。なんと、八名さん「健さんの淹れてくれたコーヒーがまずくてまずくて困った」と言っているのだ！　あまりにまずかったので砂糖を入れてごまかそうとしたら、健さんからそんなもの入れるんじゃねえ、と怒られた話。そして、トドメは「どうだうまいか」と聞かれたので、仕方なく「おいしいです」と答えたら「そうか、もう一杯飲め」と言われて大変に困ったと。健さんの大大大ファンである自分も、これには怒るどころか、大笑いしてしまった。他の人たちが全員健さんを絶賛しているというのに、八名さん恐るべしである。「健さん」はそんな健さんの素顔までが、今まで公開されたことのない、プライベートな映像も含めて見ることのできるおススメの一本です。（ぬ）

▼「ポケモンＧＯ」の配信がついに日本でも始まりました。それまでの数週間、日本のメディアが〝既に配信されている米国ではすごいことになっているんですよ！〟という話題で持ちきりだっ

たこともあって、ポケモンやゲームに興味が無かった人までもが、「ポケモンＧＯ」とその日本配信日が気になるという飢餓感のなかで、満を持しての日本配信。特集を編集中だった私は「もしかして、これこそがまさにマーケティングの成功例というものなのでは……！」と感じ入った次第です。そしてこの「ポケモンＧＯ」、作っているのは任天堂ではなくナイアンティック社というGoogleから派生した会社なのですが、実は今年3月号の『熱風』には、その創業者のジョン・ハンケさんと鈴木プロデューサー、ドワンゴの川上さんによる座談会が掲載されているのです。ご興味のある方はぜひ、図書館などで読んでみてください。（も）

▼5月号の編集後記に「美輪さんの歌声を生で聴いてみたい」と書きました。その後すぐにチケットを取り、「美輪明宏／ロマンティック音楽会２０１６」に行ってきました。歌声の大迫力はもちろんのこと、1曲1曲に物語があり、演劇のワンシーンを観ているよう。女性、男性、老人と、曲によって歌声だけでなく美輪さんの姿まで別人のように見えてきます。衣裳はそのままなのに、すごい演技力です。イヤホンでは分からないことが沢山あり、やはり生は格別だと、改めて思いました。（あ）

2016年9月

▼東京都では小池百合子氏が初の女性都知事となった。英国ではテリーザ・メイ首相が誕生し、こちらも初ではないが女性首相である。そして米国ではヒラリー・クリントン氏が優勢だ。政治の世界にリーダーとして女性がどんどん出てくるのは、これまでの女性が不当に扱われてきた歴史を考えれば、とてもよいと思う。一般に男性の闘争本能に言及して「男が戦争を起こしてきた」とよく言われる。テストステロンのせいなのだろうか。しかし最近そんなにジェンダー差があるとは思えなくなってきた。直近の日本の例で考えても、右寄りと呼ばれる目立つ政治家は、稲田朋美氏、高市早苗氏、小池氏と女性が多い。逆にハト派と呼ばれ目立つのは、岸田文雄氏、谷垣禎一氏とどちらも男性である。というわけで、これまではただ単に、機会がなかったというだけで、実はとくに思考・思想においてのジェンダー差ってないのではないかと思っている。（ぬ）

▼新宿タカシマヤタイムズスクエア南館の1階〜6階を占めていた紀伊國屋書店新宿南店が、洋書専門の1フロアだけを残して事実上撤退しました（7階のシアターは残ります）。華やかにオープンした20年前は、まだ日本にはAmazonもありませんでした。当時とあまり変わらな

いように見えるサザンテラスからの風景も、今はその上にレイヤーに重なる情報や流通などの見えない世界の厚みがぜんぜん違い、私はもうあの頃とは完全に別世界に生きているんだなぁ……と何やらフューチャリスティックな気持ちになります。なお、跡地に入る新店舗はニトリ。12月にオープン予定だそうです。（も）

▼好評開催中の「伊藤晴雨幽霊画展」（江戸東京博物館）で、展示されている19点全てを収録した画集を販売。ジブリが編集を担当しています。画集に載っている幽霊画を撮影したのは、城野誠治さん。この出会いから、『熱風』7月号の特集「文化財を撮る」でインタビューにも応えていただきました。城野さんのお陰で、細かな筆のタッチまで精巧に表現され、幽霊たちの怖くて美しい姿を画集に収める事が出来ました。展示は25日（日）まで。ぜひ画集も手にとって、本物と見比べてみてください。蛇足ですが、私のお気に入りは、キュウリとナスに乗った亡者の絵。嬉しそうな表情や、手綱をとっている様子が面白いです。（あ）

2016年10月

▼『スマホ断食　ネット時代に異議があります』（藤原智美　潮出版社）を読んだ。帯には「何かあるとすぐにネットで検索。止まらないネットサーフィンで、気づくと1時間。LINEの既読が気になって仕方がない……ネット漬けの日常から逃走し、『自分』を取り戻す」と書いてあるが、自分も仕事をしながら、ふっと寄り道をしてそのまま数時間とかよくあるので、立派なネット依存症かもしれない。酒にしてもギャンブルにしても、依存症であればまずはそれを断たなければならないが、ネット断食が難しいのは、それが仕事に直結しているからだ。たとえば著者が提唱する3日間のスマホ断食と言っても、いまの社会がネットを前提としたシステムになっている以上、いかに週末に一斉メールで伝えてからとはいえ「いやー、3日間スマホの電源切るんで、すいません」とはなかなか言いにくい。と、こんな言い訳を考えてしまうこと自体が、既に重度の依存症なのかもしれない。フランスでは、勤務外の仕事メールを制限する「つながらない権利」が議論されている。（ぬ）

▼今月号より、いしいひさいちさんの新連載『ガラクタWAR』がスタートしました。いしいさんといえば、若者は『ののちゃん』、少し若くない方は『となりの山田くん』、それなりに若くない

方は『がんばれ!!タブチくん!!』など、アニメーションにもなったちょっとほのぼのとした日常を描いたものがまず頭に浮かぶのではと思うのですが、実は『鏡の国の戦争』や『ガラクタの世紀』のような戦争を舞台にした作品も昔から描かれているのです。シニカルで毒舌で大雑把だけれど哲学的、でも間抜けでときどき愛嬌もある（はず）の、〝勇ましいやつはキライだ。〟というキャッチフレーズ（↑いしいさん作）の新連載、来月もどうぞお楽しみに！（も）

▼スタジオジブリ編集の、絵本『レッドタートル　ある島の物語』（発売：岩波書店）が好評発売中。文を担当されたのは、作家の池澤夏樹さん。これが、とっても素晴らしいのです。思いもよらない観点や解釈に、私は衝撃を受けました。うずうずして、もう一度映画を鑑賞。同じ映画のはずなのに、キャラクターの心情が違って見えます。池澤さんに、新しい映画の見方を教わりました。ぜひ沢山の方に、映画とあわせて、絵本も楽しんで頂きたいです。（あ）

2016年11月

▼電通の過労死事件だが、誤解している人も多い。それは「何も死ぬことはない、そんな会社なんて辞めてしまえばいい」というものだ。鬱病は脳の病気であり、そういう判断ができなくなってしまうのがこの病気の恐ろしいところだ。もうひとつは労働時間である。長時間残業を、一概に悪いと決めつけるのはナンセンスだ。今回の問題の本質は職場でのイジメだ。一部の商社には、運動部出身者を採りたがるところがある。それは、体育会で横行しているような、理不尽なイジメの構造に耐えられる人材を望んでいるからだ。遡ればこれは軍隊、帝国軍人からの負の伝統である。亡くなった高橋さんは仕事が辛かっただけではない。残業時間を無駄と言われ、容姿を否定されるなどで、鬱になったのだ。イジメという犯罪を社員過労自殺と言い換えて、本当の問題を隠蔽するという体質こそが問題なのに。（ぬ）

▼「料理×○○」のグルメ系漫画がブームといわれて久しいこの頃。その内容は『美味しんぼ』に代表される「料理×対決、蘊蓄」にとどまらず、同棲カップルがさまざまな燻製にチャレンジして心を通わせたり（『いぶり暮らし』）、ヤンキー高校生がお弁当作りの腕で学園を制したり（『頂き！成り上がり飯』）、歴史と冒険とアイヌ民族の文化×北海道グルメの重厚な作品があった

り（『ゴールデンカムイ』）と硬軟織り交ぜて多岐にわたり、とにかくすごいことになっているようです。現在出版されている漫画の４割近くがグルメ漫画だとも聞きますし、テレビはもちろんインスタグラムなどのＳＮＳもグルメな写真や情報が満載で、いま日本人は史上最高に食べ物情報に囲まれているに違いありません。と同時に、各種ダイエット情報もこれまた大量に溢れていて、〝お金と労力をかけて太り、お金と労力をかけて痩せる〟ということになにやら禅問答的モヤモヤを感じる、食欲の秋なのでした。（も）

▼佐賀県立美術館で「この男がジブリを支えた。近藤喜文展」が好評開催中です（12／４まで、毎週月曜休館）。近藤さんといえば、長編監督作品「耳をすませば」が有名です。私も大好きな作品。お小遣いで買った漫画版を、いつも持ち歩いていたことを思い出します。会場で販売している『近藤喜文の仕事―動画で表現できること―』（安藤雅司、スタジオジブリ責任編集）には、近藤さんの描かれた原画はもちろん、ご本人を知る方々のインタビューや座談会も多数収録。改めて、偉大な方だったのだな、と思います。会場にお越しの際は、是非本も手にとってみてください。（あ）

2016年12月

▼ニューヨークでは、大統領選の抗議デモが連日行われている。僕は、インテリ層が多いとされる民主党の、最後の矜持として「たとえどんな結果でも民主主義には従う」になるかと思っていたのだが、違ったようだ。デモをやっている人たちの気持ちは、まだ12月19日の本当の選挙が終わってないから、それまでに選挙人たちの気持ちを変えたい、というところだろう。ただ選挙後のトランプの比較的まっとうな言動や、上がり続けるNYダウを見れば、選挙人の気は変わりそうにない。クリントンの方が得票数が多かったという声もあるが、もともとそのルールで同意して選挙をやっているのだから、今後の制度の課題とするのはいいが、今回の選挙結果に主張するのはどうかと思う。さて、貧困層が選挙で富裕層に逆襲するという、この対立構造はおそらくこれから世界中に伝播するだろう。銀行の預金残高では圧倒的に負けてはいるが、民主主義で最強の武器となる有権者の数では絶対的に勝っているのだから。(ぬ)

▼まさかのトランプ勝利で、メディアも世間もまだまだ驚きとざわめきと「私は最初からトランプだと思ってましたけどね」の声が収まらない11月中旬現在。世界最強の権力者になる夢はついに果たせなかったヒラリーですが、実は10年以上も前に彼女の野心を描いていた漫画があるのです。それは、いしいひさいちさんの『ヒラリー・クイーン――大統領への道』。夫で元大統領のビル

を野望の足がかりとして尻に敷きつつ、アル・ゴア、ブッシュJr、パウエル、ライス、フセインなどちょっと懐かしい人々のなかで大統領への階段を登ろうとするヒラリー。そのキャラクターは私が思う今のヒラリーそのままで「そうか、昔からこういう人だったんだな」と10年後の今改めて楽しめる作品です。トランプ共々、かつてここまで嫌われた大統領候補がいただろうかという状況の彼女ですが、この漫画を読むとちょっとかわいく思えてくるのでヒラリー嫌いの人にこそおすすめなのかもしれません。（も）

▼11月8日に行われたトークイベント、「飛田淳子×石井朋彦×しまおまほ『編集者と著者のよなよなトーク』～『自分を捨てる仕事術』と、『まほちゃんの家』ができるまで～」に行ってきました。印象に残ったのは、しまおさんの執筆される際のお話。書くことが人混みの向こうから歩いてくるイメージとのこと。そして、編集担当が何度も連絡してしまうと、人混みとしまおさんの間に貨物列車が通ってしまうそう。その日私はしまおさんからの原稿を待っている最中で、最終締切まで時間があるのに、何本も列車を走らせていました。冷や汗で手がビショビショに。自分が安心するために、連絡していたことを反省。同時に、「一緒に待たせて頂きます！」という気持ちに。そうして届いた原稿が、今号に掲載されています。さすがしまおさん。歩いてきてくれた物語は、やっぱり素敵です。（あ）

2017年1月

▼ＤｅＮＡのＷＥＬＱやＭＥＲＹなどの問題は、インターネットサイトが現在抱えている闇をいろいろと浮き彫りにしている。ひとつはいうまでもなく、ネット情報の信頼性だ。根拠のない嘘情報がまとめサイトにあふれている。それがおいしい店とかのグルメ情報であれば「チキショー、だまされた！」程度でいいが、健康情報だと笑い話では済まされない。そんな粗悪な記事がつくられている現場は、もうひとつの闇である。驚くほどの低賃金と、ノルマ的に量を課される劣悪な環境でキュレーターが記事を毎日書き続ける。もちろん取材なんかしない。文章も写真も適当にどこかのサイトから盗用するだけのことが多い。工業製品や食品など、モノが存在する世界は、そのモノ自体の質の悪さや生産されている環境の酷さが、消費者に伝わりやすい。しかしデジタルの世界ではそれが見えにくいのだ。ＳＥＯで粗悪な記事でも良質なように見せかける。無料だから適当でも許されると思っているのだろうか、何かあれば削除すれば逃げられると思っているのだろうか。（ぬ）

▼「ジブリが1ヶ月につくれるのは5分なんです」。昔、ある雑誌の編集者としてインタビューをしていた私に〝ジブリの鈴木さん〟が語った言葉です。子どもの頃はアニメが大好きでした、というくらいだった私にはそれは大きく響いた一言でした。「アニメのつくり方」をどこかで

読んでわかったような気でいるのを、見透かされたに違いありません。言葉のすぐ後ろに大勢の気が遠くなるほどの地道さと熱意が集約して、じっとこちらを見ているような感じを覚え、なんだか恥ずかしくなると同時に自分の中のアニメに対する〝何か〟が変わったその瞬間を今でもよく覚えています。今年は去年以上にたくさんの作品がつくられると言われていますが、現実のアニメづくりに携わる人々はもちろん、アニメの制作現場を描いた漫画『西荻窪ランスルー』(月刊コミックゼノン)、『映像研には手を出すな！』(月刊！スピリッツ) などの熱い登場人物たちにさえも、心からのエールを贈らずにはいられません。(も)

▼W・S・モームの『世界の十大小説』の一つに選ばれている『嵐が丘』(岩波文庫) を、初めて読みました。「嵐が丘」の屋敷の主人に拾われたヒースクリフの、愛と復讐の物語です。これが、とっても迫力があって、面白かったです。読み始めの頃は、登場人物たちの悪意に、目をそむけたくなる所もありました。しかし、語り手が家政婦さんであるおかげか (一部は別の人ですが)、彼らがどうなってしまうのかを見届けずにはいられません。そして、読み終えるとほっとし、温かい気持ちに。悲哀の中にある人生の美しさを感じました。有名な本なので今更ですが、「今読んでも、こんなに面白いなんて」と感激。読んだことのない名作文学に、もっともっと触れていきたいです。(あ)

2017年2月

▼去年の末にクルマに轢かれた。深夜、コンビニに入ろうとしたら入口横に止まっていたプリウスが突然バックしてきたのだ。距離が近かったので避ける間もなく転倒。幸い、クルマはすぐに止まったから事なきを得たけど、ドライバーが気づかずもしそのままバックしていたら大惨事の可能性もあった。暗い中で、こっちも黒いジャンパーだったからよけい見えなかったのだろう。こういう事故を無くすために、バックモニターと連動して、センサーが障害物を検知したら後退できない仕組みを全てのクルマに装備できないのだろうか。あと停止または低速状態の時に、アクセルを強い力で踏むとエンジンが停止する仕組みとか。これで、アクセルとブレーキの踏み間違いによる事故も防げるはずだ。自動運転実装まではもう少し法整備に時間がかかりそうだから、その間やれることで少しでも状況を改善してほしいと思う。ちなみに、死にそうと感じた時に走馬燈のように記憶が……というのは本当で、自分の場合は情けないことに「数日前に借りたDVDを返却しないとなあ」という思いがゆっくりと交差していきました。（ぬ）

▼トランプが選挙で勝った大きな要因のひとつと言われる「フェイク・ニュース」。この本当のフリをした嘘のニュースは、一度ネット上に発信されるとFacebookやTwitterのシェアやリツイートによって、ほとんど検証もされないままネズミ算式に拡散されてしまいます。トランプがいいとかダメとかは置いておいて、嘘を真に受けた大勢の人々の熱狂によって米国大統領という

世界で一、二を争う権力者が選ばれたなんて、なんだか「トータル・リコール」的ディストピア映画に迷い込んでしまった気分です。「フェイク」の発生理由は意図的な嘘だったり、何かを妄信するがゆえの曲解だったり、迂闊だったりといろいろですが、発生も拡散もその根本の原動力は〝ＰＶ数でお金儲けしたい〟〝情報のインフルエンサーになりたい〟などの、モラルや建前で抑えきれなくなった欲望が燃料になっている様子。人々の心のパンドラの箱が開いた世界を思うと、空恐ろしいです。（も）

▼スタジオジブリの長編映画「レッドタートル　ある島の物語」のマイケル・デュドク・ドゥ・ヴィット監督が、今月の表紙イラストを担当。アイルランドの詩人ウィリアム・バトラー・イェーツの'The Songof Wandering Aengus'（１８９３年）に沿って描かれています。監督は、40年程前にこの詩を知って以来、大切にされてきたのだそうです。監督とは、スタジオジブリが編集した絵本『レッドタートル　ある島の物語』（岩波書店）をお見せする際、初めてお目にかかりました。前もってお伝えしていたのは「（台詞のない）映画に、言葉をつけて絵本を作ります」ということだけ。ほぼ完成した状態で見るため、監督はとっても心配されたそう。でも、作家の池澤夏樹さんによる文・構成をご覧になり、とても気に入ってくださいました。監督も編集もほっと一安心。

イェーツも空の上で、「どんなイラストが描かれるのか」心配しているかもしれません。今月の表紙を見て、ほっとしてくれていると良いなと思います。今後も、どうぞお楽しみに！（あ）

2017年3月

▼知り合いがコンビニでバイトをしているので直接聞いた話だが、暴言をはく客の割合でいちばん多いのは高齢者だという。ちょっと待たされるだけで「早くしろ」と怒鳴り、タバコの年齢確認には「いちいちうるせえ」と怒鳴る。もちろんサービス産業の人に横柄な人はどの世代にも一定数いるのだが、統計上は高齢者が多いという話だ。自動車を運転していて感じるのは、合流地点で「意地でも入れんぞ!」という態度をとるのは高齢者が多い気がする。僕が高齢化社会で何より恐ろしいと考えるのは、こうしたちょっとしたことでもすぐに怒る、感情をコントロールすることができないモンスター老人がどんどん増えることだ。社会学者のホックシールドが定義した「感情労働」という言葉がある。常に相手に対してスマイルを提供しなければならない仕事だ。暴言を浴びせられた結果として、その仕事をしている人の精神がどんどん壊されていく。僕はもう社会の常識として、そういう客に対しては「嫌なら来るな」が当たり前みたいになるといいと思う。スマイルの強要なんかもう止める。30年以上前に中国へ行ったのだが、店員はとにかく常に不機嫌で、本当に商品を投げてよこした。その時は、異文化体験ということでおもしろかった記憶があるが、日常的にやられたら気分の良いものではない。だけど、多分モンスター化する客の意識は直せないと思う、だったら従業員を守るためにも店側で防衛していくしかない。(ぬ)

▼2月24日のプレミアムフライデー（PF）はみなさまいかがお過ごしだったでしょうか。これを書いている2月半ば現在、社内で正式な話はもちろんウワサさえ耳にしないので、どうやらジブリにPFはやってこないようです……ちょっと残念。とはいえ、土日休みで働く私には余暇が増えて嬉しい話も、経済効果が見込まれる場所で働く人はお休みできないわけで、なんだか不公平な気もしてしまいます。そもそも土日が休みになったのは、神が天地創造の7日目に休息したという聖書の安息日と翌日の礼拝日から来ているといいます。そして聖書には「安息日は人のために定められたのであって人が安息日のためにあるのではない」とも。宗教的な安息日とは無関係ですが、休日という意味で、経済のために人を休ませようと作られたPFは完全に後者の考え方。人のために作られたものでないと定着はなかなか難しいかもしれません。（も）

▼「レッドタートル　ある島の物語」のBDとDVDが、3月17日（金）に発売となります。昨年9月、高畑勲監督との対談の最後に、「この映画を観る時には、音楽を聴くように、作品に身を委ねて観ていただけると嬉しいなと思います」とマイケル監督は話していました。BD収録作品で私のおすすめは、「アロマ・オブ・ティー」（2006年）。小さな〝点〟が進んでいく、シンプルな作品です。これが、音楽とマッチしていて、とても心地よいのです。ここは何処なのだろう、と想像を膨らませるのも楽しいです。「アロマ・オブ・ティー」の他にも4つの短編作品が収録されています。こちらも是非ご覧になってみて下さい。（あ）

2017年4月

▼他人の配偶者をなんと呼ぶかについて最近ちょっとだけ困る。言うまでもなく「奥さん、ご主人、旦那さん」という言葉には主従関係があってあまり使いたくないのだが、他に適当な言い方もないので、とりあえず使っている。以前、高倉健の映画を見ていたら、健さんが相手の妻のことを「ご新造さん」と呼んでいて、なかなか粋な呼び方だと思ったが、いま使ってもおそらくほとんどの人は解らない、それでは言語として本末転倒だ。ジェンダーを用いた表現を考えてみると、男性優位の思想で作られた言葉のなんと多いことか。代表的なものは「男らしい」「女々しい」だろう。男は常に力強く、女はか弱い存在で男が守ってあげるものだ、という考え方が根底にある。男同士のケンカで、卑怯な相手に対して「きさま、女みたいなやつだな」と言うシーンがあるが、無茶苦茶な話である。「女子力」なんていうのも酷い言い方で、解釈はいろいろあるようだが、一般的には宴会などで、甲斐甲斐しくサラダを取り分ける女性を「女子力高いね」などと言うのが多い。つまり男に尽くす女である、都合良過ぎないか。昔は「私作る人、僕食べる人」なんていうCMがTVで流れたこともあった。考え過ぎかもしれないが、こういった男性優位の家父長制的思想が、どれほど過去の歴史において過ちを犯してきたかを考えれば、言葉によるジェンダーの役割の決めつけにはもっと慎重になってもいいと思う。いまあえて「慎重」と書いた。これは一歩間違うと、思考停止のなんでもかんでもの言葉狩りになってしまうからだ。多様性を認める社会の在り方は複雑であり、全ての事例を○か×かで決められるものではない。（ぬ）

▼「教科書から〝鎖国〟がなくなる」というニュースが話題になりました（後日、世論の反対で鎖国は復活）。大化の改新が６４５→６４６年、鎌倉幕府が１１９２《いいくに》→１１８５《いいはこ》年、日本最初の貨幣が和同開珎《わどうかいちん》→富本銭《ふほんせん》になるなど、バブル期に学生時代を過ごした私が数十年間信じた歴史はすでにいくつも変更済でにわかに受け入れがたいものがありますが、それが正しかったというなら仕方がない。10年毎の学習指導要領見直しのたび、今後も日本の歴史は変わり続けることでしょう。実は数年前、母親に「あなたの誕生日、本当に今日だった？」と言われたことがあります。もちろん憤慨はしたものの、自分の事でも当然ながら記憶はないし、産んだ人にそう言われると絶対と言い切る自信もない。人の言葉や記憶や書類を信じるしかない事象がこんなにも身近にある事に愕然としました。歴史に限らず、物事の多くは自分で経験・検証・確認ができず、信頼できる人の言葉を信じるしかありません。大事なのは誰を信じるかなのだなと改めて思いました。（も）

▼２０１７年４月号『月刊ＭＯＥ』「巻頭大特集　ヨシタケシンスケってすごいの？」（白泉社）の「ヨシタケの素」というページで、絵本作家ヨシタケさんのアトリエにある本棚が紹介されていました。「本は読まなくてもいい、持っているだけでうれしい」とヨシタケさん。その言葉通り、『Funny Food: 365 Fun, Healthy, Silly, Creative Breakfasts』（Welcome Books）など、タイトルや表紙だけで、クスッと笑ってしまうものが沢山。本棚を眺めているだけで楽しい気持ちになります。ヨシタケさんの独特な視点、面白さのツボというのはこういう所から発想しているのか、と思いました。本には、持ち主の人となりが表れていて、面白いです。もっといろんな作家さんの本棚を見てみたいな、と思いました。（あ）

2017年5月

▼最近券売機などでも、タッチパネル式のものがどんどん増えている。ボタンがなくて、全てのコマンドをソフトで処理するタイプの機械だ。この前スナックで飲んでいた時、ちょうど横に座った70代くらいの女性と話す機会があった。彼女は、近頃はなんでもかんでもつるつるつるつるで嫌になってしまう、と言っていた。つるつるとは、スマホを操作している時の指の動きのことだ。「何が嫌って、この前回転寿司に行ったら、注文は全部機械なんだよ、あたしゃ使い方なんかちんぷんかんぷんで、まったく今は高齢者は寿司も食っちゃいけないのかい」と怒っていた。やっとガラケーで、全部ひらがなながらもメールがなんとか打てるようになったら、今度はスマホになってしまって、もう孫たちと話せないとも。おそらくLINEのことを言っているのだろう。コンピュータの基本である、メニュー→選択→リターンの仕組みを理解していないから、寿司屋でも、おそらく選んだ時点で操作を終わらせてしまい、実行ができていないのだろうと思う。でも、そんな文句を言いながらも、彼女はデンモクを使って普通に美空ひばりの曲をサクサク入れてるんだけど……それが出来れば回転寿司の注文だって同じ原理だよ！（ぬ）

▼ロシアのドキュメンタリー映画『太陽の下で—真実の北朝鮮—』を観ました。8歳の少女ジンミと両親の日常を追うドキュメンタリーの撮影だったはずが、同行する北朝鮮当局の〝助手〟がカメラに映るすべての台詞や動き、表情までも演出し何度もやり直させる。北朝鮮の理想しか映せないことがわ

かった監督は当局の目を盗み録画スイッチを入れたままのカメラを現場に放置、隠し撮りで真のドキュメンタリー撮影を行うことに——というこの作品。北朝鮮の演出自体は日本人にはさほど目新しくありませんが、印象に残ったのは撮影の辛さに泣き出したジンミをあやすため、〝助手〟が「何か楽しい事を考えて、好きな詩は？」と聞くシーン。「好き……？」と戸惑い長く沈黙した後にジンミは、泣きながら金正日の素晴らしさを謳った詩を諳んじ始めるのです。８歳にして圧政を理解しているのか、自由に感情を表せない環境で意志を持つこと自体できなくなってしまったのか。自由のあり方には多様な意見がありますが、考える自由を奪われたような彼女を見て、考えさせられるものがありました。（も）

▼しまおまほさんのお母さま、潮田登久子さんの写真展「BIBLIOTHECA／本の景色」（３月８日～４月28日）に行ってきました。「本」は潮田さんが20年以上撮り続けたテーマなのだそうです。歴史の深さを感じる祈祷書や、使っていた子どもの好奇心を表すように付箋がびっしりついた辞書など、使っていた人の姿を想像させる、面白い展示でした。写真集、BIBLIOTHECAシリーズ第三巻『BIBLIOTHECA——本の景色』（幻戯書房）でもご覧になれますので、ご興味のある方はぜひ。個人的には、本の上に白い手袋が置いてある写真が好きです。手袋は、人の手が入っているかのようにふっくらしています。本の整理をしていた人の意志を継いで、手袋が作業を続けているように見えました。写真展に行くのは久しぶりだったのですが、改めて写真の魅力を肌で感じ、楽しい時間を過ごしました。（あ）

2017年6月

▼ここ数年来人気のサードウェーブコーヒーだが、基本的に疑い深い性格なので「本当かな」と半信半疑だった。清澄白河あたりの人たちが「アメリカで大ブーム」という売りで仕掛けてる可能性もなくはない。先日、サンフランシスコに行く機会があったので、実際にこの目で見てみようと思い、話題のコーヒー店を4軒ほどハシゴしてきた。本当だった。どの店も本当に若者たちで溢れていた。共通しているのはどの店のバリスタも100%かなり大胆なタトゥーをしていたということ、また鼻ピアス率も80%ぐらい。音源はLPレコード。伝わって来たのは、徹底したアナログへの回帰。シリコンバレーで働いている人っぽい客が多かったが、そういうIT最先端の人たちからこのような思想が生まれるのがおもしろい。日本ではファッション性が前面に押し出されているように感じるが、アメリカでは根強く残っているヒッピーを源流としたカウンターカルチャーのひとつだと改めて思った。(ぬ)

▼ケネディ大統領暗殺のニュースを知ったとき自分がどこで何をしていたのか、覚えていない米国人はいない、と聞いたことがあります。米国人にとって忘れられないその日、1963年11月22日を巡る話題の米国ドラマ「11.22.63.」を観ました。主人公が時間を遡りケネディ暗殺を阻止しようとする、というドラマのプロットは昔からいくつもの小説やドラマで使われており決し

て目新しくありません。にもかかわらず何度も作品の題材にされ、そのたびに話題になるのは、ケネディ人気はもちろんですが、彼亡き後にベトナム戦争へなだれ込み事実上唯一の敗戦を経験したことが、米国にとっていまだに拭いきれない大きな陰として存在しているからでしょう。ベトナム戦後40年以上経って作られたこの作品の存在自体、強者として現代を謳歌しているような米国にあっても、敗戦が人の心にもたらす影響は何十年経っても消えないという、一つのメッセージになっているのだと思います。過去の〝負け〟を受け入れたくないばかりに、新たな〝勝ち〟を作り上げて過去を帳消しにしようとすると、いったい何が起こるのか。ご興味がある方はぜひ観てみて下さい。(も)

▼単行本『美輪明宏と「ヨイトマケの唄」―天才たちはいかにして出会ったのか―』(文藝春秋)が6月14日に発売となります。この本は、『熱風』で連載した『「ヨイトマケの唄」をめぐる旅~美輪明宏と中村八大、三島由紀夫が生きた時代~』を基に、加筆・再構成されています。

佐藤さんは書きながら、常に取材を重ねられる方です。連載開始前から単行本になる程沢山の原稿を書かれていましたが、連載中にもどんどん内容が膨らんでいきました。中には連載の形にするためにと、掲載を諦めた内容も。そんな佐藤さん、連載終了後にも新たな発見があったとのこと。流石です。どんな本になっているのか、読むのをとても楽しみにしています。(あ)

2017年7月

▼「ローガン」を見た。明らかに公民権運動を意識して作られた「X-MEN」シリーズは、もともと好きなのだが、とくにウルヴァリンはその中でもいちばん好きなキャラだっただけに、最終話となる「ローガン」には格別の思いがある。さて、映画は期待を裏切らない出来だった。まず画面全体から漂ってくるディストピア感の描き方が素晴らしい。2029年のアメリカは、何とも言えない排他的空気やどんよりとした閉塞感に包まれた不吉で絶望的な世界だった。そこで落ちぶれてリムジンの運転手をしているローガン。そこにはかつて不死身と呼ばれたウルヴァリンの姿はない。目も当てられないほどに弱々しくなってしまっているのだが、逆にそのリアルさが今のヒーロー映画にはない新鮮さだ。正義のためとはいえ、一度でも人殺しに手を染めたものは決して幸せな人生を送ることができないという「シェーン」のテーマが「ローガン」にも被る。スーパーヒーローがバーンと敵を殺して世界を救う、なんて単純な御都合主義がいかにインチキかという、重い問いかけだった。必見です。（ぬ）

▼小学校の図書室で1冊読んだきりの『シャーロック・ホームズ』。有名なシリーズを読んでいないというコンプレックスを埋めるべく、ホームズを主人公にした連続テレビドラマ、英国BBC製作の「シャーロック」と米国CBS製作の「エレメンタリー」を観はじめました。前者

は現代のロンドン、後者は現代のニューヨークを舞台に、スマホやネットを使いこなす現代人のホームズとワトソンが活躍する人気の作品です。驚くのは、舞台はもちろんシナリオも演じる俳優（米国版ワトソンはなんと女性！）もそれぞれ全く違うのに、ホームズ＆ワトソンというキャラクターの性格付けが完璧に確立されているため、２作品を並行して観ても全く違和感がないこと。〝キャラ読み〟という概念を世界で初めて生み出したのが１３０年前に書かれたこの『ホームズ』だ、という話を聞いたことがありますが、私もどうやらその概念に取り憑かれてしまったようで、今は事件の解決よりも彼らの日常の方が気になって仕方ありません。（も）

▼『蜜蜂と遠雷』（幻冬舎）を読みました。ピアノコンクールで競い合う演奏者たちの物語です。ピアノを演奏するシーンが何度も出てくるのですが、実際に音楽が聞こえてくるように感じ、音楽にのって気持ちが高ぶったり安らいだりします。形のない音楽を文章で表現できるというのは流石だな、と思いました。

昨年佐藤剛さんにお誘い頂き、浜田真理子さんのライブに行きました。その時には、ピアノの演奏と歌だけで、心に伝わるものがあり、素敵だなと思いました。

今度はぜひピアノのみの演奏も聴きに行ってみたいです。本を読んだことでピアノ演奏の聴き方を教わった気がしているので、実際にはどうか試してみたいです。（あ）

2017年8月

▼暑さに抵抗すべく『私をスキーに連れてって』（1987）を観てみました。『彼女が水着にきがえたら』『波の数だけ抱きしめて』と続くホイチョイ・プロダクションズ3部作の第1作で、当時の若者に「最先端のオシャレ感」を具現化してみせたバブル文化を牽引した映画です。ゲレンデをトレイン走行してみたり（ムカデ競走のように数人でくっついて滑る謎の遊び）、無線で連絡を取り合ったり（携帯電話が普及していなかったため）、板はロシニョールであることが大事だったり（ブランド第一）と、目に映るすべてがミーハーなモノとコトで埋め尽くされているのですが、なによりも印象に残ったのは登場人物たちが繰り返す「楽しまなくっちゃ」という台詞。明るく能天気なようでいながら、人から人生を謳歌しているように見られなければ……と追いつめられてもいるようで、それは現代のリア充アピールやインスタ疲れとなんら変わらず、純粋な若者と老獪な資本主義の攻防を見た気がして心が少し涼しくなりました。（も）

▼『海辺の生と死』（中公文庫）を読みました。作者の島尾ミホさんの、奄美での暮

らしや、夫との出会いが綴られています。どこか別の世界を感じるような、美しい物語でした。夫・島尾敏雄さんの『死の棘』（新潮文庫）にミホさんが登場しますが、この時とは印象がガラッと変わります。夫に裏切られ、狂乱の姿を見せた妻は、愛情深く感性豊かな女性なのだと思いました。

現在、映画「海辺の生と死」が公開中です。映画の原作は、島尾ミホさんの『海辺の生と死』と島尾敏雄さんの『島の果て』（集英社文庫）他、とのこと。編集後記を書いているのは公開前。作品の世界が映像でどう表現されるのか、とっても楽しみです。『島の果て』を読んで待とうと思います。（あ）

2017年9月

▼交通事故に遭った。以前にも同じようなことを書いた気がするが、それを序の口とすれば、今回は横綱級だ。横断歩道を渡っている時に脇見運転のクルマにはねられ、脳挫傷、骨折2か所。脳挫傷は脳出血が止まらず、ついには呼吸と心臓が止まり、挿管して機械の呼吸になった。ダース・ベイダー状態である。大量のアドレナリンと止血剤を投与。なんとか出血は止まり意識も戻った。その時に医者から名前を聞かれたのだが、なんと自分の名前がどうしても思い出せない。意識の中で「あれ？　なんでオレ自分の名前が分からないんだろ、名前が分からんヤツなんて普通いないだろ」とは思う程に、正常な意識なのだが、どうしても名前が出そうで出ない。その後寝てから目が覚めると、きちんと名前は思い出せて、やれやれとなるのだが、稀有な体験だった。ところで、左腕を骨折したのだが、みんなから「よかったね、書く仕事だから右腕じゃなくてね」と言われるのだが、今の時代原稿をまだペンで書いてる人なんていないのだろうか。ほとんどキーボードだろう。キーボードだと両手使いが基本なので、左腕を折って大変に困ってます。（ぬ）

▼いしいひさいちさんの連載「ガラクタＷＡＲ」が、今月号でついに最終回を迎えました。朝日新聞に連載中の「ののちゃん」とはまたガラッと違う、間抜けとブラックとほのぼのとアイロニーが混在して襲ってくるこの作品を、毎月楽しみにしていた方も多くいらっしゃったのではないでしょうか。そんな、最終回の報でがっかりされている方、そして、明るい「ののちゃん」系が

好きな方にも、耳寄りなお知らせがあります。なんと来月号からいしいさんの新連載がスタートします!!　題材はシャーロック・ホームズの「語られざる事件」。コナン・ドイルによるホームズシリーズの作中で、事件名は挙げられているものの詳細が語られていないがゆえに、シャーロキアン（ホームズの熱狂的ファン）にそう呼ばれている事件群です。名前だけしか存在しなかったものが、いしいさんの手で一体どのような事件になるのか。今から私も楽しみです。（も）

▼「レッドタートル　ある島の物語」のマイケル・デュドク・ドゥ・ヴィット監督が担当されている『熱風』の表紙イラスト。今号で8回目となります。アイルランドの詩人ウィリアム・バトラー・イェーツの“The Song of Wandering Aengus”（１８９３年）を毎号少しずつ掲載してきましたが、今号はイラストのみ。

突如現れ、消えていく美しい女性。その姿を見つめる男性は、どんな想いでいるのでしょうか。詩では改行によって伝えている余韻を、マイケル監督は美しいイラストによって表現されています。詩にはないところが描かれるのは、今回の表紙イラストの醍醐味です。詩そのものとはまた違う楽しみ方を堪能して頂ければと思います。

次号に掲載する詩は“Though I am old...”（年をとったけれど……）と始まります。男性の、その後の物語。ご期待下さい！（あ）

2017年10月

▼インターネットにUPされる情報の信頼度が酷いことになっている。政治ネタからタレントの発言、健康情報などウソ、捏造も多い。検索エンジンがダメなせいもあるけど、とくにまとめサイトなどは、まずはウソではないかと疑ってかかるところから始めている。ウィキペディアも出典があるだけまだマシだが、そこを当たるというスクリーニングをしないといけない。出典となる書籍が見つからないなど、裏が取りきれなくて使えなかった情報もたくさんある。ウソ情報がこれほど氾濫したのは、WEBになると、プロの作ったものと素人の作ったものに、さほど差が表れにくくなっている点がひとつ挙げられるだろう。昔だと、素人がガリ版で作ったビラや、手書きのコピー誌などは一目見ただけでうさんくさかったけれど、今は素人のHPでも、センスいい人が作れば、それなりに信用できる大手マスコミのHPと一見変わらないから、なんとなくしっかりとしているように見えてしまう。Twitterなども、どんな内容であれ、見た目のフォントはみな共通だ。素人の投稿だからといってガリ版テイストのフォントになってしまうことはない。対応策を考えたところで、結局個人でリテラシーを高めましょう、という凡庸な結論しか思い浮かばないのが残念。（ぬ）

▼ホームズを題材にした、いしいひさいちさんの新連載「ワトスン・ノート」がスタートしました。コナン・ドイルが生み出したシャーロック・ホームズシリーズは、その登場から130年経った今も多くの人に愛読され、世界中に熱狂的なファン〝シャーロキアン〟を擁していています。そしてファ

ンの間では、シリーズ60編は〝正典（または聖典）〟、その正典内で事件名のみが挙げられ内容が語られていない事件は〝語られざる事件〟と呼ばれていて、数え方にもよりますが約70～１００件あるとされているのです（……というのを、私はつい数ヶ月前に知りました）。新連載はサブタイトルに「語られざる事件簿」とある通り、その名前だけしかない事件をいしいさんが作品にしていくというもの。今回でいうと「トレポフ殺人事件」は『ボヘミアの醜聞』という作品内で名前だけが出てきた事件、ということになります。まだホームズ初心者の私ですが、これを機に、シャーロキアンへの道を目ざしてみたいかも……とちょっと思ったりしています。（も）

▼ミニチュア写真の展覧会「MINIATURE LIFE展　田中達也　見立ての世界」（新宿髙島屋、９月12日まで）に行ってきました。日用品とミニチュア人形で創作される世界では、ブロッコリーが木に、クロワッサンが雲に見立てられています。他にも柴犬がスフィンクスに、フライパンの上のチャーハンが波に、など冗談のような世界が絶妙にリアルに表現されています。

ＮＨＫ連続テレビ小説「ひよっこ」のオープニング映像のバックで登場するジオラマも展示されていました。テレビでも見ていたのですが、細かなところまで「見立て」のアイディアがちりばめられていて、見つけることに楽しみがあります。２歳の娘も「（ビルに見立てた）牛乳瓶！」と、喜んでいました。

田中達也さんのTwitter（https://twitter.com/tanaka_tatsuya）でも作品が紹介されています。ご興味のある方はご覧になってみて下さい。（あ）

2017年11月

▼池の水を全部抜くというテレビ番組の企画がある。あれを見るたびに外来種の駆除について胸が痛む。捕まえた外来種を全部食べるのならよいが、さすがに「外来種はすべてスタッフがおいしくいただきました」というわけにはいかないだろう。外来種には、ヒアリのように輸入木材などに交じって入ってきてしまったものもあるが、観賞目的や食材など、人間の都合で連れてこられてしまった種も多い。それが日本の生態系を壊すからという理由で駆除とは勝手過ぎると思う。本来であれば、捕まえた外来種はもといた場所へ還してあげるのがスジかとも思うが、予算や輸送方法、相手国との問題等があり現実的ではない。また琵琶湖のブラックバスのように、成魚を駆除した結果、稚魚が増えてしまったという本末転倒な例もある。自然界は人間の考えも及ばないところで何がどう影響してくるのか分からないから、安易な対策はかえって危険だ。また外来種だけでなく、人里へ降りて来た熊や猪の問題もある。ペットショップの売れ残りの犬猫の問題もある。すべて人間が悪いと思うのだが、人と動物との共存についての答えはなかなか出ない。(ぬ)

▼これを書いている10月半ば現在、米国で一大ニュースなのが、超大物映画プロデューサーであるハーヴェイ・ワインスタインのセクシャルハラスメントと脅迫を巡る報道です。多数のアカデミー賞作品に関わり賞レースを牛耳っているとまで言われた彼が、キャスティングなどの権力を縦《ほしいまま》に30年にわたり女優やスタッフに様々な強要をしていたという記事がニューヨーク・タイムズに出た

のが10月5日。その後も告発が続き8日に自身の会社ワインスタインカンパニー(TWC)から解雇、14日には米国映画芸術科学アカデミーからの除名処分が発表され、米国、英国、フランスの警察も動き出しました。今冬公開だったTWC配給の大作映画の公開延期や進行中の企画のキャンセルなど、既にビジネス的にも映画業界に大きな影響が出始めているようです。今回のニュースは多くの問題を含んでいますが、何よりもニュースを聞いて驚くより「やっぱり」と、権力があるところにセクハラはあるのが普通だと思い受け止めている私がいること、同じように思っている人がきっと世の中にたくさんいることが、この問題の根深く恐ろしいところなんだなと思いました。(も)

▼11月に娘が誕生日を迎えます。今年は七五三のお祝いもあり、準備の真っ最中。そんな中、社内で誕生日についての話題になり、「個人の誕生日をお祝いする風習は、日本では広まってまだ日が浅い」と聞きました。調べてみると、昭和25年に施行された「年齢のとなえ方に関する法律」で、年齢の数え方を数え年から満年齢に変更してから広まったのでは、という説も。それまでは数え年で一斉に年をとるため、元日を迎えることを盛大にお祝いしたそうです。私の幼い頃、ハロウィンや恵方巻きは無かったので、それと同じような感覚でしょうか。他にも、結婚式場で披露宴をすること、斎場でお葬式をすること、礼服マナーなど、今では常識とされていることも歴史は浅いのだそうです。常識だと思っていることが、わりと最近誰かが決めたことなのだと知り、衝撃でした。何はともあれ、娘の喜ぶ顔を見るために、もうひと頑張りしようと思います。(あ)

2017年12月

▼横綱日馬富士の暴行事件からはいろいろ思うところが多い。まずは2007年、時津風親方らが、部屋の17歳の力士をビール瓶や金属バットで殴って死亡させた事件だ。相撲協会はこの事件から何も反省していない。というのも今回の事件からは、初動において内々に済ませようとした協会の隠蔽体質が浮き彫りになっている。さらにフェイクニュースの問題もある。初期報道では『あなたたちの時代は終わってる』と言った貴ノ岩の態度も悪かった」や「止めに入った白鵬もはねとばされた」などとあったが、念のため複数の報道を当たってみると、「貴ノ岩の発言は白鵬の冗談に合わせただけ」「止めに入った白鵬の手をふりはらった」などとずいぶん違った話もある。さらに今後別の話も出てくるかもしれない（これを書いた直後に、ビール瓶では殴ってないという証言もでてきた）。日馬富士は酒癖が悪いので有名だったらしい。個人的意見だが、日本は酔っ払いにずいぶんと甘い、一度でも酒で問題を起こした人間にはより厳しい罰を科すべきだと思う。自動車の運転だけでなく、電車などの公共空間においても同様に。（ぬ）

▼スティーブン・キングの小説『ＩＴ』の２度目の映像化となる、映画「ＩＴ／イット　〝それ〟が見えたら、終わり。」を観ました。ホラー風味の「スタンド・バイ・ミー」とも言えるこの映画、上映時間の約８割は、主人公の６人の子供たち＋１人のピエロしか出てきません。Ａ級ハリウッドスターどころか普通は名も知らない俳優しか出演していないのに、米国では現時点で２０１７年の

全米興行収入第5位の大ヒット。スターへの巨額のギャラが無いため、最も高利益率な作品の内の1本でもあると思います。このヒットも含めて最近米国映画界で言われているというのが、「スターの名前で観客が呼べる時代は終わった」ということ。ストリーミングの登場もあって米国のドラマのクオリティが上がり、それに慣れた視聴者は誰が出ているかではなく〝内容が面白いか〟を何より重視し、有限な時間を無駄にしたくないと考える傾向が強いのだそう。確かに〝作品〟にとってはそれこそが健全な姿で、素晴らしい作品からスターが誕生することはあっても、スターが作品を名作に変えるわけではありません。純粋に面白い作品が作られていくためにも、スターに頼らないこの傾向がもっと進むといいなと思います。（も）

▼11月に社員旅行がありました。奈良の春日大社を参拝する旅程。私は以前読んだ記事で、春日大社に興味をもち、楽しみにしていました。『SWITCH 特別編集号　LISTEN.』（２０１２年、スイッチ・パブリッシング）に収録されていた、山口智子さん、高畑勲監督、鈴木敏夫プロデューサーが春日大社「おん祭」と呼ばれる暗闇の祭りを体験した時の鼎談です。暗闇に耳を澄まし、感覚が研ぎ澄まされ、人以外の存在を感じる。不思議なお祭りに惹かれました。「おん祭」の時期ではありませんが、春日大社に行けるんだと楽しみにしていました。しかし、前日に風邪をこじらせてしまい、参加を辞退することに……。急なキャンセルで幹事さんに迷惑をかけ……。健康の大切さを、身をもって感じています。（あ）

2018年1月

▼AFP＝時事による信じられないニュースが入ってきた。ミャンマーで、アウン・サン・スー・チーが率いる国民民主連盟による文民政権が発足して以降、通信法に基づく名誉毀損罪などで市民が摘発されるケースが激増していることが人権団体の報告により明らかとなったということだ。どういうことかというと、SNSなどインターネット上で風刺記事を書いた活動家、ジャーナリストなどが摘発され、裁判が行われたすべてのケースで禁錮刑を含む有罪判決が言い渡されているという。つまり自由な言論への弾圧だ。少しのニュースしか情報源がないので、ことの詳細は分からないが、スー・チーがミャンマーの新たな独裁者となってしまうのだろうか。確かにロヒンギャ問題あたりから、スー・チーは迷走している。人はやはり権力を手にすると変わってしまうのか。あのレーニンだって当初は革命の志に燃えていた。ランボーが今度はスー・チーを倒しに行く新作ができるのだろうか。（ぬ）

▼最近の映画のサブタイトルが気になります。はじまりは「IT」（90）のリメイク版タイトルが「IT／イット〝それ〟が見えたら、終わり。」だと知ったとき。説明的だしそもそも〝それ〟が見えても全然終わりじゃないし、これは必要なのかなとモヤッとしたのですが、その後訪れた劇場の予告編でも「ラストレシピ～麒麟の舌の記憶～」「DESTINY　鎌倉ものがたり」などサブタイトル付きが複数本ありモヤモヤは本格的に。「ランボー　怒りの脱出」や「スター・ウォーズ　帝

国の逆襲」「男はつらいよ　花も嵐も寅次郎」などはわかるんです。シリーズものだし1作目にサブはない。でも一球入魂の作品ならタイトルはやっぱりバシッと決めて欲しいのです。洋画は原題をカタカナ化せざるを得ず、日本でサブを頑張る大人の事情があるのかもしれませんが（あくまでも想像）、せめて邦画には、そのタイトルを想うだけで心が揺れるような素敵なタイトルであって欲しい。そして作品をこの世に存在たらしめるもの、つまり作品の大切な名前であるならば、できれば「ALWAYS　三丁目の夕日」の影響から解き放たれた〝英語＋日本語〟の組み合わせではないのがいい。それが今年最初の私の映画に対する個人的な主張です。ご清聴ありがとうございました。（も）

▼昨年2月号から始まったマイケル・デュドク・ドゥ・ヴィット監督の表紙イラストも、今号で最後です。ウィリアム・バトラー・イエーツの詩'The Song of Wandering Aengus'の終わり2行"The silver apples of the moon, The golden apples of the sun."と共に、寄り添う男性と女性が太陽の光に包まれている様子が描かれています。詩では空中に消えていった女性を捜し求めて男性がさまよう様子までを書いていますが、マイケル監督のイラストでは幸せそうな二人が描かれています。これは男性の理想の世界なのか、それとも現実なのか、想像を膨らませられます。日本人の私は届いたイラストを見て「初日の出のようで1月号にぴったり」と思いました。素敵な偶然で、1年の始まりから縁起がいいです。来月号からの表紙は、写真を予定。こちらもどうぞお楽しみに！（あ）

2018年2月

▼『週刊文春』の報道により小室哲哉が引退に追い込まれてしまったことで、同誌への批判が噴出して炎上状態となっているが、そんな単純な図式でもないと思っている。結局のところマスメディアに良心なんてない、売りたいがために単に読者の欲するものを提供しているだけだ。だからテレビにしても雑誌にしても「そんなくだらないことを報道しているなら、買わなきゃいい、見なきゃいい」だけなのだけど「人の不幸は蜜の味」で、絶対になくならないだろう。そんなニーズがある以上、たとえ『週刊文春』が「もうこういった報道はやめます」と言ったところで、第二、第三の『週刊文春』が出てくるだけだ。『サイボーグ００９』のブラック・ゴーストを思い出してしまった。欲望の結集体であるブラックゴーストを倒したところで、決して消えることのない人間の欲望がある限り、世界から戦争はなくならないという恐ろしい結末を。（ぬ）

▼米国で社会現象を巻き起こした、80年代の米国の田舎町を舞台にしたドラマ「ストレンジャー・シングス」をようやく観てすっかりハマっている私。スピルバーグやスティーブン・キングの〝少年と冒険と青春とＳＦ〟の世界と、音楽やビジュアルに代表される80年代カルチャーをオマージュとして完璧な形で取り入れているのが最大の特徴であり大きな魅力で、そこが大ヒットの要因とも言われています。本当に面白いのでぜひ皆に観て欲しいのですが実はこのドラマ、Netflix

限定配信でＤＶＤもない。Netflixの会員にならないと絶対に観ることができないのです。いま動画配信サービス各社は、そこでしか観られない限定配信作品を増やすことで、顧客増加と囲い込みを図る方向に進んでいます。でも昨年最大のヒット作「ストレンジャー～」は、その時代を過ごした誰もが知り、触れ、経験した映画や音楽という共通の文化が無ければ生まれない作品でした。囲い込みが進むということは共通のカルチャーが無くなるということ。未来のいつの日か感じるはずだった、同じ時代を過ごした者同士だから通じ合えるノスタルジーの可能性を、まさにいま自ら潰す方向に業界が向かっているようで、なんだか切ないです。（も）

▼写真家・潮田登久子さんは20年以上かけて「本」をテーマとした写真を撮影されてきました。今号から、その一部を表紙で紹介していきます。潮田さんはほとんど中身を読まないまま、本を外側から見つめて撮影されるそうです。私が気になったのは、破けてボロボロになった漫画本。持ち主が何度も読んだのか、大勢で回し読みをしたのか、それとも取り合って破けてしまったのか。写真からはそんな、好奇心にあふれる子どもの姿やその時代が目に浮かんでくるようで面白いです。本の面白さは中身だけではないんだ、と新しい視点を教えてもらいました。本への愛情あふれる写真を、今後もぜひお楽しみに。（あ）

2018年3月

▼言葉について考えてしまう。差別用語とされたものは、今どんどんマスコミにより言い換えられている。しかし思考停止的にそのまま受け入れてしまってよいのだろうか。自分の経験からすると、差別用語を言い換える時に、多くの場合それが本当に差別かどうか、前後の文脈などを含めて慎重に吟味するよりも、クレームが来ると面倒だからとりあえず言い換えておこう的な態度なのではと思う。結果として多くの日本語が消失していく。一例だが〝めくら〟が使えないので〝めくら判〟も〝めくらめっぽう〟も使えなくなった。〝めくらうお〟という魚がいたが、これはどうなっているのだろうか。魚からすれば人間の都合で勝手につけられたと思ったら、今度は改名しろとかいい迷惑だろう。〝盲目〟を英語にした〝ブラインド〟も差別用語という人もいて〝ブラインドタッチ〟も使えないが、窓の〝ブラインド〟はどうなのだ。問題なのは、あくまでもこれはマスコミが決めた業界内のガイドラインであるにも拘わらず、まるで世間に対して法律のような妙な拘束力を発揮してしまっているのではないか、ということだ。たとえばわいせつに対して、個々で表現の自由への考え方が違うからこそ、刑法という、好き嫌いに関係なく従わなければならないルールがある。言葉の生殺与奪は丁寧に扱わなければならないものを、マスコミごときが自分たちの都合で安直に判定したものに〝盲信〟することへの違和感が大きい。（ぬ）

▼子供の頃、春は蝶、夏はクワガタ、秋はトンボを追いかけて、好みの虫が少ない冬はお菓子の空箱いっぱいに溜めたセミの抜け殻からマイベストを選んで、ブローチのようにセーターにつけて喜んでいた

私。しかしいつの日からか、虫に触ることを躊躇するようになってしまいました。知識が増えて恐れという感情も増えたのか、「虫って気持ち悪い」という誰かの言葉に影響されてしまったからなのか。動物にも虫にも植物にさえも「さん」づけをして、すべての生き物をフラットに、自分と同等に捉えていた時もあったというのに、この変わりよう。相手（虫）は何も変わっていないのに、大人になって自分を取り巻くものに上下を付けて、遠い階層の必要ない存在だと彼らを位置づけてしまったからなのかもしれません。なんだかそれが哀しくて、今でも雨上がりのアスファルトに出てきてしまったミミズを見つけた時は、戻れないまま死んでしまうことがないよう、必ず近くの土の地面に移動してあげるようにしています（ミミズはギリギリ触れます）。勝手に世界を区分けして生きようとしている自戒と、「友達だったことを忘れてないよ」という子供の頃に遊んでくれた彼らへの感謝の気持ちを込めて。（も）

▼3歳の娘は虫が大好きです。保育園にお迎えに行くと、皆で育てている幼虫や、捕まえたダンゴ虫を見せてくれ、それをポケットに入れようとするのでいつも慌てて止めています。「どうして娘は虫を持って帰ろうとするのだろう」と頭を悩ませていたのですが、「毛虫のボロ」を観て少し謎が解けました。というのも、私も子供の頃に同じことをしていたと、思い出したのです。一番好きだった虫はバナナ虫（正式名称はツマグロオオヨコバイ）。名前の通りバナナのような見た目で、かわいい虫です。一緒に遊びたいだけなのに、虫には逃げられるし、母には止められるし。あの時の残念な気持ちを思い出しました。現役で虫好きな娘は、「ボロ」を観てどんなことを感じるのか、反応を見るのが楽しみです。（あ）

2018年4月

▼道を歩いているとぶつぶつと独り言を言っている人がいる。以前なら危ない人かと驚いた風景だが今では慣れた。ハンズフリーのスマホで誰かと話をしているのだ。これって子供の頃夢見たテレパシーだ。いつでもどこでも、それこそ地球の裏側にいる人とでも瞬時に会話できる。いずれ技術が進歩すれば、たくさんの人の心のメッセージが、どんどん耳に入ってくるのも可能になるだろう。〝さとり〟という日本の妖怪がいる。さとりは人の心が読めてしまうのだ。今SNSではみんなが好き勝手に心の思いを吐露している。それらを読めば他人が考えていることがよく分かるのだが、現実は他者への恨み、嫉妬、差別、誹謗中傷などヘイトが渦巻いた発言も多い。こういうのがどんどん入ってくるようになったら嫌だなと思う。妖怪さとりは、人の心があまりに汚いのにうんざりして、とうとう誰の心も聞こえてこない人里離れた山の中にただ1人籠ってしまった。（ぬ）

▼「ブラックパンサー」はもうご覧になったでしょうか？　公開以降、5週連続で北米興行収入ランキング1位をキープし、社会現象にもなっている大ヒット映画です。アイアンマンなどを擁するマーベルコミックスを元にしたスーパーヒーローシリーズの続編的位置づけなので、ある程度のヒットは予測されていたものの、黒人がヒーローを演じるブロックバスタームービーなこと、主要キャストに白人が2人しかいないこと、舞台となる近未来都市ワカンダがアフリカの歴史的・文化的意味を踏まえて創造されていることなど、「黒人のカラーが強い映画は当たらない」という業界の通説だったマ

イナス要素をことごとく取り入れているにもかかわらずそのジンクスを破り、シリーズ内でも1、2を争うヒット作になりました。ヒーローものでありつつ、斜めから見ると現代の社会問題を色濃く反映しているのが最大の理由と言われています。「娯楽に政治的、社会的問題を持ち込むな。興ざめする」という人もいますが、嫌なら観なければいいし、良くなかったら周りにそう喧伝することもできます。選び、評価し、今後の可能性の有無を握るのは観客でありお金を払う私たち。いわゆる〝くだらない大衆映画〟にでも社会的問題への投げかけを入れ込むことができるのが、映画などの芸術のいいところだと私は思うのです。ということで、私は今週もう一度ワカンダに行ってきます！（も）

▼『熱風』の表紙でも一部を紹介している写真集「BIBLIOTHECA シリーズ」『本の景色』（幻戯書房）が、第37回土門拳賞（主催・毎日新聞社）を受賞しました。潮田さん、おめでとうございます！　受賞作品展がTHE GALLERY 1 新宿（4月10日〜16日）、THE GALLERY 大阪（5月24日〜30日）、山形県酒田市「土門拳記念館」（10月4日〜12月24日）にて開催されます。この機会にみなさんぜひ足を運んでみてください。2月号の特集でも詳しくご紹介しましたが、潮田さんの写真には写っているモノだけでなく、その背景を感じさせる面白さがあります。今月号の表紙でも、装幀の豪華さだけでなく、装幀をした方の熱意や、この本をコレクションして大切にされてきた方のこだわりを感じます。土門拳賞受賞をきっかけに、潮田さんの面白くて優しい写真が、より多くの方に届くことが嬉しいです。本当に、おめでとうございます。（あ）

2018年5月

▼高畑監督に原稿やインタビューの依頼をする時は毎回すごく緊張していたが、これはばかりはとうとう慣れることはなかった。かつて、鈴木プロデューサーの「高畑監督に会って話を聞きたいというのを電話で言っただけなのに、電話の向こうで1時間〝そのインタビュー取材には応じたくない〟というのを延々と聞かされた」という話がある。他の人たちも同じようなことを言っていて、監督のスタイルはずっと変わらなかったんだと思う。とにかくこちらが不用意に依頼などしようものなら「なぜ自分がそれをやらなければいけないか」に始まり「それにはこういう歴史があるのを知っていますか」から「そもそもその企画をやる必要があるのか」になってしまい、ただただ自分の不勉強さを恥じるばかりとなってしまった。ところで以前『熱風』の企画会議で「高畑監督が選ぶ本100撰」という案が出たことがあり、何よりもまず僕自身が「読みたい！」と思った。しかし「ではそれを実現させるには」と考えた時に「監督のことだから、やるならばまず全蔵書のリストを作るところから始めないといけないだろうし、いったいそれが何冊あるのか見当もつかないし、作るには早くても半年以上かかるのでは」等々言い訳をしているうちに実現不可能となってしまった。本当に残念ですが、今までいろいろ教えて頂きありがとうございました。（ぬ）

▼初めて「ハイジ」に触れたのは、アニメーションでした。「赤毛のアン」も「母をたずねて三千里」も「じゃりン子チエ」も「火垂るの墓」も、すべて幼い頃にテレビで観たアニメから原作の存

在を知りました。少し大人になり書籍を手に取ったものの、私にはどれも、アニメのほうが面白かった。人々の暮らしや、それを取り巻く空気、物語が息づいていた時代の風や匂いや手触りまで、目に見えているよりも遥かに多くのものを感じられたし、それらを観ているあいだ私はいつも物語のなかにいて、登場人物とともにその世界に生きていたからです。私と同じだったり違ったりするさまざまな生活や人生を知り、それをすぐ隣に感じることで、幼い私は自分とそれを取り巻く世界について初めて真剣に考えたのだと思います。「ハイジ」を観たあの日から、名前も知らなかった高畑さんに教えてもらったことがたくさんあったのだと、いま改めて感じます。高畑さんが作品を生み出した同じ時代にその作品を観ることができて、本当に幸運でした。ありがとうございました。（も）

▼久しぶりに「かぐや姫の物語」を観返しました。映画館で観た時にはかぐや姫の気持ちに鈍感な翁《おきな》に苛立ちましたが、娘ができた今観ると、翁の気持ちも痛いほど判るようになりました。そして、何より媼《おうな》が心に残るように。余計なことは言わず、かぐや姫に寄り添う姿から、かぐや姫への深く温かい愛情を感じます。媼はきっとかぐや姫にとって支えだっただろうと思います。言うことを聞かない3歳の娘に「誰もお嫁さんにもらってくれないよ！」と言い放った自分を反省しました（娘は「K君がもらってくれる」と言い返していましたが）。高畑監督から学んだことが沢山あります。これからも映画を観直す度、気づかされることがあると思います。ご冥福をお祈りします。（あ）

2018年6月

▼星由里子さんが、肺がんのため74歳で亡くなられた。僕のように〝若大将命〟の人間にとっては〝澄ちゃん〟と呼んだ方がしっくりくる。澄ちゃんとは若大将シリーズのマドンナ澄子の愛称で、「大学の若大将」から学生編の最後「リオの若大将」まで星さんが演じていた。澄ちゃんの苗字は作品ごとに基本毎回変わっていて、中里澄子がいちばん多かったが、他にも星山とか押田とか仁科とかいろいろあった。劇中のスラックスやスカーフといったボーイッシュなファッションは当時人気だったオードリー・ヘップバーンの影響を受けていたようだ。東宝の社是である「朗らかに、清く正しく美しく」のイメージ通りの女優で、後の沢口靖子に代表されるシンデレラガールの元祖のような人だった。若大将映画での澄ちゃんは、イメージとは少し違って短気で怒りっぽく、すぐに若大将の女性関係を誤解して、あてつけに田中邦衛の青大将とデートをするような困ったちゃんだった。どうも星さん自身も澄ちゃんの性格は好きじゃなかったようである。ご冥福をお祈りいたします。（ぬ）

▼編集という仕事は、1冊の雑誌を作る間に同じ原稿を何度も繰り返し、多いときには7、8回読むこともよくあります。その大半は文章がきれいに流れているか、言葉遣いはおかしくないかなど、構成の問題や文字の間違いを見つけるためなので、思い込みなどを排除できるように意図的に心を通さず、頭だけで〝機械のように読む〟のです。今月号の高畑監督の追悼特集には、本当

にたくさんの方が言葉を寄せてくださいました。今回もそのひとつひとつを、いつもと同じように仕事として、何度も繰り返し読むのですが、でもどうしても、感情が入ってしまうのを止められませんでした。文章から著者の方と高畑監督とのつながりを思い、知らなかった監督の姿を想像して、僅かながらの私の知っている高畑監督のしぐさや話し声を思い出して……。きっと、私だけでなく編集部全員がそんなことを繰り返しながら、今月号を作りました。著者の方はもちろん、読者の方々をはじめ高畑監督を想うたくさんの人々の思いが、監督に届けばいいなと思います。（も）

▼私は以前「かぐや姫の物語」のスタッフとして働いていました。食事休憩中には数名で本を広げて血液型占いをしたり、持ち寄った食べもので食事会をしたりすることも。気が付くと高畑監督がその輪の中に溶け込んでいらっしゃることもしばしば。新人だった私にも垣根なく話しかけてくださり、とても嬉しかったことを覚えています。監督の誕生日をお祝いした時、スタジオやジブリ美術館だけでなく監督の海外のお友達からも沢山のお祝いの気持ちが届き、想定以上の盛大な宴になったことがありました。「祝いたいと思っていないのに巻き込まれている人もいるのでは」と気になさる監督。これだけ多くの方に慕われるのは、この人柄ゆえなのだろうと思いました。端の端ですが監督の制作現場に席を置かせて頂き光栄でした。ありがとうございました。（あ）

2018年7月

▼『熱風』について時々読者の方から「手に入らなかったのでインターネットにもアップしてほしい」という手紙を頂くことがある。『熱風』は基本的には紙オンリーで発表している媒体なので、数少ない例外を除いてはネットに上げることは考えていない。紙だろうがネットだろうがコンテンツそのものに差はないのだが、それでも誰もがスマホの画面でいつどこからでも瞬時に情報にアクセスできるネット配信のデジタルコンテンツと、紙に印刷されて、簡単にはコピペもできないアナログコンテンツは別ものだと思う。個人的な意見だが、同じ文章でも、モニター上で読む透過光の世界と、紙に印刷されたものを読む反射光の世界とでは、受け取った時の印象が違う気がする。眼は単なるレンズだけれど、その情報を脳のどこで感じるのか、その送り先が違うのではないだろうか。活字の方がより深いところで思考する場合に適していると考え、それ故に長い文章になればなるほど、紙の方がより丁寧に読まれるというか、そうであってほしいと。そんなわけで、ネット時代とは正反対に、まだアナログでの表現にこだわっていきたいと思っている。（ぬ）

▼今月、いしいひさいちさんの漫画が2冊ほぼ同時刊行されます！　1冊目は7月27日（金）発売の『ののちゃん全集11』。朝日新聞朝刊2016年1月1日～2017年12月31日分掲載の「ののちゃん」全711本を単行本化したこの最新刊には、おまけとして「たまのののののちゃん」と、幼稚園時代ののちゃんを描いた描き下ろし「ののちん」を収録。10巻収録のおまけ、大学生になったののちゃん

「ののさん」と併せて読んでいただくと、かわいい姪っ子の成長を見守る親戚のような気持ちになれること請け合いです。そして2冊目は、7月20日（金）発売の初のセレクト集『ののちゃんセレクションポチ！』。「山田くん」から「ののちゃん」まで約８５００本もある作品群から、山田家の不機嫌な犬・ポチに狙いを定めて〝ベスト・オブ・ポチ〟を集めました。つまりは、ポチの一気読みです。ののちゃんの世界を離れて、純粋なイヌ漫画としても楽しめるこの一冊、描き下ろしの「ポチのひと言」は、シニカルかつ現実主義なポチの心のつぶやきがシュールに笑えて必見です。全国のコンビニエンスストアと書店にて、どうぞよろしくお願いします。（も）

▼5月にポプラ社主催「小学生がえらぶ！〝こどもの本〟総選挙」の結果発表があり、書店に10位までの本が並んでいるのをよく見かけます。10位の『りゆうがあります』（ＰＨＰ研究所）は3歳の娘も大好きで、毎晩のように読み聞かせている内に諳んじるようにまでなりました。「鼻をほじるなどのクセを怒られるけれど、理由があればいいのではないか」と考える子どものお話です。私には娘に理由を聞くクセがつきました。絵本に出てくる独創的な理由とは違いますが、子どもには子どもの考えがあるとよく分かります。先日泣いたのは「本当に欲しいおやつを選べなかった」という理由。さらに聞くと、妊娠後期のため甘いものを控えている母（私）に気を遣ったのだと知りました。「子どもの立場にたって考えることの大切さ」を絵本に教えてもらいました。9位までの本もどんな内容なのか気になっています。次号から産休・育休のためしばらくお休みを頂くので、この機会に読めずにいた本を読めればと思っています。（あ）

2018年8月

▼デジタル社会が生み出した最大の罪は、人類から耐性を奪ってしまったことではないかと思っている。それまで基本的にはシーケンシャルアクセスだったものがランダムアクセスが可能になったことで、興味のないコンテンツをすっ飛ばすことができるようになった。耐性がなくなったことで、たとえば歌などは、じっくりサビに向けて盛り上げるのではなく、最初にバーンとサビを持っていかないとスキップされてしまうと聞いたことがある。映画もそうだ。コンテンツはまあいいとして（よくないけど）、政治もエンタメ的に見られてしまうのが怖い。「いつまでモリカケやってんだ！」なんて言われても、他に懸案があるのは分かっているけど、それでも「いや、ああいうのは関係者の証言の矛盾や齟齬を確認しながらじっくり追及していくものでは？」と思うのだが。耐性に関して言えば、まとめサイトがまた酷い。どんなことでも短くまとめてしまえば、微妙なニュアンスは抜け落ちてしまうし、仮に言外にそれをにおわせておいたとしても分からずに、書いてあることの自分の信じたい部分だけを都合よく解釈してしまう。耐性がないから、その解釈はじっくりと自分の中で検証されることもなく、速攻で拡散していく

のだった。（ぬ）

▼「となりのやまだ君」時代から数えると足掛け28年（!）、８５００回を超えて連載中の朝日新聞朝刊の４コマ漫画「ののちゃん」。永遠の小学3年生・ののちゃんですが、連載当初の夏は居間で扇風機の角度を気にしている様子だったのに、いつのまにか、クーラーがきいた部屋からいかに出ないで済むかを画策したりしていて、いつも変わらないように見える登場人物たちの後ろに流れる生活の風景は、時代の流れを静かに、自然に、そして着実に反映しているようです。〝少しずつ変わっているからこそ、いつも変わらないように見える〟という定番の凄みを感じます。そんな今の時代を生きるののちゃんが読める最新刊『ののちゃん　全集11』（２０１６年１月～２０１７年12月掲載分を収録）が、7月27日に発売されました。１巻から読めば話題の小中学校のクーラー論争に何かを投じるか投じないかはあなた次第の『ののちゃん全集』シリーズを、どうぞ宜しくお願いします。（も）

2018年9月

▼毎年8月の敗戦の時期になると放送される「NHKスペシャル」の戦争シリーズに注目している。丁寧に時間と手間をかけ、まだ生存している残り少ない戦争体験者たちの証言を集めたそのクオリティは素晴らしい。今年は「ノモンハン 責任なき戦い」「祖父が見た戦場～ルソン島の戦い 20万人の最期～」「船乗りたちの戦争～海に消えた6万人の命～」「届かなかった手紙時をこえた郵便配達」の4本を見た。どれにも共通しているのは、帝国日本軍のアホらしさだ。司馬遼太郎はノモンハン事件について「こういうバカなことをやる国は何なのだろう」と絶望している。そしてどの番組もみな、生きて帰った兵士や遺族たちが「もう戦争は嫌だ」と悲痛な叫びとも言える声を上げているのが心に残る。人の命を何とも思っていない無責任な大本営に対して、検閲があったために手紙では言いたいことも書けずに、遠い南方の地で妻子や兄妹たちを思いながら散っていった若者たちの無念の心を考える。自分は戦争を知らないが、このように残された記録を見るにつれ、たとえ一国平和主義と揶揄されようとも、絶対に戦争は繰り返してはいけないと強く思う。それからもうひとつ、先日亡くなられた翁長沖縄県知事のご冥福をお祈りいたします。本誌にも一度登場頂いたが、再度の取材オファーをお願いしていた最中の訃報で

した。あの狭い沖縄に、日本の米軍基地が集中しているという現実、その是非を日本全体で考えてほしいという、ごくまっとうな要求がなぜこれほどまでに無視されるのか。戦争の残した傷跡はまだまだ大きい。（ぬ）

▼今月号でついに最終回を迎えた、いしいひさいちさんの連載『ワトスン・ノート～語られざる事件簿～』。「シャーロック・ホームズ」シリーズ全60編内で事件名しか挙げられておらず内容がわからない、通称〝語られざる事件〟と呼ばれている事件群をいしいさんが想像して作品にする、という試みだったこの連載ですが、連載終了＝〝語られざる事件〟がいしいさんによってすべて語られた、ということで実は大変喜ばしいことなのです。とはいえ、もういしいさんのホームズが読めなくなってしまうのかと思うと、寂しく残念な気持ちになるのも事実。そんな、最終回の報でがっかりされている方にすばらしく耳寄りなお知らせがあります。なんと来月号からいしいさんの新連載がスタートします！（あれ、1年前も同じことを書いた記憶が……）題材は、シャーロック・ホームズ。えっ、どういうこと、と思われたそこの方。「君は見ているが、観察していない。初歩的なことだよ、ワトソン君」。ということで、この謎は来月号を読めば解明できます。待て、次号!!（も）

2018年10月

▼樹木希林さんが亡くなった。本誌でも登場頂いたことがあって、僕はその時にインタビューしたのだが、イメージ通りの表も裏もない自然体の方だった。取材が終わって、文字校正の話になったら「校正なんか要らないわよ、言ったことは何でも書いていいから」とおっしゃったのだが、「そうですか、では校正は送りません」というわけにはいかない、こちらの誤認もあるかもしれないし。なんとか無理やり「校正だけはお願いします」と頼み込んだ。その後「掲載誌送りますね、ご自宅でよろしいですか」と言ったら「そんなもの要らないわ、やめて。いろんなとこから送ってくるから困ってるのよ、どうせ見ないし」と笑ってる。なんだか〝樹木希林らしい〟というか、本人だから、らしいも何もないのだが。結局「はい、分かりました。では掲載誌は送りません」とこちらも笑って言って希林邸を後にした。すごく自然で素敵な方でした。心からのご冥福をお祈りいたします。（ぬ）

▼今月から、いしいひさいちさんの「ワトスン・メモ」が始まりました。探偵シャーロック・ホームズとその助手Dr.ジョン・ワトスンを中心としたこの新連載、先月最終回を迎

えた「ワトスン・ノート」といったい何が違うのか。〝ノート〟と〝メモ〟の違いを謎に思われている方もいらっしゃると思うので、ここで種明かしを。先月までの「ノート」は、作品中に事件名は出てくるもののその詳細が語られていない「語られざる事件」を作品にするというものでした。対する「メモ」は、ホームズとワトスンの会話などで依頼や調査があった事実は判明しているものの事件名が出てこない〝名もなき事件〟が、いしいさんによって作品化されます。シャーロック・ホームズシリーズは、基本的にはホームズのボズウェル（伝記作家、転じて他人の言葉や行動を忠実に記録する人）、ワトスンによる事件記録という体裁の作品なので、タイトルもワトスンの〝ノート〟から、事件名もないより簡易な〝メモ〟になったというわけです。これを機会に、コナン・ドイルのホームズシリーズを未読の方は、全シリーズ読破に挑戦してみてはいかがでしょうか？（も）

2018年11月

▼どうも社会全体が壮大な〝粗さがし〟の方向に向かっているように感じる。たとえば文章の中で「漢字の使い方が間違っている」とか「統一がされてない」などと些細なことにまでケチをつける。投書などの読者からの意見では統一に関する指摘がいちばん多く、最近はさらにその傾向が強まっているようだ。先日、Twitterでおもしろいツイートを読んだ。それは「校正者から表記の『統一』を強いられるのがつらい」という著者からの意見に対しての、校正者からのものだった。確かにたとえば一人称が「私」だったり「僕」だったり「オイラ」だったり、同じ原稿の中でバラバラだと美しくないという意見は分かる。でもその時の気分をできるだけ伝えたいと思った時に、それは必ずしも前に使った言葉と一致するとは限らない。優しく言いたい気分と少し乱暴な感情を表したい時は、絶対に言葉は違うはずだ。「思う」と「想う」は全然違う。同ツイートは「そういう美意識があってもいいと思うし、価値観があってもいいと思う」と前置きをしつつ「多様な表記が可能であること、それこそ日本語表記の特質であり、豊かさであるとも言える。(…)多様な表記の出てくる必然性がないというのなら、表記が統一される必然性こそない。日本語の表記っていうのは、そもそも統一なんて概念とは無縁なところで成り立ってるんだから」とも言っていた。宮崎監督の高畑監督への追悼文の中で「タバコを辞める」という一文があった。本来

であれば「止める」が正しい。監督に確認したところ『辞める』と書いた方が、より決意が伝わるような気がするんです」と言われたのだが、本当にその通りだと思った。日本語は素晴らしい。その追悼文は宮崎監督がお別れの会の中でそのまま読まれたが、それを書き起こしてサイトに載せたどのメディアも「止める」と書いていた。なんだか「辞める」が妙に軽くなったような気がした。（ぬ）

▼上野の国立西洋美術館で開催中の、ルーベンス展を見てきました（２０１９年1月20日まで）。ルーベンスといえば、ある年代以降に生まれた日本人が連想してしまうのはやはり、アニメ「フランダースの犬」。主人公の少年ネロが最終回でついに見ることができた〝キリスト降架（と昇架）〟がルーベンスとの初めての出会い、という人はかなり多いのではないでしょうか。もちろん私も、小学生のときに「ネロがあんなつらい思いまでして見たかったルーベンスっていったい……」というのがまさにファースト・コンタクトでした。ネロが一番好きな絵も、私が一番好きな〝四大陸〟（４つの大陸と大河を神の姿に擬人化した作品。当時ヨーロッパとアジアは別の大陸と考えられ、南極は未発見）も残念ながら今回は来日していませんが、〝クララ・セレーナ・ルーベンスの肖像〟〝エリクトニオスを発見するケクロプスの娘たち〟〝パエトンの墜落〟など、違う場所に収蔵されている作品を一度に間近で見ることができる機会なので、どうぞお見逃しなく！（も）

2018年12月

▼11月13日の日経に「政府統計、信頼に揺らぎ」というタイトルで、内閣府の出したGDPなどのデータに日銀が不信を募らせているという記事があった。これは国の運営の根幹を揺るがすような大変なことだ。日銀は内閣府に、こっちで計算しなおすから基礎データをよこせ、というようなことを言ってるが、内閣府は業務負担を理由に一部を拒否しているようだ。「バブル期を超えた好景気」などと威勢のいいことで高支持率をキープしてきた安倍政権だが、もしそうであればこれだけ続いているデフレ不況の説明もつかず、だいたい「バブルを超えた」なんて、当時の狂騒ぶりを知っているものからすれば噴飯ものである。ようするに政治家も官僚も公文書を筆頭としたデータ改竄天国なのだ。しかしこれって実は安倍政権だけではない、民間も直近の事件にもあるようにKYBなどデータ偽造天国だ。つまり日本の組織はどれもこれもけっこう大本営発表なんだなと思っている。最初にこの後記を書いた直後、法務省は技能実習生から聞き取りをおこなった聴取票の集計に〝ミス〟があったと発表。(ぬ)

▼11月17日(土)から三鷹の森ジブリ美術館で新しい企画展示「映画を塗る仕事」展が

はじまりました。言わずもがな、アニメーションは実写の映像と違い、目に見えるものすべてが意図して描かれているもの。その場面に何があるかだけでなく、形、色までもひとつひとつ、ゼロから考えられ、決められています。今回の展示では、一枚のセル画に68色の絵の具が使用された「もののけ姫」のアシタカが矢を射るシーンや、夕方から夜にかけての陽の光の変化のなかで同じネコバスの色彩がどのように変化しているのかの解説など、アニメーションがどのように作られ、よりリアルに命を吹き込まれていくのかを見ることができます。そして、ジブリ作品の色について語る時に忘れてはならないのが、多くのジブリ作品の色を決め、宮崎監督や高畑監督の作品を長年にわたり色で支えてきた〝色彩設計〟担当の故・保田道世さん。この展示に興味を持ってくださった方には、保田さんの仕事に対する情熱と半生を描いた『アニメーションの色職人』（徳間書店）も、ぜひ読んでいただきたいです。（も）

2019年1月

▼沖縄では辺野古への土砂投入が始まったが、ローラやりゅうちぇるがインスタ等で、辺野古の工事中止の署名を呼びかけるといったニュースも注目を集めている。その是非はさておき、こういったこともきっかけで、沖縄の問題についての関心が高まるのはよいことだと思う。常に危険と隣り合わせの普天間が返還されるのは、沖縄県民だけでなく全国民の願いだろう。しかし知っておかなければならないのは、辺野古の基地が出来たからといって、それだけで普天間が返還される可能性はゼロということだ。理由は滑走路が短か過ぎるから。つまり辺野古は普天間基地の移設ではなく、古くなった普天間に新機能を補完する新基地なのだ。米国は普天間返還条件のひとつとして緊急時の民間施設の使用も要求している。緊急時という表現は非常に曖昧だが、どう考えても国はこの役をまた沖縄、那覇空港に押し付けるだろう。そうなったら米軍機の使用が優先されるので、民間機の飛行に大きな影響が出るだろう。着陸出来ずに沖縄の碧い海を見ながらぐるぐると上空で旋回飛行させられるのだ。国は都合の悪いことは隠す、とまでは言わないが、積極的に知らせない。それは先の大戦をはじめとして今までに学んできたのではないのか。「普天間返還は辺野古が唯一の解決策」という、政府が繰り返し発表する言葉を絶対的に

は信用できない。（ぬ）

▼今年の目標はもう決められたでしょうか？　子供の頃から新年を迎えると、親や先生など周囲の真っ当な人々から「その年に達成すべき目標を心に掲げるべき」というプレッシャーを受けながら生きてきて、早数十年。それは、夏が来る前には既に記憶もおぼろげになり、年末になって結局達成できたのかできなかったのかよくわからない、そもそも目標自体が良くなかった、などと思い続けてきた数十年でもあります。それよりも最近は、過去の自分に起きた出来事の詳細や当時の自分のリアルな感情を、もう一度思い出し、整理して覚えておきたいという気持ちが芽生えてきました。その時は自分の幸運を信じてもいない神に感謝したり、胃も心も痛んで眠れないほどの一大事だったりしたはずなのに、いつの間にか記憶と心の奥深くにしまい込まれて忘れかけている出来事が結構あって、人は忘却の動物とはよく言ったものだなと実感します。でも、今の自分を作っているのは過去の選択と経験の積み重ね。だからいいことも悪いことも、ある程度はいつでも見られる引き出しに入れておきたいな、と思うのです。〝いつのことだか、思い出してごらん～〟という「思い出のアルバム」の歌詞が心に染み入る、今日この頃です。（も）

2019年2月

▼日韓関係が急激に悪化している。慰安婦像設置の問題あたりからおかしくなってきたのだが、徴用工の問題で決定的に関係が壊れてしまったように思える。韓国政府も困っていたが、民主主義では三権分立が原則だから、これに関して文政権を責めても、窓口が違う感は否めないと思うが。そして、昨今のレーダー照射問題でさらに対立は深まってしまった。これに関してはいろいろな情報が錯綜していて僕には何が正しいのか分からない。ただ、元航空幕僚長田母神俊雄氏が「日本政府が危険だということで韓国に抗議したという。全く危険ではない」「今回ぐらいのことは世界中の軍が日常的にやっていることであり、電波照射をしてもミサイルが直ちに飛んでいかないような安全装置もかけられている」とツイッターで述べていることから、そこまで騒ぐほどのことではないのかと思われる。これについては元航空自衛隊のトップで、しかもタカ派の人間が言うことだから信用したい。政府がここまで過剰反応しているのは、何かやましいこと、国民の目を逸らしたいことでもあるのかと思ってしまう。ヒトラーはユダヤ人に対する憎悪をナチスへの支持率アップに利用した。ゲルマン民族の優位性を唱え、他民族を蔑んだ思想のなれの果てがどういう悲劇になったかは、いまさら書くまでもない。ちなみに僕の友人にも焼き肉屋のおじさんとか、韓国スナックのママさんとか、韓国人はたくさんいるが、みんなとて

もいい人たちばかりで、日本人も韓国人も国籍など関係なく楽しくつきあっている。（ぬ）

▼〝パンとサーカス〟という言葉を習ったのは中学生の時。古代ローマの詩人が当時の社会を揶揄したこの言葉は、ご存じのように、権力者が市民にパン（最低限の食物）とサーカス（刺激的な見世物）を無償で与えることで政治権力への不満や不安をガス抜きし、目を向けさせないようにして、自分たちの都合の良い状況を作るという、いわゆる愚民政策を語ったものです。コロッセオでの奴隷同士を死ぬまで戦わせる見世物はもちろんですが、刺激という餌を与えられるがまま受け取りその興奮に没頭する一般市民たちに、未経験の野蛮さと異様な気持悪さを覚えて授業後も思い出しては「現代に生まれて本当によかった」と胸をなでおろしました。大人になってそんな無垢な可愛らしさはほぼなくなった私ですが、でもここ15年ほど時々〝パンとサーカス〟のことを思い出したりするのです。ワーキングプア、ブラック企業、大事な問題の何十倍も優先して取り上げられる様々なスキャンダル。現代に生まれて幸運？　私たちの世界はローマ時代より本当に洗練されている……？　やはり人間は理性を優先できないただの動物なのだろうかと哀しくなりつつも、いつの時代の賢者も必ず語る「私たちは歴史から学ぶことができる」という言葉を信じて、興奮と、下には下がいるという安心感や高揚感でごまかされるローマ市民を反面教師にしなくては、と思うのです。（も）

2019年3月

▼橋本治さんが亡くなった。享年70、若すぎる。『熱風』では2017年4月号で「どこまでみんなバカになるのか」というロング・インタビューを行ったのが最後になってしまった。タイトルの〝バカ〟という言葉を使っていいものかどうか少し悩んだが、それ以前の橋本さんの著書にも『バカになったか、日本人』(集英社)というのがあり〝バカ〟は昨今の橋本さんを表すキーワードだと思ってタイトルとした。もちろん橋本さんがバカなのではない。橋本さんが批評する現代の傾向を最も端的に表したキーワードが〝バカ〟なのだ。橋本さんは同インタビューで現代を「バカの最終局面に入るんだ」「右傾化というよりも、バカになっていると言った方が早い」と評した。確かに、トランプ政権や安倍政権を擁護するネトウヨたちの発言を見ていると、思想的に国粋主義というよりも、橋本さんの言うような〝バカ〟としか思えない点が多々ある。理論の整合性や将来の見通し、歴史からの学習よりも、知性を否定、自分で考えることを放棄し、一時の損得や感情に流され、自己責任の名の下に弱いものいじめという憂さ晴らしを優先、などだ。僕は「Brexit」「モリカケ」「改憲」「沖縄」など、何が正しいのか、ものの見方がよく分からないことがあると、橋本さんはどう考えているだろうと雑誌やネットで彼の意見を探してきた。でも

もうそれが叶わなくなってしまって、本当に残念だ。心よりご冥福をお祈りします。（ぬ）

▼「半分、青い。」「まんぷく」と毎回話題のＮＨＫの朝の連続テレビ小説。生活時間と合わないせいか今ひとつ食指が動かず、小学生時代の「おしん」（伊東四朗のお父さん役がすごかった）が唯一の鑑賞体験な私ですが、そんな私が何十年ぶりかで観たいと思っているのが、４月１日から始まる「なつぞら」です。発表によると、戦争で両親を失った少女・なつが、当時まだ漫画映画と呼ばれていた日本のアニメーションの草創期を舞台に、絵を描き、絵を動かす仕事に夢を持ち、アニメーターを目指しチャレンジしていく——というストーリー。いまや何本ものテレビシリーズや映画が当然のように放映・上映されていますが、日本初のアニメシリーズといわれる「鉄腕アトム」のテレビ放送が始まったのは、わずか56年前の１９６３年。そのはじまりから現在につながる怒涛の歴史をドラマで観ることが出来るかも、と期待が高まります。時代はまさに、高畑勲監督や宮崎駿監督が東映動画や日本アニメーションなどで「太陽の王子 ホルスの大冒険」「空飛ぶゆうれい船」「アルプスの少女ハイジ」「母をたずねて三千里」などを制作していたとき。当時の若かりし両監督はドラマに登場するのでしょうか？（も）

2019年4月

▼大阪のセブン-イレブンのフランチャイズ加盟店のオーナーが営業時間短縮に関する件で、本部と対立しているというニュースがあった。オーナーは妻を亡くしたため、妻の分まで2人分働かなくてはならなくなり、ついに限界を感じて24時間営業をやめた。これに関してオーナーによると本部は「24時間に戻さないと契約を解除する」と通告、応じない場合は違約金約1700万円が発生、強制解約になるという血も涙もない話だが、そもそも契約というのは血も涙もないものだから、本部の対応は法的には問題がない（その後本部は要求を撤回）。このニュースがテレビであまり報道されないのは、セブン-イレブンは大量のCMをテレビで流しているので、テレビ局も扱いにくいのだろうか。事件の本質は、コンビニの慢性的な人手不足にある。その原因のひとつとして、接客業務に要求される過剰なまでの客対応があると思う。知人がコンビニでバイトをしているのだが、ちょっとしたことですぐに文句を言う客が増えているという。年齢確認のボタンをお願いするだけで怒るとか、レジ待ちの時間が長いだけで怒鳴るとか、泥酔客の暴言とか挙げればキリがない。コンビニ業界はそういう理不尽な客に関しては、従業員保護のため、出入り禁止を通達するべきだ。困るのは客の方に決まってる。そうしていかないと、とくに若い人たちからコンビニのバイトは敬遠され、ますます人手不足に拍車がかかる。店と客は対等だ。客側にも「売ってくれてありがとう」ぐらいの品格がほしい。コンビニは時代の流れを読むのが得意だろう

から、他業種にさきがけ「お客様は神様です」の姿勢を根本から改めるべきだ。そうしないとやり過ぎるクレーム対応のせいで、日本のサービス業全体の底が抜ける。余談だが「お客様は神様」発言は三波春夫のものだが、これは別の意味で言ったもので、本人の真意と離れて使われているということがオフィシャルサイトで説明されている。（ぬ）

▼この原稿を書いている3月半ば現在まだ未発表なのですが、来たるべき新元号まで、残すところ1ヶ月を切りました。思えば、スタジオジブリの名前が広く知られることとなった最初の作品と言われているのが、平成元年公開の「魔女の宅急便」。その後ジブリでつくられた19作品すべてが、平成の歩みとともにあったと思うと、その終わりにはなんだか感慨深いものがあります。時間は本来絶え間なく、ただ同じ速さで綿々と続くものですが、そこに人間が区切りと名前をつけると、途端に輝かしくなったり、切なくなったり、感傷を呼び起こすのは不思議です。英語にも日本語にも、その他外国語にも「時代」という単語があるのは、抗えない時の流れに意識的に楔を打つことが、限られた時間を生きる人々にとって必要なものだからなのかもしれません。ちなみに昭和生まれの私は3つの時代を生きることになり、祖母が明治生まれと聞いた時の〝そんな大昔の人がここに！〟感を、今度は自分が思われる側になるわけで、ちょっと複雑な思いを抱いているのが正直なところです。新しい時代はいったいどんなものになるのでしょう。強くも誉れ高くなくてもいいので、優しく穏やかな時代になって欲しいと願っています。（も）

2019年5月

▼ショーケンの突然の訃報に驚いた。驚いたというのは、自分たち1960年代前半に生まれたものにとって、ショーケンのカッコよさというのは、天地を揺るがすほどの衝撃だったからだ。「太陽にほえろ!」のマカロニ、「傷だらけの天使」の木暮修のカッコよさはそれまでのヒーロー像にはないものだった。それは映画の凋落とテレビの時代と関係があるかもしれない。映画スターは文字通りの銀幕の星で、誰も手が届かない存在だった。夜霧にむせぶ港町のナイトクラブの相良徹、無国籍な酒場で拳銃を撃ちまくるエースのジョー、ギターを背負って馬に乗って現れるマイトガイ、頑なに仁義を守り続ける花田秀次郎、そんな仁義なんてクソくらえとばかりに暴れまわる石川力夫、どれも逆立ちしたって届かない。だけど、ショーケンのカッコよさは、なんとか真似できそう（実際にはできないのだが、そう思わせることが重要）なもので、それは等身大のテレビ的なカッコよさだった。たとえていうなら、立小便をしたその小便が手についても、そこが絵になるような男だった。マカロニの後に登場したジーパンはショーケンのエピゴーネンであったことは「探偵物語」を見ても明白である。大麻不法所持、傷害、飲酒運転で人身事故、恐喝未遂等々、私生活でもトラブルメーカーだったショーケン。難病にかかって

も本人の強い意向で公表せず、お別れの会も行わない。最期までカッコよ過ぎる生き方だった。御冥福をお祈りします。（ぬ）

▼高畑勲監督が亡くなって早いものでもう1年が過ぎました。高畑監督は本当に博識で、たくさんのことに興味を持っている方として知られていましたが、実はアニメーションだけでなく人形劇の演出も行っていたのをご存じでしょうか。人形劇の世界で絶大な評価を受ける「かわせみ座」の舞台を観て、その操作性、表現力のあまりの高さに驚き、それまでまったく知らなかった人形劇の構成・演出の依頼を受けたそうです。２０００年に初めて上演されたその幻の劇が、7月18日（木）、19日（金）に高畑監督の追悼公演として再演されることになりました（場所：東京「座・高円寺2」／前売り開始：5月24日（金）／問い合わせ：かわせみ座）。作品名は『まほろばのこだま～ののさまたちが目を覚ます～』。鬼や河童、座敷童子など、いまの日本人の意識から薄れている〝もののけ〟たちの夢・現・幻を描いた幻想的なオムニバス作品のなかで、演出時には目に見えないもののけたちの〝気配〟を意識したという高畑監督。そう思いながら作品を観ると、いまは亡き高畑監督の気配も感じられるのかも、と思ったりしています。（も）

2019年6月

▼最近、交通事故のニュースがよく取り沙汰されているが、僕は横断歩道を渡っている時に、脇見運転のクルマにはねられて脳挫傷、命を失いかけたこともあるので、他人事とは思えない。その前に、いまは高齢者の運転が批判の矛先になっているが、警察庁等の発表によると、08年〜17年のアクセルとブレーキの操作ミスによる事故で全国で年間約6000〜9000人が負傷、27〜60人が死亡している。しかしなんと誤操作した運転手の年代をみると、実は10〜20代が1万6188人(26・9%)と最も多いのだ。クルマの暴走は高齢者の認知機能低下を原因に導きたいという、メディアの何らかの意図を感じるのは僕だけだろうか。そもそも、アクセルとブレーキの位置が隣同士という、命にかかわる事故にもつながる間違えやすいデザイン、これはどうみても欠陥商品だろう。MT時代の設計をそのまま踏襲したデザインだが、ATになっても変えないのは明らかに自動車メーカーの責任だ。こんなデザイン、仮にいま新規におこしたとしたら絶対に採用されない。いまさらペダルの位置が変更できないのであれば、全てのAT車はキックダウンの機能を外すべきだ。一部のクルマにはSDAS(セフティドライビング・アシストシステム)という、踏み間違えた時のエンジン停止機能があるが、事故は一瞬のことなので、十分とは言えない。キックダウンの機能を外したところで、シフトレバーで対応すればいいだけで問題はないはずだ。自動運転まで、まだ時間はかかる。人は必ず間違えるという前提のもとに、ハード面での対策を急ぎ、少しでも事故を減らしたい。(ぬ)

▼6月1日から映画館の料金が23年ぶりに値上げしていたことを、みなさんご存じでしょうか？3月に東宝系（TOHOシネマズ）が、5月には松竹系（ピカデリー、MOVIXなど）、東急系（109シネマズ）、東映系（ティ・ジョイなど）も料金改定を発表。今月から一般の入場料1800円が1900円になるなど、全体的に100円の値上げとなりました。試着や立ち読みのようなお試しができないので楽しめるかどうかはイチかバチかであること、書籍や漫画、さらに1本で何十時間も遊べるビデオゲームに比べるとコストパフォーマンスが格段に悪く感じること、少し待てばレンタルやテレビや配信で観られることなど、現在、映画館で映画を観る前に立ちはだかるハードルは数多くあります。みんなが映画を観に行かないから料金を上げるしかないとも聞きますが、「ボヘミアン・ラプソディ」が主に口コミの力で興収130億円を超えたように（米国に次いで世界2位）、その人にとって面白い作品とそれがきちんと伝わる環境があれば、映画を観に行く行為は決して廃れているとは思えません。スピルバーグの「Netflixの作品は映画ではない」発言など、映画製作と映画鑑賞の両者を取り巻く環境はここ数年で大きく変わり、いままさに転換期のど真ん中。ということは、そのなかで私たちが〝映画にどう向き合い、どう消費し、どんな形でお金を出すか〟が、これからの映画作品やその作られ方に影響を与えるということ。とりあえず私は、海外スターや製作者の異常な程に高騰するギャラや安易な値上げには断固不満を表明しつつも、映画館に行こうと思います。（も）

2019年7月

▼トランプ大統領が昨今来日したのだが、安倍首相の下へも置かないおもてなしぶりを、政権の支持率が横ばいで下がらなかったことから、おおむね世論は好意的に見ていたように思える。これはつまり、日本はアメリカの同盟国として、これからもアメリカに見捨てられぬようにしっかりと付いていくしかないという多くの国民の選択なのだろう。野党はここのところを読み違えているから支持率も上がらないのでは。ほとんどの有権者は是非を別として、対米追従がよい、沖縄にはガマンしてもらう、電気代アップよりも原発がよい、旧民主党には政権担当能力はない、といった意識だと思う。これだけ自民党がエラーをしていても支持率が下がらないというのが何よりの証拠だ。野球でいえば、守備側の自民党が1イニングに失策、四球、死球を連発していても、なぜか1点も入らないといったようなことだろう。どう考えても攻撃側に問題がある。旧民主党の人間には二度とまかせられない、というのは東日本大震災もあったし、ちょっと厳しい採点とも思うけれど、原発メルトダウンの危機にあって「直ちに健康に影響はない」という意味不可解な日本語を繰り返していた枝野官房長官(当時)を信頼できないと感じるのもまた当然かと思う。たった一度の失敗で「もう旧民主党はこりごり」というのも、「蛇に噛まれて朽ち縄に怖じる」的過剰反応かとも思うが、政権の支持率という数字を冷静に分析すれば、民意をそう解釈せざるをえない。予算委員会での与党への執拗な追及も、大きなボリュームゾーンである無党派層へのイメージアップには決してつながらないことに時代の空気変化を感じる。いまの日本人の「抵抗」は徹底した「無関心」、同じアジアでも日本人は香港人とは違うのだ。(ぬ)

▼音楽系伝記映画はヒットしないと長年言われてきたなか、クイーンの伝記映画『ボヘミアン・ラプソディ』が世界的に大ヒットしたのは記憶に新しいところ。この成功で、来月公開予定のエルトン・ジョンの伝記映画『ロケットマ

ン』（すごくいいという噂！）に続き、セリーヌ・ディオンの『ザ・パワー・オブ・ラブ』、アレサ・フランクリンの『リスペクト』、更にカルチャー・クラブのボーカリスト、ボーイ・ジョージの伝記映画の製作決定など、世はにわかに音楽映画フィーバーです。この状況、映画業界が2匹目のドジョウを狙っているというだけではなく、『ボヘミアン～』のヒットによりクイーンのCDが爆発的に売れたことが大きく後押しをしているそうです。CDもダウンロードも含め音楽が売れない今、映画が過去のCDを動かし、サントラも代表曲ばかりのベスト盤的内容になってヒットしやすく、そして街で曲が流れれば映画の宣伝になるため、音楽業界も今までになく協力してプッシュしているからだとか。限られた余暇の時間を様々な娯楽が取り合っている現代ですが、ライバルが仲間に変わり、思いもよらない相乗効果のヒット作が生まれる現象が今後、ますます増えていくのかも知れません。（も）

▼昨年7月に二女を産み、職場に戻って参りました。またどうぞ宜しくお願いいたします。末盛さんのインタビューの最後に「本を作るのは簡単だけど、売ることは難しい」とあります。人の目に触れる機会が少ない良書が沢山あるというのは、とてもさみしいことです。私は早速『でんでんむしのかなしみ』（星の環会）を買って、娘たちに読み聞かせをしました。毎日寝っ転がって読み聞かせをするのですが、この時には4歳の娘が「座って聞く」と言い出し、0歳の娘も隣に座りました。空気がピリッとして、いつもと違う雰囲気。これが「子どもは分かっている」ということかしら、と思ったのも束の間、二度目に読んだ時には「これはだれ？　これがカナシミ？」と、いつも通りの質問攻めにあいました。末盛さんのおかげで、素敵な絵本と出会えました。多くの方にとっても良書に出会うきっかけになると良いなと思います。前述の「子どもは分かっている」というのは末盛さんの言葉。絵本の編集に関わらせて頂くこともあり、ノートに書き写し、心に刻みました。母としても、大切に思う言葉です。（あ）

2019年8月

▼モンテスキューが『法の精神』の中で唱えた三権分立は民主主義の基本だ。もちろん目的は権力の一極集中、暴走を防ぐためだが、彼が同論を発表したのは1748年、今から300年近い昔。もちろんこの考え自体は普遍のものと思うが、しかしこの時代はまだテレビがなかった。いま思うのはテレビを中心とするメディアが完全に第四の権力になっているということだ。テレビの報道加減が政権の支持率や選挙の結果に大きく影響する。ネットが発達した現在でも、テレビは依然として視聴者の感情にストレートに訴える洗脳装置として多大な力を持っている。例えば時の政権に都合の悪いニュースは取り上げないとしても、それは虚偽報道とは言えない。しかし取り上げられなかったニュースはなかったものとなってしまう。安倍首相は第一次内閣の時にテレビでさんざん叩かれ、ついには体調を崩して退陣した。よっぽど懲りたのだろう、第二次内閣ではメディアコントロールに相当力を入れている。いまのテレビは免許制度なので、その生殺与奪権は総務省に握られている。だから権力側に忖度するのは仕方ないところもある。なので、三権分立はアップデートされて、メディアへの権力の介入を防ぐ四権分立にならなければならないと思っている。僕はアメリカのFOXニュースのように大いに偏向したメディアがあってもいいと思う、もちろんリベラル側もガンガン戦ってほしい。それこそが言論の自由、四権分立だと思う。(ぬ)

▼ツタンカーメン発掘、ワシントン大行進と並び〝リアルタイムで感動を体験したかった私的3大ニュース〟のひとつであるアポロ11号の月面着陸。今夏50周年を迎えて当時のニュース映像などを見る機会が増えていますが、そこでわかるのはNASAのコンピュータが現代のスマートフォンより劣る性能だったこと、世界で5億人が衛星中継でその瞬間を見守っていたこと、そしてNASAでも米国人でもなく「人類、月に立つ」と世界中が報じたこと。国は関係なく私たちの代表が月に行ったのだと、当事者の米国でさえも報じていたのでした。あらゆる国の人々が祈るような目で着陸を見つめ、その成功に沸き立つモノクロの映像を見ていると、

いま世界中で起きている国や人種や性別に端を発した歪がより生々しく感じられます。部屋いっぱいの機械が手のひらに乗るほど進化したのに、私たちの人間性はろくに高まっていないのだ、と。いまも月面に残されている着陸船のプレートに「我々は全人類の平和のうちにここに来た」と書かれていますが、いま宇宙人に読まれたら、人間はまず嘘をつく生物だと思われるに違いないと、哀しくなりました。(も)

▼「MOMATコレクション」(6月4日~10月20日、東京国立近代美術館)を見てきました。この日は「高畑勲展—日本のアニメーションに遺したもの」(7月2日~10月6日、同前)が目的だったので、ついで位の気持ちで入ったのですが、素敵な絵との出会いがありました。画家・松本竣介の油絵「Y市の橋」です。偶然まったく同じ絵を雑誌で見たばかり。その時には「暗い絵だな。そういう時代だったのかな」位しか感じることが出来ませんでした。しかし実物を目の前にすると、惹きつけられる緊張感が。冷たくて深い青、流れを感じない川面、真っ黒な人影。もの悲しい静けさの中に身を置かれたような印象を受けました。この緊張感は雑誌では伝わらず。印刷物で伝えるのは本当に難しい、と改めて感じます。色、文字、用紙……。少しでも本物を伝えるためには何を選択するべきか。編集中の絵本を見つめなおして考えています。(あ)

▼新人の菊池と申します。どうぞよろしくお願いいたします。ジブリ入社前の1週間ほど、単身フランスのパリを旅行しておりました。出国前はのんびりと構えていたのですが、これがまったく甘かった。パリの街で目にしたのは、剥き出しの日常と貧困の影。花の都は想像以上に貧しかった。セーヌ川沿岸には、いたるところでスリやひったくりが横行。地下鉄に乗れば、移民と思しき男性がコカ・コーラのカップ片手に小銭を入れてほしいと声をかけてきます。大通りには銃を携行した仏軍兵士がいますが、彼らの任務はあくまでテロ防止。道行く人がひったくりに遭おうと基本的には関知しません。そんな彼らの日常が逐一、僕の「日常」を揺さぶってきます。僕がわずかな滞在のなかで見たパリの光景が、この街の本質であるわけもなく、たったこれだけの経験で知った気になるつもりはありません。それでも、パリへ到着した初日にガイドの女性に言われた言葉がいつまでも脳内にこだまします。「あなたの不幸はあなたのものでしかないのだから、自分の身は自分で守りましょうね」。(き)

2019年9月

▼庵野＆樋口コンビによる「シン・ウルトラマン」制作発表には驚いた。カラーのHPによると「庵野は『シン・エヴァンゲリオン劇場版』の完成後、樋口組に本格的に合流する予定です」とあるが、この言い方ってなんだかお母さんの「おやつは宿題が終わってから！」的でなかなか面白い。公開予定は2021年ということなので、再来年までは、塩分は控えめに、そしてまたクルマにひかれないよう横断歩道は手を上げて渡らないといけない。「シン・ウルトラマン」は、円谷プロによると初代ウルトラマンをベースにした作品になるとのことだ。もし初代ウルトラマンの設定が生かされるということであるならば第1話の「ウルトラ作戦第一号」からの赤い玉、青い玉スタートなのだろうか。「ウルトラマン」の面白い点って、実は設定がハッキリとしていないところにあると思う。だからそれぞれの想像が広がる。第7話「バラージの青い石」でノアの神が突然登場して、これって監督の野長瀬三摩地は、一応総監督的な立場だった飯島敏宏と詰めてないの？　と思ったりもした。さらにウルトラ界の基本ともいえるM78星雲の設定をナシにした「ウルトラマンティガ」の評価もすごく高いし、「ULTRAMAN」も意欲作だと思う。いずれにせよ「シン・ゴジラ」が期待と予想を遥かに上回る大傑作だったので、今回はそれ以上のワクワク感がある。（ぬ）

▼先月行われた米グーグル開催の〝グーグル・キャンプ〟。L・ディカプリオなど環境問題に熱心な著名人が集まりエコ問題を話し合うイベントだったのですが、彼らの多くが開催地のイタリアまで、民間機に比べ1人あたり7倍のCO_2を排出するプライベートジェットで乗り入れ、その矛盾が大きな批判を浴びました。イベントのために114機のプライベートジェットが使用されたと言われ、世界中の人がコツコツ減らしたストローもレジ袋も一気に吹き飛ぶ感じですが、そんな人たちには〝やったことを帳消しにできる魔法（?）のシステム〟があるのをご存じでしょうか。自分が出したカーボン（炭素）量を金額に換算し、その分CO_2を減らすプロジェクトなどに寄付や投資をする、その名もカーボン・オフセット。どうしても減らせない排出量を別の場所で埋め合わせするというものです。ここまで読んで、「だったらプライ

ベートジェットもあり」と思うか、「一度壊れた環境を元に戻す〝お金〟なんてあるの？」と思うか。私は「偽善のインフレがすごい」を次点に抑え、自戒も含めて「人を表すのは言葉より行動だな」と思いました。（も）

▼企画展『「ちひろさんの子どもたち」谷川俊太郎×トラフ建築設計事務所』（ちひろ美術館東京館、２０１９年10月27日まで）に行ってきました。昨年の『いわさきちひろ生誕１００年「Life展」』（同安曇野館）でそれぞれいわさきちひろにインスピレーションを受けた作品を生み出した谷川俊太郎とトラフ建築設計事務所がコラボレートした展示です。１歳の娘を連れて美術館へ行くのは初めて。緊張しましたが、他にもベビーカーを押しているお客さんが4、5人。心強く感じたのとともに驚いたのは、居心地の良さ。子どもが大勢いるのに、程よい静けさなのです。子どもたちは自然と静かに場を楽しんでいる様子。おかげで大人の私も展示を堪能できました。最後の展示室には直径5・5メートルの帽子の形をしたワークショップテーブルがあり、そこで帽子の絵を描いたり、「ぼ・う・し」で始まる詩を書いたり。普段とは違うゆったりとした時間を過ごしました。美術館なのに「静かにしなさい」という圧力を感じさせず、かといって子どもにおもねるのでもない、更には大人も楽しめる居心地の良さに感動しました。（あ）

▼今回の特集のテーマは「お金」。仮想通貨「リブラ」に主眼を置いた切り口となっていますが、時事通信社の軽部謙介さんにお話を聞くなかで頭に浮かんだのは、「結局、お金って何なんだろう？」という根源的な問いでした。第一次産業革命以降、好むと好まざるとにかかわらず資本主義に組み込まれることになった市民は、無機質で画一的な価値基準である法定通貨によって自他の市場価値を推し量ってきました。一部の資産家のなかには、「お金で買えないものはない」などと声高に叫ぶ人もいますが、この傲慢な主張を支えるのは、「既存の法定通貨に価値があると信じている人が市場の大多数を占めているはずだ」という盲信でしかありません。極端な話、仮にリブラのような新たな価値基準が既存通貨の経済圏を塗り替えるようなことが起これば、この資産家がもつ「お金」は何の価値もなくなってしまう可能性だってあり得る。私たち市民が盤石だと信じている価値の尺度などというものは、思いのほかもろく、ふとしたきっかけで吹き飛んでしまうものなのかもしれません。（き）

2019年10月

▼先日、自転車に乗っていてハイエースにぶつけられた。狭い路地でクルマがバックしてくるから止まっていたらそのままバックしてきてガチャンだった。自転車というものは急に後ろには下がれないし、バックとはいえクルマのスピードの方が遥かに速い。幸いケガはなかったが、少し間違えば転倒して大事に至る可能性もあった状況なので肝を冷やした。実は以前にも2回ほどクルマにひかれているのだが、今回も含めて全て運転手が見ていないというケースだ。周囲からは「よく見ないから」と怒られたが、こっちが気づいて停止していて相手が見ていないという時にどうやって注意したらいいのだ。バックしてくる時にクルマのバックミラーに運転手が映っているのが目視で確認できたので、自転車には気づいていると思っていたのだが。これで、ここ数年で3回もクルマにひかれたことになる。しかし世の中には運が悪い人間というのはたくさんいるわけで、世界一運が悪いと言われているあるクロアチア人は、乗っていた電車が脱線・転落とか、飛行中に外れたドアから放り出されるとか、乗っていたバスが谷へ転落とか、運転していたクルマが１００メートル下の谷底に転落とか、バスにひかれるとか、7回も生死にかかわるような事故に遭っている。飛行機から落ちるなんて絶対生還できないと思うが、奇跡的に干し草の山に落下して一命を取り留めたらしい。こうなるとかえって運が良いのでは、と思えてくる。ちなみにこの人は、その後約40年ぶりに購入した宝くじが大当たりで、約1億円を手に入れたとか。(ぬ)

▼BSの「なつぞら」直前に放送されていたため、つい見始めてしまった「おしん」。36年前の作品ながらその深みとリアリティに、さすが最高視聴率62・9%は伊達じゃないと膝を打ちっぱなしの私ですが、なかでも圧倒されるのが主演の田中裕子さん。今の俳優に見られないような自然で瑞々しい美しさに加え、儚さと強さ、可愛らしさと豪胆さが無理なくひとりの人物に収まり、たった一つのセリフや表情で観る者の心を瞬時に揺さぶるのです。ゲスト出演した「なつぞら」で今の姿を久しぶりに見て、変わらぬ可愛らしさと存在感、そして凛々しい声に「もっと田中裕子が観たい！」という欲求が高まっていたところ、白石和彌監督の話題の最新作「ひとよ」に出演しているのを知りました。15年前、

子供たちの幸せと信じて夫を殺した母親（田中裕子）とその後離散して生きてきた子供たち三兄妹の、失われた絆を取り戻そうとする姿を描くこの作品。どんな田中裕子を観られるのか、11月8日の公開が楽しみです。（も）

▼新しい絵本が出来ました。タイトルは『あのひと』（スタジオジブリ編集・徳間書店発売）。「レッドタートル　ある島の物語」（2016）のアニメーション映画監督、マイケル・デュドク・ドゥ・ヴィットさんが詩人、谷川俊太郎さんと作った絵本です。マイケル監督は120年前の詩「さまよえるイーンガスの歌」（ウィリアム・バトラー・イエーツ作）に着想を得て、無限の愛を探し求める男性の一途な思いを絵にしました。谷川さんはマイケル監督の絵に触発されて、その〝永遠性〟を言葉にしました。オランダ人のマイケル監督、日本人の谷川さん、アイルランド人のイエーツが、時空を超えてコラボレーションしたともいえる作品です。この絵本は、その人によって感じ方、受け取り方が違うようです。私とは違った感想を聞いてからもう一度ページを開くと、新しい良さに気づくことも。皆さんはどう読まれるでしょう。ぜひ最初はそのままで、イエーツの詩を読んでもう一度、その後は誰かと感想を交わしながら、と長く楽しんで頂きたい一冊です。（あ）

▼今月号の特集では、小熊英二さんにお話を聞きました。取材に先立ち、小熊さんのご著書『日本社会のしくみ』（講談社）を拝読。これが大変な名著でした。約600頁に及ぶ大著ですので、ここにその要旨を記すのはなかなか困難。そこで、この本で得た知識からクイズをひとつだけ。問題：「企業横断型の職種別労働組合が主流の欧米と異なり、日本の労働組合が個々の企業内に置かれているのはなぜでしょうか？」→答え：「労働者にとって企業は生活共同体だったから」。曰く、食糧難が続いた戦中・戦後期、疎開できる田舎を持たない都市生活社員にとって、企業とは食糧配給ルートの要であると同時に、社有地で食糧の生産なども行う最後の拠り所だったのだそうです。社員も経営者も同じ釜の飯を食った「生活共同体」なのだから、労働組合も社内につくるのが自然の流れだったということでしょう。ウーン、これは現代の日本企業に残る「社員は家族」の精神にもどこか通じますね。「腹が減っては戦はできぬが、胃袋を握られれば戦意はそがれる」といったところでしょうか。思い当たるフシ、多々あり。（き）

2019年11月

▼1980年代の後半に中国へ行った。当時の中国は鄧小平の改革開放の経済政策により、市場経済への移行が推進されて勢いが付き始めていた頃だったが、まだまだ外国人観光客は珍しい時代で、紙幣は外国人専用、自由行動は制限され、常にガイドという名目の見張りがついたような旅でなんともいえない重苦しさがあった。忘れられないのは杭州で見たある風景だ。ガイドが寝ている朝5時に宿を抜け出し周囲を散策したのだが、小さな河に小舟が浮かんでいて、朝日を浴びた水面がキラキラ光っていた。戦前の日本の田舎に（知らないけど）タイムスリップしたような懐かしい感覚を、いまでも鮮烈に覚えている。旅の終わりに戦後の闇市のような（これも知らないけど）北京の路地裏から、建設ラッシュでどんどん建てられている高層ビルを遠くに見ながら「この風景はいつまで残るのだろうか」とぼんやり考えていた。その20年後に北京へ再び行ったが、闇市はもうなく、北京はニューヨークや東京と変わらないメガシティにすっかり変貌を遂げていた。（ぬ）

▼最近耳にする「ナイトタイムエコノミー」。クラブや居酒屋、夜間医療や交通などのインフラを含めた、すべての夜の経済活動を指すそうです。少し調べてみると「訪日外国人と日本人を満足させるナイトライフを提供して日本経済を成長させる、政府が後押しする施策」だそうで、結局、現状メインは夜遊びとそれに準ずる交通。平日夜は会社がらみで飲食＋帰宅、個人的な夜間活動は休日のみ、という現在の日本人を平日夜もプライベートで夜遊びするように変えたいらしいのです。「夜遊び＝不良」という価値観で育てられた昭和世代の私からすると、政府が夜遊びを後押しなんて、厳しかった親が突然人が変わったようにチャラくなった感じで、戸惑いを隠せません。プレミアムフライデーと「働き方改革」で夜早く帰らせたがるし、カジノ解禁もあるし、そうか、すべて

繋がっているのか……。これは、貯め込むことなく夜もお金を使わせる、国民総キリギリス化計画なのでは、と政府陰謀論が頭に渦巻く秋の夜長なのでした。（も）

▼4歳の娘は、よく私のバッグの中をチェックします。たまにお菓子やおもちゃなど、ちょっとしたお土産を発見することが楽しいよう。先日は絵本『あのひと』が入っているのを見つけていました。大人向けの絵本と想定していたので、娘に見せることをあまり考えていなかったのですが、とても興味を持ってくれました。「なんで（カバーに）色がないの？」という質問に始まり、「この魚は…」「この人は…」と質問が止まりません。いつも読んでいるような子ども向け然とした絵本と区別なく、むしろそれ以上に質問が飛んできます。大人向け、と決めているのは大人であって、子どもはどんな本も受け容れるものなのかも、と思いました。いつもは窘めるバッグチェックですが、この時ばかりは見つけてくれて良かったです。娘から飛んでくる質問の全てに答えることは出来なかったのですが、「よく分からないけどキレイな感じ」と心に残ったようでした。（あ）

▼ここのところ、現金を持ち歩かずにキャッシュレス決済のみでどこまで生活できるものか検証しています。結論から申し上げれば、都心で暮らしている限りでは特に不自由はありません。大抵の日用品はクレジットカードか Suica でピッとやれば買えてしまう。なるほど、じゃらじゃらと小銭を持ち歩かなくていいのは確かにラク。しかし困ったことに、僕の財布は以前よりも重く、分厚くなりました。それはなぜか？　楽天ポイントやらTポイントやら nanaco ポイントやら、「ポイント還元」という甘い言葉に誘われるがままにレジでカードをつくり続けたせいです。収入が増えたわけでも札束が入っているわけでもないのに、実体のないポイントによってブクブクと肥えていく長財布。無恰好なそれをレジ前でカバンから出すたびに、「なんだかなぁ……」と思うのでした。（き）

2019年12月

▼12月20日にはスター・ウォーズシリーズの完結編「スター・ウォーズ／スカイウォーカーの夜明け」が公開される。僕は高校生の時から40年以上リアルタイムでこのシリーズに付き合っている。最初の「エピソード4／新たなる希望」はアメリカ公開から1年遅れたのだが、海の向こうで凄いSFがヒットしていると聞かされてからの、1年の長かったこと。しかしその大団円が迫っているというのに、全く盛り上がっていないことに、少しだけ驚きつつ、勝手に『北斗の拳』現象」と名付けている。名作『北斗の拳』もラオウが死ぬまでは誰もが覚えているし、盛り上がっていたが、そこで事実上終わったと言っていいほど後の話は忘れられている。最終回のケンとボルゲの闘いなど誰が覚えていようか。『ドラゴンボール』も同じかもしれない。そしてまたスター・ウォーズシリーズも夢中になったのは「エピソード6／ジェダイの帰還」までで、その後は気が抜けたように関心が薄くなってしまった人も多いのではないだろうか。スピンオフ作品がいろいろ出たり、登場人物が多様性に配慮し過ぎたりしているように見えること、またカイロ・レンの悪役としての迫力のなさなども影響しているのだろうか。さて、個人的にスター・ウォーズで僕が忘れられないのは、作家で友人の奥山貴宏君との別れだった。２００３年、奥山君は医者から病気で余命2年と宣告された。その時に彼が僕に言ったのは「オレ『スター・ウォーズ』見れないのかよ」だった。僕はその時彼に「そんなことないよ、絶対一緒に見よう」と約束した。だが、その約束は果たされず２００５年の「エピソード３／シスの復讐」を彼は見ることなく33歳でこの世を去った。だから僕はシリーズの中で「エピソード３」だけは見ていない。そんなたくさんの思い出がある「スター・ウォーズ」、そのファイナルをどんな気持ちで見るのだろうか。（ぬ）

▼谷川俊太郎さんの詩と初めて出会ったのは多くの方と同様、小学校の国語の教科書でした。〝もうじき又夏がやってくる　しかしそれはお前のいた夏ではない〟の「ネロ」で心を動かされ、〝だから私は人間の形をし　幸せについて語りさえしたのだ〟の「芝生」で心を撃ち抜かれるような衝撃を受けました。読んだ瞬間に、かかっていたことにも気付いていなかった霧が晴れるような、心の奥が開放されるような、初めての体験をしたというのが正しいかもしれません。言葉と心は直結しているんだな、と子供ながらに思ったことをよく覚えています。

その日以来、私のなかで永遠のアイドルとして君臨している谷川さんに今回お話を伺うことができて、本当に幸せでした。園監督も大きな影響を受けたとおっしゃっていますし、『ピーナッツ』の翻訳、「鉄腕アトム」の歌詞、数々の絵本と、多くの子供が触れる言葉を生み出す谷川さんが私たちの心に与えている影響は想像以上にすごいのではないか。ある年代以降の日本人の誰もがアトムの子であるように、ひいては谷川さんの子なのでは、と感じた今回の特集でした。（も）

▼近所の図書館で絵本『雪の写真家 ベントレー』（BL出版）を借りました。娘が選んだ絵本で、「娘の好きな映画に似た雰囲気だから選んだのかな」位にしか思っていませんでしたが、読んでみると私が夢中になりました。雪の研究と結晶の写真撮影に生涯をささげ、世界的な雪の専門家としてたたえられるようになったW・A・ベントレーの物語です。雪が大好きな少年は、誰にも認められなくても雪の観察を続け、結晶の写真を撮り続けました。私自身、子供のころに雪の結晶に魅せられたことがあります。当時大切にしていたキーホルダーに水晶玉がついていて、これを虫メガネのようにして雪を覗き込むと、結晶が見えました。寒さも忘れて観察したトキメキが瑞々しく思い出され、すぐにベントレーさんの写真集を注文しました。ネットや書店では、娘が絵本を選んでもつい親が口を出してしまいます。図書館だからこそ得られた、素敵な出会いでした。（あ）

▼谷川俊太郎さんの詩を初めて目にしたのは、小学校の入学式。それは母校の校歌でした。まだ平仮名すら習う前でしたから、体育館の壁面に木彫りされたその歌詞が読めるわけもなく、目にしたというよりは「耳にした」といったほうが正確かもしれません。5学年上の兄を含めた上級生たちが歌うスローテンポのメロディーを、ぽかんと聴いていた記憶がかすかに残っています。それから6年間、月曜の朝礼のたびに毎週歌ったあの校歌。はじめは深く理解せずに音を覚えて歌っていただけでしたが、学年が上がり、心が育つにつれて、少しずつ詩の意味がわかってくる。自分の体験と歌詞が折り重なり、それが身体になじんで血肉化してゆく。そんな経験を何度かしているうちに、国語や音楽の教科書、あるいは放課後に通っていた児童館の本棚でも谷川さんの詩と出会うことが増えていきました。今思えば、多感な時期を谷川さんの作品に囲まれて過ごせたのは、とても幸福なこと。子供のころに触れた言葉は、大人になった今も心を温め続けてくれるものですから。（き）

2020年1月

▼映画を見ている時にスマホをいじる若者、という記事を目にした。僕も自分が劇場へ行った時に遭遇しているのでネタではないと思う。このながらスマホ問題だが、とくに若者の中に話をしている最中にスマホをいじっている人が多くなった。しかし悪意はないようだ。というのも、そういう人は話の中に分からないことがあるのでスマホで検索しているのだ。つまり脳に代わる外部記憶装置としてスマホを使っているのだろう。僕も会話をしている時に、アタマの中でスマホいじりのような作業をするあまり、相手の話がおろそかになってしまうことは多々あるので、それが可視化されているかどうかの違いだけかもしれない。つまりは、ながらスマホという生活スタイルの変化に、一部の人々の意識が追い付いていないということなのだろうか。劇場では光の問題があるので、音を出さなければいいだろうという言い訳は通用しないが、ただやみくもに禁止して映画館を若者にとって窮屈な場所にして、結果的に遠ざけてしまうのもどうなのだろう。発声上映が企画されているのだから、回によってはながらスマホ上映というのも試験的に行ってみてもいいと思う。（ぬ）

▼今月から新連載「ワトスン文書」が始まりました。「ワトスン・ノート」→「ワトスン・メモ」→「ワトスン文書」と3年前からタイトルを変えつつシャーロック・ホームズと助手のジョン・ワトスンを巡る連載が続いていますが、何が違うのか謎に感じている方のため、ここで改めてご説明を。ホームズシリーズは長短編あわせて60編あり、熱狂的なファン（シャーロキアン）はそれらを〝正典（または聖典）〟と呼んでいるのですが、「ノート」は、正典中に事件名は出るもその詳細が語られていない〝語られざる事件〟をいしいさんが作品化したもの。「メモ」は正典中の会話などで捜査や調査をした事実は判明しているが事件名が出てこない〝名もなき事件〟を作品化したもの。そして今回の「文書」は、「ノート」「メモ」の未作品化の残りに〝正典〟を作品化したものがランダムに加わった、3種のホームズ作品の混合体です。なぜこうなったのかは副題〝シャーロック・ホー

ムズ全仕事〟がその答え。全事件の〝いしい化〟を、どうぞお楽しみに！（も）

▼私の席からは、誰かが屋上へ上がると、カンカンカンと足音が聞こえます。周りに大きな建物がないので屋上からの見晴らしが良く、天気の良い日には富士山を見ることもできます。最近では、夕方になるとよく、作画スタッフが景色を目に焼き付けに来ます。ということは、見頃の景色なのだろうと思い、階段を降りる音が止んだ後、ひざ掛けを肩に、屋上に出てみました。真っ黒な街並みを、赤・橙・黄の順に光の層が覆っています。光の中に富士山の輪郭がはっきりと見えていて、おまけに振り向くと大きな満月が。美しさを言葉にするのは難しいのですが、心が満たされていくのを感じました。指先の体温は奪われても、心はホクホクに温まり、冬の澄んだ空気に胸が広がりました。それ以来、カンカンカンと聞こえると、屋上に出たい気持ちにかられます。作画スタッフは、美しい景色を見られる場所や時期を本当によく知っています。こういった感性のある人たちが映画を作っているのだと、改めて思いました。（あ）

▼「熱風」巻頭の写真連載でもおなじみのタイ人女性 Kanyada。彼女がジブリ美術館を訪れた際に撮影した写真が、写真集として刊行されることになりました。「ジブリ美術館には、訪れる大人たちが必ず見落としてしまうもの、子どもにしか見つけられない景色があって、Kanyada の写真には、そのヒントがある」。彼女の写真を手に美術館を散策しているうちに、そんなことに気づかされました。しゃがんで、覗いて、潜り込まなければ見つけられないものが、この美術館には山ほどある。それは美術館が子どもたちだけに見せるもうひとつの顔。見つけた人だけにニッとほほ笑んでくれる、トトロやネコバスのようなものなのかも。どうしたわけか Kanyada は、大人になってもそれを見つけるための目を失わなかった。だから彼女が撮影した美術館の写真は、それまでに撮影されたどのカメラマンの写真とも違うのです。写真集の完成は、もう少し先。春頃には、みなさんのお手元に届けられるかと思います。おたのしみに。（き）

2020年2月

▼中川龍太郎監督の最新作「静かな雨」を見た。初めての原作ものということだが、僕は恥ずかしながら不勉強で、宮下奈都氏の原作は未読であるのでストーリーにおける中川監督のオリジナリティは分からない。それでも十分に興味深く見ることができた。まず画面アスペクト比が、スタンダードサイズなのだ。人間の眼はさほど広角ではないのである意味自然にスクリーンを見れる。それに50ミリレンズを付けた一眼レフのファインダーを覗いているような懐かしい安心感もあった。設定は、事故で新しい記憶を短時間しか留められなくなってしまった障害を抱える女性と、足に障害のある男性とのラブストーリー。前作「わたしは光をにぎっている」で取り上げたテーマである〝記憶〟にまたもやこだわった作品だ。僕は前作を見て、たとえ銭湯がなくなってしまっても、記憶の中にある限りそこに光はある、と思ったのだが、今回はその記憶までをも消してしまうという過酷な状況の話だ。彼氏彼女のお互いのやさしさでそこをどう乗り切っていくのか、乗り越えられるのか……。（ぬ）

▼先月から始まったホームズの全事件を描く「ワトスン文書」。前号で今までの連載「ワトスン・ノート」「ワトスン・メモ」との違いを解説させて頂きましたが、今回は〝この連載の見方〟のご説明を。①正典の場合、ホームズ原作が作品名＝事件名なのでそのものが漫画のタイトルに。原作が短編の場合は漫画の下に収録されている短編集名（『ホームズ最後のあいさつ』など）を記載。②〝語られざる事件〟を描いた「ノート」は、タイトルは原作の文中に出てくる事件名、その横に出典の原作作品名を。③〝名もなき事件〟を描いた「メモ」は、その名の通りそもそも事件名が無いので、タイトルはいしいさんが名付けた事件名、その横に原作作品名。漫画下には事件について書かれている原作の一文を記載していいます。こう書くとややこしいですが、これらを全く知らなくても関係なく楽しめるのが、いしい

さんの作品のすごいところ。原作を既読の方も未読の方も、毎月起きる事件をどうぞお楽しみに。（も）

▼保育園の保護者会で「チャイルドビジョン」を知りました。一般的に大人の視野は水平方向150度・垂直方向120度、子ども（6歳児のデータ）は水平方向90度・垂直方向は70度なのだそう。厚紙で作られた眼鏡をあてて子どもの視界を疑似体験しました。想像以上に真っ直ぐ前しか見えず、意識もそこに集中してしまいます。視界の外で声がしても自分に向けられていると中々気がつきませんし、急に上から顔や手が出てくると怖いなとも感じました。そもそもは子どもの視界を理解することで交通事故を減らす目的で発案された眼鏡ですが、日々の生活でも気づかされることが沢山。フライパンを振りながら「ご飯だからお絵描きやめて片付けてー！」と叫んでも、集中している娘たちに届かないのは当然だったのでした。「集中力の秘密は視野の狭さにあり！」と思い、試しに原稿を読む時に眼鏡をかけ始めてみました。（あ）

▼幼少期から今に至るまで、就寝中に寝言を発する癖が治らない。僕の寝言はタチが悪い。「むにゃむにゃ」とか言うような可愛げのあるものではなく、かなりはっきりとした口調でペラペラとそれっぽい理屈を並べることもあるらしい。先日は「おい、アイロン！」と叫ぶ自分の声で目が覚めた。夢の中で熱々のアイロンに猫が近づこうとしたので思わず叫んでしまったのだ。我ながら猫に優しい。その少し前には「それは違うでしょ～」と鬱陶しい口調でひたすら何かを否定し続けていたらしい。一体何が気に入らなかったのか。同居人からすれば寝言なのか意識があって発している言葉なのか判別がつかないこともあるらしく、睡眠中の僕と噛み合わない会話をしてしまうこともしばしば（ここまで来ると怖い）。このままいくと、寝ている間に心にもないことを発して誰かを傷つけてしまうかもしれない……いや、寝言なのだから、それは心中に押し隠していた本音か。そうなれば、いよいよ都合が悪い。困っている。（き）

2020年3月

▼本号の特集、渡辺京二氏の言葉には膝を打つ点が多々あった。というのも、渡辺氏言うところの娑婆＝世間では、読書に限らずマンガやアニメばかり見ている人を「現実と虚構の区別がつかなくなる」とか「二次元よりも生身の人間と接しろ」等々、軽視や否定する傾向が見られるからだ。少年時代の渡辺氏のように、あえて群れになじまず孤高な生き方を選択するセンシティブな人間はどの集団にも一定数存在する。そしてあまたの創作物こそが、今でこそオタクと呼ばれるそのような人たちの救いとなってきたことは間違いない。小学生時代の渡辺少年をいじめていたようなマッチョな現実主義者たちは、きっとそのまま大人になり、人生においては成功者と呼ばれているだろう。極論ではあるが、しかしそういうボス猿がそのまま大人になったような人種こそが、過去から現在までずっと戦争を起こし続けてきたのだ。（ぬ）

▼ここ一ヶ月、世の中は新型コロナウイルスの話題で持ちきりです。中国をはじめ海外からの観光客が激減したうえ、人が集まるところに行くのを控えようという雰囲気から、いつも人気の東京ディズニーランドでは通常に比べてアトラクションの待ち時間が大幅に減り、オーバーツーリズムが問題になっていた京都では「誰も居ない竹林の写真が撮れる」と話題になっていました。まだ色々解明されていない感染症なので確かに大事なのですが、人間の不安と恐怖がウイルスよりずっと速く大きく世界中に広がり人々に巣くっている方が、私はずっと恐ろしい。「マスクを買い占め高値で転売」「世界各地で国・人種・感染者との関係性による、〝私たちの安全のため〟と称する差別が」などのニュースを聞き〝ああ、やっぱり〟と世界が信じられない場所だと再確認してしまうのは嫌なものです。人が人としての体裁を保っていられるうちに、早くワクチンができるといいのですが。（も）

▼最近娘が夢中なのは『おしいれのぼうけん』（童心社）。保育園の先生に叱られて押し入れに入れられるさとしとあきら。そこで恐ろしい「ねずみばあさん」に追いかけられながらも、手をつないで冒険を続けるお話。娘はいつも布団に潜ってしまって聞こえているのか分かりませんが、翌日には「もう一回読んで」と持ってきます。この本をきっかけに流行った遊びがありました。お友達と小部屋に入って電気を消し、記憶を頼りに『おしいれのぼうけん』のお話をします。暗がりから「ねずみばあさん」が登場しそうになると「キャー！」と叫んで一斉に外へ。繰り返す内に「ねずみばあさん」と戦う男の子や、小さい子を逃がそうとする女の子の姿も。ただ真っ暗なだけなのに、想像力が逞しい。「子どもを押し入れに閉じ込めるなんて、今やったら虐待だよ」という声が聞こえてきそうですが、子どもはそんなことお構いなし。時代が変わっても読み継がれる本だと思いました。（あ）

▼新型コロナウイルスの影響で、金《きん》の価格が高騰している。なぜか？　国家や企業の「信用」に裏付けられて発行される株や債券と異なり、金はそれそのものに価値があるとされている。人類が保有する金の総量は、50mプールのわずか3杯分。その希少性が、金の価値を安定させ、揺るがぬ信用を保証する。それゆえに、コロナのような未知のウイルスや国際紛争によって国家の信用と持続性が揺らぐと、投資家たちは手早く株や債券を手放し、代わりにこの50mプールへジャブジャブとカネを注ぎ込む。結果として金の需要は急激に高まり、価格も高騰する——そんなカラクリだ。つまるところ、今回の金の高騰も、コロナウイルスをきっかけとした人々の疑心と不安の表れと見て取れる。いつの時代も、人は人を信じられなくなるとモノにすがる。行き場を失った「カネ」と「信用」が、無機質で冷たい黄金色のプールへと注がれるたびに、世界は綻《ほころ》び、少しずつ崩れてゆく。波打つ金相場を見ながら、そんなことを思った。（き）

2020年4月

▼三浦雅士さんの連載「スタジオジブリの想像力」で「赤毛のアン」のOPシーンが取り上げられたのはとても興味深く、懐かしい気持ちでいっぱいになった。と思っていたら、なんとオーケストラでの「赤毛のアン」アニメコンサート開催が決定したというニュースが。コンサートではオーケストラ生演奏に加え、「赤毛のアン」全50話をストーリー仕立てに再編集した特別映像も上映されるという。「赤毛のアン」は高畑勲監督が監督を務め、場面設定は宮崎駿監督、キャラクターデザインを近藤喜文監督が担当ということはいまさら言うまでもないが、それに加え、OPとEDの作曲をクラシック音楽界の大御所三善晃さんが担当しているという点でも考えられない贅沢さだった。さらにスペシャルサポーターとして、アン役の山田栄子さんが最終話のラストシーンを完全再現。主題歌、挿入歌を大和田りつこさんが歌唱するという豪華さだ。コンサートは東京の第一生命ホールで6月6日（土）に予定されていたが、今回のコロナウイルス対策で延期が確定。2021年の同時期に開催で現在調整中ということ。公式HP・公式Twitterでの情報チェックを。（ぬ）

▼米国やオーストラリアのスーパーでも品切れが続出したというトイレットペーパー。米国ではハリケーンでも同様だそうで、ニューヨーク・ポスト紙では「非常事態になると、なぜみんなトイレットペーパーを買い込むのか」を検証していました。専門家曰く、代替が利かない日用消耗品の代表で、日頃から〝きれたら困る〟と意識していること。そして商品1つが8個や12個入りの大きなパッケージなのもポイントで、他人が買っていることがひと目で分かり「自分も買わないと」という意識に駆られやすいうえ、商品の体積が大きいので1つ売れるたびに陳列棚のスペースがどんどん空いていくことが、人を焦らせるのだとか。この、感情にのみ働きかける理由が騒動のすべてならば、「工場にたくさんある」というのが事実でも品切れは無くならないよなぁ、と納得した次第です。人間は事実より感情や感覚で判断してしまうことがままありますが「名前のせい

でコロナビールを買いたくないと思う人が38％」というある調査のニュースを聞いたりすると、さすがに、そんな判断をする人が大多数の世の中になったらどうしよう、と不安になるのでした。（も）

▼4年前、当時1歳の長女は『もこ　もこもこ』（文研出版）という絵本が大好きでした。私が初めて読んだ時には「意味が分からない…読み聞かせても喜ばないのでは…」と不安になったのですが、娘のおかげで「意味が分からなくても面白いものがある」ことを知りました。現在1歳の次女も、この絵本が大好き。長女の時よりもすごい熱狂ぶり。食卓でもお風呂でも突然「むぉこむぉこ（もこもこ）！」と叫び、両手を上げてジャンプ。谷川俊太郎さんが読み聞かせをしている動画を観たおかげで、私の表現の幅が広がったのかもしれません。谷川さんのマネをしてみたり、もっと誇張してみたり。その度に子どもの反応が返ってくるので面白い。これだけ親しんだら、いつかきっと孫にもプレゼントする。書店の絵本コーナーにロングセラーが根強く並ぶのも納得だと思いました。（あ）

▼今月号では、「ジブリ美術館ものがたり」発売記念イベントの様子をお届けしました。カンヤダさんが公の場でお話しするのは、これで2度目。ご本人は大勢の前で話すことに苦手意識があったようですが、作務衣を着こなして壇上にあがった彼女には気負いなど微塵もないように見えました。多くを語らずとも短い言葉でモノゴトの本質を突き、その場にいる人々を惹きつけてしまうカンヤダさん。彼女の来日中、そんな場面に何度か遭遇しました。そういう人ってなかなかいないものですが、ジブリにも1人だけいます。鈴木PDです。モノの見方や人との接し方において、両者には近いものを感じます。そういえば、この写真集のキャッチコピーを考えている時に、鈴木PDからこんな助言をもらったことがありました。「説明しようとしちゃだめ。理解させることと、興味をもってもらうことは違うんだから」。短く研ぎ澄まされた言葉で、人の心を揺さぶるカンヤダさんと鈴木PD。二人の共通項を暗示するような助言だったように思います。（き）

2020年5月

▼今回の新型コロナウイルスの問題は、日本国民に本気で考えなければいけない様々な課題を突きつけたと思う。その中でもとくに大きいのは感染症対策と経済対策に対する政府の取り組みをどう評価するかだ。安倍首相はよくやっていると思うのもいいし、オリンピック優先など場当たりの対応がダメだと思うのもいい。その是非は別として、やはり選挙の時にきちんと考えないといけないことを再認識させられた。売り上げが激減したある飲食店の経営者と話をした時、休業補償をしない国に対して「私たちに死ねというのか！」と激怒していた。でも僕はその人が選挙の時に自民党を応援していたのを知っている。結局ブーメランで帰ってくるのだ。非正規で働いている若者も「暮らしていけない」と困っている人が多いが、若者は選挙に行かない傾向が強い。投票率の低下は結果的には与党に利することになるのだ。国は税金で運営されている。とどのつまり政治家を選ぶということは、自分たちが納めた税金の管理人を決めることに尽きると思う。今回の危機での税金の使われ方が果たして適切なのか、次の選挙で答えが出るのだろうか。（ぬ）

▼ジブリでもリモートワークを実施することになりました。通勤がなくなり外出が激減した訳ですが、同様に家に籠もっている世界各国の都市住民にとって問題になっているのが、体重の増加。いつでも好きなものを好きなだけ食べられる状況なうえ、夜はジムにも行けず、映像配信サービスを観つつスナックやお酒に手を伸ばすサイクルになるからだそうです。そう聞くと自堕落なようですが、現状や将来などに対する様々な不安、長期の退屈、自律性（選択肢を持ち、自らの価値観で有意義な目標を追求する）の制限によるストレスを食べることで紛らわせようとする、メンタルヘルスの問題が大きな要因だと言います。とかくいう私も、先日ジムの休会手続きを済ませて既に体重増加の一途を辿っている状況。人に会わずにで

きる達成感のある運動は……と考えた結果、縄跳びを買いました。小学生以来、数十年ぶりの縄との再会ですが、やってみるとなかなか楽しい。いまは〝はやぶさ連続5回〟に挑戦しています。（も）

▼ジブリも在宅勤務となりました。我が家では夫も在宅勤務をしているため、狭い家でそれぞれが仕事をする環境をつくる難しさを実感しています。同じ部屋にはなんとなく居られない。仕事が出来そうな机は一つしかなく、先に在宅勤務が始まっていた夫が既に占拠。ばっちりパソコンがセットされています。あっちやこっちに移動して試行錯誤した結果、私はベランダを占拠することに。適度な寒さの日は快適ですが、寒すぎる時はダウンを着込んで毛布をかけて。こんな時に風邪を引きそうです。何となくストレスが溜まります。きっと私だけでなく、お互いに。ネットを見ていると我が家と同じような家庭が沢山あるようです。このままではどうやらまずいことになる可能性もありそうです。何か楽しみを作らなくては。家にいる時間が長いので、家族で楽しめることを考え中。ひとまず、トマトを育ててみることにしました。（あ）

▼テレビも新聞もＳＮＳもコロナコロナ。０・１ミクロンの目に見えぬウイルスが社会を覆い、未来の見通しは頗《すこぶ》る悪い。右を見ても左を見ても、いつも誰かが怒っている。少し疲れた。そんなときに足元に目をやると、そこにいるのは、わが家の猫たち。ここのところ、外出自粛で共に過ごす時間が増えた。子猫のころに近所の公園で２匹寄り添っているのを保護して以来、うちにいてもらっている。出会った時も今も、２匹でピトリと背を寄せて眠る。あまりに仲が良いので、勝手に兄妹と決めつけた。シャバにいたころはそれなりに過酷な渡世を送ってきたはずなのだが、その寝顔に不幸の染みは一切ない。そもそも猫には、ゆく先の憂いも来し方の悔いもないのだ（おそらく）。腹が減ったらメシをねだり、遊びたくなれば「みゃあ」と鳴く。眠ければ眠るし、気が乗らなければ寄ってこない。そうやって、今を今として過ごす様の尊いこと。非日常が続く今だからこそ、足元の日常を見失わずに過ごしたい。猫に教わった。（き）

2020年6月

▼かつてナチスドイツの時代、ユダヤ人を迫害していた市民は、みな家庭では良き父親、良き母親だった。今回の新型コロナで、感染者やパチンコ屋、他県ナンバーのクルマなどに酷いことをしている人たちもきっとそうなのだろうと思った。自分と仲間さえよければいいという、自分本位の感情だけがそこにある。営業している店は、そうせざるを得ない理由があり、公園で遊んでいる親子だって、ウサギ小屋のような家で限界なのだろう。住宅事情なんてそれぞれ違うのだから。余裕ある強者が余裕ない弱者を社会正義の名目で私刑のごとくとことん追いつめる。有事なのだから国が強権を発動して、従わない者を罰しろという意見も多い。「絆」という言葉のもと、仲間内だけに向けている優しさを、その半分でも弱者に向けることは無理なのか。カミュの『ペスト』では、たとえペストが終息しても、またいつか人間に不幸と教訓をもたらすために、どこかの幸福な都市に彼らを死なせに差し向ける日が来るであろう、と締めている。僕にはアルジェリアの風景がいまの日本と重なって見える。（ぬ）

▼先日から見始めたドラマ「カウンターパート／暗躍する分身」（2017年、米国）。国連職員の主人公がある日出会った自分とそっくりな男、それが実は組織が存在を隠していた《並行世界》から来たもう一人の自分だと知ったことから陰謀に巻き込まれて…というスパイスリラーですが、興味深いのが並行世界の設定です。そこは数十年前に現世界から分裂した後、90年代に蔓延した新型インフルエンザにより4年間で人口の7%（5億人）が減少した世界。そのため都市部の人口は激減、医療は現世界よりはるかに進んだ一方で経済は停滞し、テクノロジーも遅れていまだに携帯電話もない。公衆衛生への政府の監視は厳しく街には手の除染機械が設置され、タバコや豚肉の食用は禁止。そんな〝新しい生活様式〟による行動の変化や経験は、元は同じはずの人間の性格も変えてしまっているのです。ハリウッドでは不安を忘れさせる心温まる物語と、

同調するディストピア的作品が今後求められると予想して脚本づくりが進められているそうですが、〝引き返せない楔《くさび》〟であるコロナを経た私たちの世界でこれから生まれる映画や文学、漫画、歌や絵画などの作品は、どのように変わっていくのでしょうか。（も）

▼我が家でも、子どもたちは友達と遊べず、図書館にも行けず、楽しみが減ってしまいました。そんな時、「金曜ロードＳＨＯＷ！」を「今夜だけ特別」のつもりで、最後まで観てもいいことにしました。さらにポップコーンとコーラ付き。とは言ったものの、観たことのある映画だし、きっと終了時間の夜11時まで起きていられるわけがない。いつ子どもたちが寝てしまってもいいように、準備していました。ところが娘は食い入るように観て、笑って、怖がって。遂に来週の予告までたどり着いて、「来週も観たい！」と。「今夜だけ特別」のスペシャル感が、子どもの気持ちをウキウキさせてもくれたようです。子どもの寝るのが遅くなってしまっても、今は楽しいことが有難い。すっかり親も一緒になって、次の金曜日を楽しみにしています。（あ）

▼毎晩１時間ほどジョギングをしている。運動不足を解消したいというのもあるが、ジョギングの効用はそれだけではない。体だけではなく、心と頭にもよく作用してくれるのだ。日中に部屋の中で煮詰められた迷いや憂いが、冷えた外気に晒されることでサッと薄まっていく。そんな感覚に救われる。難しい本を読んだ日の夜には、消化しきれない言葉を反芻しながら黙々と走ってみる。そうすると、部屋の中では気づけなかったこと、見つけられなかった答えにたどり着くこともある。考えごとをしたくない日には、ラジオを聴きながら走るのも楽しい。テレビや雑誌で目にするあの人が、「ここだけの話」と仲間内のテンションで語る本音の鋭いこと。生身の接触や体験に制約がある今だからこそ、風を感じながらたっぷりと体を動かして、ラジオから流れてくる誰かの声に耳をゆだねる時間がとても贅沢に感じられる。ちなみにいつ聴いても必ず笑わせてくれるのが「ハライチのターン！」と「問わず語りの神田伯山」。図らずしてどちらもＴＢＳラジオ。（き）

2020年7月

▼青木理氏の最新刊『時代の抵抗者たち』（河出書房新社）が発売された。これは本誌での連載「日本人と戦後70年」の中から9名分の方々の回をチョイスしてまとめた1冊だ。ただまとめただけではなく、各回の扉裏には、その回のゲストへの青木さんの〝想い〟が新たに書き起こされており、またあとがきでは、この連載が誕生するに至った鈴木プロデューサーとのエピソードも書かれている。タイトルの〝抵抗者〟という言葉も素晴らしい。しかし今の時代、とくに若者の間では、抵抗という言葉はどうもネガティブに捉えられているようだ。青木氏はワイドショーなどで、いつも自民党に苦言を呈している青木氏はとりわけ抵抗者の最たる者だろう。青木氏はなんでも反対の屈折した抵抗ありきの人では決してないが、現政権の次々と出てくる不祥事を見れば、むしろ抵抗する方がまっとうだ。これからも〝連載の〆切〟以外はどんどん抵抗してほしいと思う。（ぬ）

▼世界で話題のブラック・ライブズ・マター（BLM）。抗議活動は様々に波及し、映画界では米国の配信サービスが「風と共に去りぬ」を取り下げたことがニュースになりました。〝過剰反応〟〝当時の価値観を今で測るな〟の声もありますが、奴隷制を奴隷までもが楽しそうに表現したり、南北戦争以前の南部を賛美していると以前から問題視されていたのも事実。オスカー授賞式が黒人立入禁止のホテルで行われ、助演の黒人女優は共演者と同じテーブルにつくことも許されず裏の荷物置き場に入室を許可されたのも事実です。もし私たちがその立場だったらと想像すると、心穏やかではいられないのも無理はない。誰かを虐げながら〝自分たち〟にだけ都合よく、美しく、気持ちいい物語を傑作だと平然と讃えていたということも含めすべて残す。そんな趣旨から映画本体はそのままに、人種差別的描写の間違いを歴史的観点で説明する動画を付けて先日配信が再開しました。今後、今までの当たり前が否定される場面が数多く出て、揺り戻しの大きさに拒否感を覚えることもあると思います。その時、現状を維持する楽さを優先せず、当事者意識を持って皆に良い判断をしたいと

思える自分でいたいものです。（も）

▼在宅期間中、起きる時間がずるずると遅くなっていました。子どものためにも早起きを習慣にしなくては、と決意。しかし「明日こそ！」と決意しては、挫折を繰り返していました……。そんな時、Eテレの「世界の哲学者に人生相談」という番組を観ました。視聴者の「家事が面倒くさい」という悩みに対して、20世紀に活躍したフランスの哲学者メルロ＝ポンティ（役の人）が「身体が意識を変える。悪い習慣も身体が変えてくれる」とアドバイスしています。この言葉が、私に刺さりました。メルロ＝ポンティを信じて「早起きするぞ」と意識するのをやめてみることに。まずは子どもと約束をして、週に一度、朝6時から散歩をしました。楽しみなので、この日は起きられる。始めてから3週間経ちますが、約束していない日でも自然と目が覚めるようになってきています。習慣にできそうな予感。哲学をこんなことにまで活かせるなんて、驚きです。メルロ＝ポンティについてもっと知りたくなり、本を買いました。朝に出来た時間で読もうと思います。（あ）

▼安倍さんは自身のコロナ対策を誇示する際に「世界最大の～」という言葉を使った。違和感。経済規模も抱えている問題も異なるのに、他国と政策を比較することに何の意味があるのか。そもそも救済とは「救済されるべき人」に届かなければ何の意味もないわけで、その評価は「他国との比較」のような相対的な基準で決まるものではない。世論にせっつかれて重い腰を上げたと思ったら、今度は「世界」というよそ様の尺度を持ち出して自画自賛。この人には明確な価値基準というか、いわゆる「自前の物差し」がないらしい。一方、世間に目を向ければ、誤報や虚偽情報に焚きつけられた人々の手にも、借り物の物差しが握られている。人から人へと渡ってきた物差しでもって他人の価値を推し量り、気に入らなければ袋叩き。「その物差しは正しいの？」と問えば、「そりゃ正しいさ。皆おなじのを持ってるんだから」と来る。右へ倣えをするのに必死で、右にいる人が正しいかどうかは二の次らしい。他人の善悪を問う前に、受け売りの正義しか持ちえない自身を恥じたい。（き）

2020年8月

▼日本で社会主義、共産主義がなぜ人気がないのか考えてみた。昔、長嶋茂雄が、社会党の天下になったら野球が出来なくなる、というようなことを言ったが、こういうイメージを持っている人は、とくに高齢者世代では多いと思われる。しかし実際に社会党の党首が首相になったことがあったが、プロ野球はなくならなかった。また僕の祖父は百姓だったが、共産党が政権を取ったら土地を接収されてしまうと言っていた。でも共産党は例えば中国共産党の人権侵害について自民党よりはるかに抗議しているのだが、そういうことはあまり知られてなくて、共産主義でひとくくりにされているのかもしれない。以前、田原総一朗が不破哲三に「党名を変えるべきだ」と言っていたが「とんでもない!」と一蹴されていた。僕は党名よりも政策内容こそが大事という思考なので、時代に合わせて柔軟にやればいいのにと思うのだが。(ぬ)

▼劇場でリバイバル上映した「風の谷のナウシカ」「もののけ姫」「千と千尋の神隠し」「ゲド戦記」。私もテレビでしか観たことがなかった「ナウシカ」を観てきました。映画館のロビーは人影もまばらで、入館時に検温、座席は前後左右1席ずつ間隔が空き、マスク着用、と少しものものしい雰囲気ですが、上映が始まってしまえば関係なし。それどころか、周りに人がいないプレミアシート状態で作品に集中できることこのうえない。結果すごい没入感で鑑賞することができました。そして改めて感じたのは、監督はじめ映画を作る人々は、やはり映画館の大きなスクリーンと音響にどっぷりと浸って観ることを想定して、作品を作っているのだということ。暴走する王蟲の迫力も、延々と広がる砂地の広さも、そこで生きる人々の小ささも、テレビで観たものとは心や体に響くものが違うのです。米国でも先日「スター・ウォーズ　帝国の逆襲」(1980年に初公開)が興行収入1位に輝いたそうで、名画座とは

違う〝過去作を映画館で〟は世界的なムーブメントなのかもしれません。機会があればぜひみなさんも、コロナ対策をしつつ映画館体験をしてみて下さい。(も)

▼娘が徳間書店の『アーヤと魔女』を気に入っていたので、その後刊行されたダイアナ・ウィン・ジョーンズ短編作品『ぼろイスのボス』、『四人のおばあちゃん』、『ビーおばさんとおでかけ』(全て徳間書店)も読み聞かせてみました。どれも気に入り、2回ずつは読みました。魔法とともにハチャメチャなことが次々起こるお話に、佐竹美保さんの挿絵たっぷりで、親も一緒になってワクワクしました。これらの作品に共通しているのは、子どもが大人を頼りにしない所。大人に振り回されて大変な目に遭い、何とかしようとする子どもたちが描かれています。娘は楽しむだけでなく、本から何かを学んでいる様子。小言を言われた時、いつも不貞腐れてしまう娘が、親を眠らせる呪文をかけて場を和ませたことがありました。うまくかわしたぞ、と得意気。親としては褒められたことではないのですが、娘の成長も感じました。こういう本こそ子どもの心を解放するんだなと、改めて思いました。(あ)

▼しまおまほさん初の長編恋愛小説『スーベニア』(文藝春秋)を拝読。すばらしかった。しまおさんのエッセイを読んだことがある人なら、これが作者自身の体験を下敷きにした私小説であることにはすぐ気づくと思う。三十代のカメラマンである主人公シオに、しまおさんが重なる。十代のころのように自由に生きたいけれど、世間の目を無視できるほど無知でも強くもない。作中でシオが直面するこのモヤモヤとした感情には、僕も大いに共感した(多分これはアラサー特有の思春期のようなものなのだろう)。しまおさんは、そんな揺れる三十代の心を飾らない言葉で掘り起こし、そっと光を当てることのできる稀有な作家だ。エッセイで鍛えた筋肉をバネに新境地を切り拓いたしまおさんが、これからどんな物語を紡いでいくのか。編集部としても応援していきたい。(き)

2020年9月

▼渡哲也は多くの人の中では、レミントンとレイバン「西部警察」の大門部長刑事のイメージが強いと思う。男の中の男、鉄の結束を持つストイックな大門軍団の団長だ。しかし渡哲也の役者としての真骨頂は、むしろそれとは正反対の「仁義の墓場」の石川力夫や「やくざの墓場　くちなしの花」の黒岩竜ではないだろうか。どちらも世間の常識に背を向け、破滅的に生きる男の儚い無常の人生を鮮烈に描いている。光と影が大きく交差した70年代、社会や組織からはみ出したアウトローの凄みを演じられるのは、渡哲也しかいなかった。しかし渡哲也は、高倉健の後釜として売り出そうとした東映社長直々のオファーも丁寧に断って、映画俳優の仕事をしばらく封印、石原プロ立て直しのためにテレビへと仕事を移した。プライベートでの渡哲也は、大変に謙虚で常に石原裕次郎をサポートする立ち位置に自らを置いていた。渡哲也だって押しも押されもせぬ銀幕のスターなのだが、そういう性格だからこそ、良くも悪くも天下の大スター石原裕次郎と強い信頼関係を築けたのだろう。心よりご冥福をお祈りいたします。(ぬ)

▼「となりの山田くん」時代から数えて足掛け30年(!)、なんと通算1万回(!!)を超えて朝日新聞朝刊に連載中の、いしいひさいちさんの4コマ漫画「ののちゃん」。連載開始はソビエト連邦が崩壊し、アウン・サン・スー・チーがノーベル平和賞を受賞、クイーンのフレディ・マーキュリーが亡くなり、アパルトヘイトが撤廃され、映画「ターミネーター2」が公開された年で、世の中あれから随分変わった(主に前半)とも言えるし、ろくに変わらなかった(主に後半)とも言えます。永遠の小学3年生・ののちゃんの家もついにロボット掃除機登場かと思えば竹箒で掃除をする姿も違和感なく共存し、技術は発達しても綿々と続いてきた人間の営みはそう簡単に変わらないことが体現されているのかもしれません。そんないつも通常運転ののちゃんが読める最新刊『ののちゃん全集12』が9月12日に発売されます。豪華描き下ろし、幼稚園の「ののちん」、ガリ勉の

中学生「ののっち」、「ホームズの事件ファイル」なども収録。どうぞ宜しくお願いします。（も）
▼コロナ禍の中でのお盆休み。娘たちは「お休み楽しみー！」と大興奮。しかし、楽しみにされる程胸が痛い。なぜって、一つも予定がないのです。せめてと思い、思い切り娘たちと遊ぶことに。毎日朝ごはんを片付けてから、「さて、今日は何をしようか」と相談。段ボールハウスを作ったり、おままごとのキッチンを使って本物のゼリーを作ったり、宝探しをしたり。ふと気がつくと、子どもが最近熱中している YouTube チャンネルのマネばかり。娘は、年の近い子どもが遊んでいる動画を、止めない限り延々と観ています。私は「何が面白いんだろう」と思っていたのですが、YouTube のマネから始まり、家にあるもので工夫して遊ぶ姿を見ていると、すっかり感心してしまいました。おままごとの時にティッシュを牛乳、ビーズをお水に見立てて、段ボールで作った収納箱に食器をしまっているのです。YouTube のおかげで、楽しい時間を過ごせました。叶うなら外で友達や自然と沢山触れ合って学んで欲しいというのが本音ですが、まだまだ YouTube に頼る日々が続きそうです。（あ）
▼先月号の特集では、鈴木ＰＤが「忘れられた作家」の一例として石坂洋次郎の名前を挙げていました。一世を風靡した流行作家が、死後三十年余りで書店から姿を消してしまったというのは切ない話です。実は僕も先日、石坂のある単行本を求めて書店を回ってみたのですが、新刊書店はおろかネット書店にも在庫はなし。結局、遠方の古書店まで足を伸ばしてようやく目当ての本に出会うことができました。購入したのは石坂の代表作『若い人』（改造社）。奥付を見ると、発行日は終戦の翌年である昭和二十一年四月三〇日となっています。七〇年分の四季にさらされたその紙はしっとり柔らかく、めくるとクタリと指にもたれます。奥付から二枚めくった白ページには黒インクで女性の署名。この本のかつての持ち主でしょうか。几帳面に書かれたその文字から、彼女がこの本を丁寧に扱っていたであろうことを想像できます。人から人へと渡ってきた紙のバトン。途絶えさせぬよう、僕も大切に読んで次の世代へ送りたいと思います。（き）

2020年10月

▼大坂なおみ選手は本当に凄いと思う。このことは大統領選挙にも何らかの影響を与えると思うが、今後ＢＬＭ運動はどこへ行くのだろうか。残念なことに保守、リベラル陣営ともに、一部の過激な勢力が暴動や略奪を繰り返している。自らの信念を伝えたいがための行き過ぎた行動なのか、ただ単にアピールの名を借りて暴れたいだけなのかは分からないが、せっかくのメッセージが、より深い分断を生み出してしまったことは間違いなく、ますますアメリカ国民の間ではそれぞれの層で対立が深刻になっていくことだろう。もし仮に大統領選挙でバイデン氏が勝った場合はどうなるのだろう。結果に納得できないトランプ陣営は、郵便による投票に不正があったとして無効を訴え平和的政権交代を拒むかもしれない。そしてそこで、いま起きているような暴動が起これば、それはアメリカ各地に飛び火して内戦状態になる恐れもある。かの国は約１５０年前にも、当時のＢＬＭ運動による内戦をしていた。南北戦争という。（ぬ）

▼Netflixでオリジナル作品「エノーラ・ホームズの事件簿」の配信が始まりました。16歳の少女エノーラ・ホームズが持ち前の推理力と行動力で兄シャーロックを出し抜き、行方をくらました母親を捜すうちに陰謀に巻き込まれる……という この映画の原作は実はコナン・ドイルではなく、米国の女性作家ナンシー・スプリンガーが２００６年に発表したもの。１８８７年の登場以降衰えぬ人気を誇るシャーロック・ホームズは、多くの作家が〝パスティーシュ〟（パロディ作品）と呼ばれる、設定や文体を借りた作品を書いているのです。ホームズが今なお世界一有名な探偵であり続けているのは、ドイルの死後80年経っても様々なファンや作家によってキャラクターに常に新たな命が吹き込まれているからかもしれません（ちなみにドイルはパロディに寛容でした）。そんなパスティーシュのひとつである「ワトスン文書」は本誌はもちろん、先日発売した『ののちゃん全集12』にも、いしいさんによる描き下

ろしが掲載されています。お見逃し無く。（も）

▼子どものマスク着用を巡ってトラブルになるニュースを度々目にします。CDCは「2歳未満の子どもにマスクを着用させるべきでない」とし、WHOとUNICEFは「5歳未満の子どもにマスクを着けさせることは推奨しない」としています。2歳と5歳の子どもがいる親としては、大人でも苦しいのに、子どもに強制するのは危険な気がしています。それに成長には個人差があり、性格だって千差万別。基準とされる年齢ばかりが一人歩きしていないか心配になります。マスク着用に限らず、コロナの捉え方は、人によって様々。私自身も「あのお家は保育園を休んでいて慎重だな」とか「あの家は旅行に行ったんだ。いいな」ということを日々感じたり感じられたりしながら生活しています。一方の行いが正解で、もう一方は間違っている、なんてことはありません。価値観の違う意見を尊重しあって共存していけるよう、相手を慮る心が大切だと思いました。（あ）

▼先日、必要があってジブリ設立以降の社としての歩みを年表にまとめました。ついでにその時々の世相（社会の主な事件や出来事）も調べつつ月単位で併記していったのですが、はからずして悲劇的な事件ばかりが目に付く暗い年表に仕上がってしまいました。そもそも社会に影響を及ぼすような出来事の比重が悲劇に偏ってしまうのは必然なのか、それともジブリが歩んだこの30年あまりが特別にそういう時代だったのか、あるいは僕の視点に問題があるだけなのか……。何にせよ、どうしたって明るい年表にできないこの平成という時代は何なのかと一人で考え込んでしまいました。なでられた温もりはすぐに消えても、爪を立てられた傷は痛みとともにいつまでも残る。歴史や人間とはそういうものだと言われればそれまでなのですが、僕は痛みばかりが先行する社会を肯定したくはありません。何十年後かに「令和」を振り返って年表を作成する若者が、僕と同じ悩みで頭を抱えませんように。（き）

2020年11月

▼ゾンビ映画や「遊星からの物体X」などのパンデミックものの映画が怖かった。スプラッター的なグロ描写が怖いわけではない（むしろ好き）、襲い掛かるゾンビが怖いわけではない（むしろ好き）、では何が。感染を恐れるあまり、互いに疑心暗鬼になり、ついには仲間同士で殺し合いにまでなるような人間関係の描写が怖かった。この恐怖がコロナ禍で現実のものに。マスクをしない人に対して異常に攻撃的になる。コロナの症状による恐怖よりも、感染しようものなら人生が終わるかもという恐れ。会社は二週間閉鎖、濃厚接触者も自主隔離、社会に迷惑をかけたという申し訳なさ。知事などが、そんなことはやめよう、とどんなに呼びかけても止まらない。これからインフルエンザと花粉症の季節がやってくる。電車の中や商業施設の中で咳やくしゃみをする人をみんなどんな目で見るのだろうか。家には年寄りがいるから心配だ！ という個人事情を思い切りぶつけてくる人もいるだろう。でもその人は、そんな家にも生活必需品や、籠り生活のためのエンタメ商品を届けてくれるエッセンシャルワーカーかもしれない、という目で見てほしいと願う。(ぬ)

▼皆さんオープニングロゴは好きですか？ 本編の前、特報や映画泥棒が終わり一瞬の闇と静寂が訪れた後に現れる、制作会社などの数秒間のあの映像です。パラマウントの雪山、コロンビアの女神、MGMのライオン、東映の荒波と様々ですが、映画館で観るロゴが与えてくれる「さあ映画が始まるぞ！」というワクワクは何物にも代えがたい。なかでも20世紀FOXは「スター・ウォーズ」ファンに〝あの文字とファンファーレとサーチライトは作品前に必須で、もはや本編の一部〟というレベルで愛されているのですが、実はディズニー・スタジオによる買収で今年からFOXの文字が消され、20世紀スタジオに変更されてしまったのです。SWファンの私としてはこの大人の事情は悲しい限り。でも、コロナによる相次ぐ大作の公開延期で映画館で新ロゴを見た人はまだ少なく、皆が普通に見る日が来たならば、それは世界が日常を取り戻した証。そう

考えれば、私も新ロゴを受け入れられそうです。変化を恐れるな、とヨーダも言っていましたし。（も）

▼引っ越しました。引っ越し先で、1カ月程テレビなしの生活をしています。元々テレビのアンテナを取り付ける予定だったのが、電波が悪いとのことで、急遽取り止め。光回線のテレビはコロナの影響で大混雑しているのだそうです。ということで、やっと予約のとれた1カ月後の工事日まで、テレビなしの生活をしています。娘たちは思う存分YouTubeを観られるので快適そう。それに、大抵の番組はオンデマンドサービスで視聴できることが分かり、「ネットがあればいいのでは？」という考えが一瞬頭をよぎりました。しかしやはり、テレビがなくては困るのです。特に朝と夕方。時間の感覚をつけっぱなしのテレビに頼っていたため、「このコーナーが始まったらこれをする」というルーティンが出来ず、つい時間を忘れてしまいそうになります。地味ですが、これが一番困っていること。後は、生で観たいスポーツ番組やネットでは観られない（どう観ればいいのか分からない）番組のために、やはりテレビは必要だと思ったのでした。（あ）

▼『鬼滅の刃』のコミックスがシリーズ累計一億冊を突破した。ヒットの要因は各所で語られているが、ジャンプ読者歴二五年の僕もこれについてはちょっと言いたい。思うに『鬼滅』の魅力は、悪への眼差しにある。作中で主人公・竈門炭治郎と対峙する「鬼」たちは、はじめから鬼として生まれたわけではない。過去をたどれば炭治郎と同じ人間だ。人の心に憎悪や喪失などのほころびが生じたとき、そこに付け込むように悪の血が注がれ、身と心を鬼へと変える。鬼を退治してメデタシメデタシの勧善懲悪ではなく、悪が悪とならざるを得なかった事情を描く。鬼は外ではなく内におり、彼は私であったかもしれないという落伍者への共感。『鬼滅』の魅力はそこにある。きっと作者は優しい人なのだろう。同じく人の堕落劇を描いたヒット作と言えば映画『ジョーカー』が記憶に新しい。『スター・ウォーズ』シリーズのアナキンくんもそうか。（き）

2020年12月

▼アイヌで忘れられないことがある。それは以前にNHKのBSで見た「北海道スペシャル　アイヌモシリに生きる」というドキュメンタリーだ。その中で、アイヌ遺骨問題が扱われた。北海道大学が、過去に研究のためと称してアイヌの遺骨を盗掘した事件だ。番組内で、遺骨の返還儀式があるのだが、そこで同大学の代表として来た副学長長谷川晃氏は、訴訟でもされると思ったのだろうか、謝ったら不利だとばかりに最後まで謝罪しなかった。もちろん長谷川氏は盗掘には無関係なのだろうが。一方、同大准教授の丹菊逸治氏は泣きながら「本当に申し訳ありませんでした、一緒に謝りましょうよ、なんで謝罪できないんですか。こんな風に人間が扱われていいはずがない」と大学関係者の中で、ただ一人最敬礼で謝罪していた。見ていてこちらまで大げさではなく本当に涙が出てきた。アイヌに対して和人はずっと酷いことをしている。いつか丹菊氏にアイヌへの思いを聞いてみたいと思った。（ぬ）

▼コロナでPCやスマホを使う機会が増えると、共に増えるのが元々の目的以外のネット廻覧。検索先で提案されたリンクを踏むと更に関係のあるものが……と次々現れる「興味」を追いかけ、気づけば時間が経っているのは誰でも経験があるのでは。先日観た「監視資本主義　デジタル社会がもたらす光と影」はその理由を詳らかにしたドキュメンタリー。インスタグラムやFacebookなどの無料プラットフォームは個人の行動履歴を集めて最適な広告を提示しクリックさせることで利益を生むので、心理学者を雇いネット依存になるよう誘導している事実が関係者によって語られ、欲求を刺激するものだけを提案し続ける仕組みに従うことで情報が偏り思考が狭まって、結果、鬱や若者の自殺に繋がっているという現状に

警鐘を鳴らしています。番組では有名プラットフォームを作った人々がその危険性を切実に訴えているのですが「顧客をユーザーと呼ぶのは、違法薬物とソフトウェアの業界だけ」という言葉が、強烈に印象に残りました。（も）

▼いよいよ宮崎吾朗監督の「アーヤと魔女」が、ＮＨＫで放送されます。これに向けて、『ジ・アート・オブ　アーヤと魔女』、『徳間アニメ絵本39　アーヤと魔女』、『フィルムコミック　アーヤと魔女』（いずれも徳間書店）など、関連書籍も続々準備中。『ジ・アート』では、映画制作のために描かれた絵を多数掲載。監督はじめ、スタッフインタビューからも、制作の裏側を感じて頂けると思います。『アニメ絵本』は小さなお子さんと一緒に、『フィルムコミック』はもう少し大きなお子さんと一緒に、本編を楽しんで頂ける内容です。と、宣伝しましたが、これを書いている現在、まだまだ編集作業中。編集サポートの私ですら、机の上に、書類が山積みです（片付け方の問題でしょうか……）。頑張る編集さんを横に、弱音は吐けません。あと、もう少しで発売です！　どうぞ、いずれも、お楽しみに！（あ）

▼ジブリ出版部制作の新刊『どこから来たのか　どこへ行くのか　ゴロウは？』（徳間書店）が12月2日に発売となりました。著者は社会学者の上野千鶴子さんと、『熱風』の口絵連載でおなじみのKanyadaさんです。建設コンサルタント、ジブリ美術館の初代館長、そして映画監督と、多彩な経歴をもつ吾朗さんですが、その素顔はあまり知られていません。本書では、上野さんによるロングインタビューと、Kanyadaさんによる写真と詩で、映画監督・宮崎吾朗の実像に迫ります。今月30日にＮＨＫ総合で放送予定の「アーヤと魔女」の制作現場や、吾朗さんが準備を進めているジブリパークにまつわる秘蔵写真も収録されておりますので、「これからのジブリ」を知るうえでも必読の1冊です。ぜひ！（き）

2021年1月

▼コロナ禍で怖いのは特集でも触れたように、コロナによる差別感情の発露だ。健康第一主義は宗教のようだとした大脇医師は慧眼だ。宗教であれば日本は憲法で信教の自由が保障されているので、他人がどうこういうことはできず、同時にそれを強要もできない。村上春樹はかつて「僕が今、一番恐ろしいと思うのは特定の主義主張による『精神的な囲い込み』のようなものです」とインタビューで語った。コロナ禍で多くの人は唯一無二に思える健康第一教に囲い込まれ、その枠から外れる人を攻撃する。パチンコ屋、夜の街、GoToキャンペーン、そして感染者。どれだけ人が人をやり玉にあげて互いに攻撃しあったら気が済むのだろうか。こうした中で英国でのワクチン実施は明るいニュースだが、短過ぎる開発期間のため、接種に慎重な人もいるだろう。これもまたワクチン絶対教を生み出す危険がある。ワクチン接種をめぐっての新たな差別が起きないことを祈りたい。(ぬ)

▼昨年末にＮＨＫ総合で放送された「アーヤと魔女」の原作は、『ハウルの動く城』の著者でもあるダイアナ・ウィン・ジョーンズさんのとても短い児童小説。ちょっと生意気な女の子・アーヤが魔女の家に貰われてから、そこで巻き起こる出来事をどう乗り越えていくかがメインストーリーですが、本筋から少し離れたアーヤのお母さんや魔女と同居している魔法使いのおじさん、そしてアーヤ自身にも原作からして語られていない謎がいっぱい。その謎を自由に解釈できるのがこの原作の魅力でもありますが、アニメーション「アーヤと魔女」としての一つの答えが提示されているのが「絵コンテ」です。何を考えているのか、どうしてこんな行動を取ったのか、その目つきの意味は？　宮崎吾朗監督がそれらをどのように考えキャラクターに演技をつけていったのか、セリフや表情の裏にある意味や理由が書かれている絵コンテをまとめた『絵コンテ全集　アーヤと魔女』は、徳間書店より2月1日に発売予定です。どうぞよろしく。(も)

▼2021年になりました。今年のテーマは「急がば回れ」。年末、スケジュールがパンパンに詰まったタイミングで、いくつかミスを重ねてしまいました。スケジュール以上に、気持ちがパンパンになってしまい、いつもなら見えるものが見えなくなってしまったようです。一つ一つの仕事を丁寧にやることは当たり前。こんな時は、いつも以上に丁寧にやらなくては、ミスにつながります。思い返せば、これまでにも何度か同じ状態に陥ったことが。その度に「どうすればミスをしなくなるのか」と考えますが、いまだに解決に至っておりません……。深く反省するだけでなく、具体的にルールを決めないと。「忙しい時は、3回チェック」「忙しい時は、いったん止まって考える」「忙しい時は、早めに相談」。ミスがなくなるよう、精進して参ります！
本年も、どうぞ宜しくお願いいたします。（あ）

▼自粛ムード一色だった2020年は、例年に比べ極端に短く感じられた。以前取材した「時間学」研究者の一川誠さんによれば、人の体感時間とは「体験した出来事の数」と「時間を気にした回数」、そして「代謝」によって決まるのだとか。初めて体験する出来事が多ければ、そのたびに記憶の「点」が打たれ、体感時間は長くなる。一方、同じことを繰り返して過ごせば点は少なくなり、体感時間も短くなるそうだ。いわば、鈍行列車と急行列車のようなもの。同じ距離でも、停車駅が多ければ、そのぶん目的地までは時間がかかる（「代謝」の説明は長くなるので割愛）。自宅に篭ることの多かった2020年が「あっという間」に感じられたのは、日々の出会いや体験が制限され、新たな点が打たれなかったためだろう。しかし、激務に追われた医療関係者や、コロナ禍の煽りで職を失った人々はどうだったか。未知の苦難が相次ぎ、長く辛い1年だったかもしれない。その人たちに成り代わることのできないやるせなさを、せめて知ること、想像することで埋め合わせたい。そんなことを思い続けた1年でもあった。（き）

2021年2月

▼半藤一利さんが鬼籍に入られた。僕は昭和史にとても関心があり、とくにそのなかでも、なぜ日本が戦争に突き進んだのか、そして戦争中に軍人たちはどのような戦いをしていたのかがきちんと知りたい。そしてこれらを半藤さんの著書から多く学んだ。たとえば『レイテ沖海戦』などは相当に興味深い。半藤さんの本は、きちんと資料や証言に基づいたものだった。軍人は時に過去を美化して虚偽を語ったというが、半藤さんは確かな根拠から取材対象者のウソにも決して騙されなかった。現在の世界はフェイクや誘導が蔓延していて、大手メディアですら、SNSの不確かな情報を検証せずにそのまま流してしまうこともある。いまこそ情報発信者は半藤さんの姿勢を忘れずに襟を正さなければならない。実は昨年、青木理氏より、連載で半藤さんと対談したいという申し出があり、調整しようとしていたのだが半藤さんの体調がすぐれず実現しなかった、本当に残念だった。半藤さんのご冥福を心よりお祈りいたします。（ぬ）

▼いつの間にか今年の1／12が既に終わってしまいました。年越しの実感もないまま時が過ぎてしまった理由は、もちろんステイホームで出来事と暦をうまく結びつけられなかったのが一番ですが、もうひとつ、昨年後半から年明け過ぎにかけてジブリ最新作『アーヤと魔女』の関連書籍の編集に携わっていたことで、体内カレンダーが「大晦日＝校了日（本を作り終える日）」になっていたからでもあります。2月を迎えて『絵コンテ全集　アーヤと魔女』も発売され、『フィルムコミック』『アニメ絵本』『ロマンアルバム』『ジ・アート』などほぼすべての関連書籍が出揃い、私には遅れてお正月がやってきました。絵コンテは全ページカラーの豪華仕様、フィルムコミックはお子さんが楽しんで読みやすいマンガ形式になっていますので、ぜひ手に取ってみて下さい。（も）

▼年末のある朝、目を覚ますと突然、腰に激痛が！　起き上がるだけで一苦労。戸惑いながらも朝の準備をするのですが、歩く、顔を洗う、着替える……。動く度、腰から全身へと激痛が走ります。その度に動きが止まり、中々先へ進めません。起きて15分で、もうへとへとです。仕方がないので、整骨院へ行くと、ぎっくり腰寸前の状態でした。腰痛は、腰ではなく太ももの裏側が硬いことが原因、ということがよくあるそう。私の場合も、正にそれ。前屈をしてみると、90度にも曲がりません。元々何も予定を入れていなかった今年の冬休みは、ただひたすら前屈をして過ごしました。おかげで、つま先を手で触れるまでになり、腰も大分回復。しかし、腰痛は繰り返すので油断禁物！　これからは腰を労りながら、うまく付き合っていこうと思います。寒い時期は痛くなりやすいのだそうです。皆さんも、どうかお気をつけて。（あ）

▼給食は欠食者救済のための公助機能であると同時に、〝同じ食事を同じ時間に同じ場所で食べさせる〟という強制を伴うシステムだ。今回の特集の契機となった新書『給食の歴史』（岩波書店）は、給食制度が内包するこの強制的側面を指摘している点で興味深かった。給食に限らず、国による公助は時として、保護の代償として管理を、安定の代償として統制を国民に強いる。一方で、菅首相が言うところの自助主義は、自由の代償として放任主義と自己責任論を社会に浸透させてゆく。つまるところ、自助と公助は兼ね合いで、そのどちらに偏重することも好ましくない。では、今の日本はどうかと言うと、政府が国民の危機意識と不安に乗じて管理と統制の強権を行使しておきながら、十分な公助制度を敷かずに自助努力ばかりを呼び掛けている。公助に頼る人は努力が足りない、とでも言いたいかのようだ。困窮者に自己責任論を押し付け、スティグマを刻印する論法を許したくはない。（き）

2021年3月

▼今月で三浦雅士氏の連載「スタジオジブリの想像力」は終了となった。8回続いた連載の基軸は「地平線」だ。距離も地平線も人間の視覚が発明したのだという氏の主張は、全編を通して様々な角度から検証された。補論では、黒澤明とジョン・フォードにまで言及した。文中では「駅馬車」「荒野の決闘」ともにモニュメント・ヴァレーの風景が映し出されていると書かれている。補足すると「荒野の決闘」の舞台、つまりOK牧場は実際にはトゥームストーンにある。だがフォードはわざわざモニュメント・ヴァレーにトゥームストーンの町のセットを組んだ。結果としてあの素晴らしいヌケのある地平線の風景が誕生した。フォードも地平線を意識した絵作りにこだわったのは間違いないだろう。他にも舞踏や音楽など様々なジャンルに思考が広がる興味深い連載だった。続編を願いたい。(ぬ)

▼遅ればせながら読んだ、昨年noteに掲載された長崎に住む高校生・山邊鈴さんの「この割れ切った世界の片隅で」。幼少期からの「私のふつうの人生」を語ることで成育環境により大きく違う「ふつう」を知り傷ついていく過程を詳らかにしながら、経済・教育などの格差問題とそこから生じる分断、格差を本当には理解できていない人々に警鐘を鳴らす素晴らしい記事で、客観性と悲鳴のような生の言葉で紡がれた文章は多くの人の心を掴みました。しかしこのような問題提起は国内外で共感が集まる一方、「ダウントン・アビー」「ブリジャートン家」など格差社会を楽しむドラマは世界的に大人気ですし、実力主義と対極の血統によって格差の頂点に在る女王や王子や配偶者が品があるだの相応しくないだの何を着ただのに、私たちは価値を見出し消費している。それは格差を受容し安全地帯から助長しているとも

言えます。決してそれが悪ではない、でも私はモヤモヤしてしまうのです。正しさって難しいですね。（も）

▼「大胆であれ、細心であれ」という言葉。誰が最初に言ったか分かりませんが、私には父のものとして沁み込んでいます。何か壁にぶつかると、よくこう言ってアドバイスをもらいました。言葉は沁み込んでいるのですが、行動に落とし込むのは難しい。今もゲラを見て頭を抱えています。テキストの誤植を追いかけて何度も何度も見ている内に、全体的にどちらのデザインが良いのか、分からなくなってきています。「木を見て森を見ず」という言葉もあるように、抜けてしまうのは大抵「大胆」の方。最初に全体を見た時と、細かい所を何度も確認してからもう一度全体を見た時では、印象が大きく変わることも。これまでだと、最初に受けた印象の方が、正解に近いことが多いです。大胆に、最初に受けた印象を曲げずにいこうと思います。（あ）

▼今月号より、新連載「薪を運ぶ人——もうひとつのスタジオジブリ物語」が始まりました。書き手は、「文春ジブリ文庫」シリーズや鈴木敏夫プロデューサーの数々の書籍の構成をされてきた柳橋閑さんです。長年ジブリを取材されてきた柳橋さんならではの視点から、これまであまり表舞台には出てこなかったジブリのキーパーソンたちを取材していきます。今では定期的な新卒採用をしていないこともあって、まったくの異業種の人や、取引先の担当者だった人が社員となることが多いのがジブリの特徴です。連載では、この会社を支えるメインスタッフたちが紆余曲折を経てジブリの仲間になるまでの経緯をじっくりと聞いていきます。もちろん、ジブリならではの「仕事術」や、知られざるエピソードもたっぷりと。ご期待ください。（き）

2021年4月

▼編集作業のひとつに文字の統一がある。一つの原稿内で同じ単語が仮名だったり漢字だったりとバラバラの場合に統一する作業だ。例として「ひとつ」と「一つ」を仮名と漢字で分けてみたが、これが合ってないと原稿として美しくないと言われ、だから編集者は原稿整理と称して統一する。だがこれは、とくに署名原稿では必ずしも当てはまらない時もある。今月から石曽根正勝氏の連載が始まったが、「みる」の動詞に「観る」「視る」「見る」の三つの漢字が使われていることに気づいた人もいるだろう。これは石曽根氏の意図的な書き分けだ。氏曰く、「観る」→従来的なアニメの鑑賞態度で、筋立て、テーマ、人物の心理など、画面に映っていないにもかかわらず観客が感得するもの。「視る」→この連載で強調する新しい視聴態度で、画面に映っている表面のみに注意してアニメを新しく視聴する行為。「見る」→観る／視るのどちらにも限定せず、中立的な含みを持たせた使用法。というわけで、これをアタマに入れておくとより楽しめると思う。（ぬ）

▼既にお気づきの方もいらっしゃるかと思うのですが、今年の1月号から弊誌〝おしらせ〟ページに、宮崎吾朗監督による描き下ろしイラストが掲載されています。1月は夢見るSF少年カスタード、2月はちょっといい雰囲気を出している若かりしバンド時代のアーヤの母とマンドレーク、3月はドラマー時代のイケてるベラ・ヤーガ、そして今月は独り（哀しく？）キーボードを奏でるマンドレーク。毎月違う「アーヤと魔女」のイラストが描かれているのですが、彼らの表情や登場順には、本編では見ることができない、映画のカメラの外にある〝彼らの人生〟が映し出されているのです。ぜひ映画を見た後にもう一度、バックナンバーをめくってみていただけたらと思います。（も）

▼『子どもりょうり絵本　ジブリの食卓　アーヤと魔女』（主婦の友社）が4月28日（水）に発売されます。ジブリ初のりょうり絵本です。この本は主婦の友社が編集、スタジオジブリは監修をしています。レシピは、料理家の祐成二葉先生が考案。料理の撮影に立ち会ってきましたが、料理スタッフの仕事が素晴らしかったです。13品を2日で撮り終えるため、4、5人のスタッフが常にテキパキと作業されています。その場でカップケーキの紙カップの色を変更したり、クッキーに絵を描く方法を変更したり。次々に改善策が出され、その度に変わる料理工程にも臨機応変に対応されていました。そんな忙《せわ》しない状況でも、料理が完成して良い写真が撮れると皆で拍手。心が温まりました。シェパーズパイを頂きましたが、癖がなく、子どもも大好きな味だと思います。他にも簡単で楽しいレシピが沢山。ぜひお試しあれ！（あ）

▼自分の理解が及ぶ範囲に収まってくれる物語だけを「面白い」と思い込み、安心しきっていたそれまでの僕にとって、エヴァの「わからなさ」は怖いものでした。しかも、そのわからなさ、怖さは、僕らを突き放すのではなく、むしろ惹きつけて20年以上も逃してくれなかったのだから不思議です。この謎の果てには、自分の想像なんか到底及ばない、とっておきの答えが用意されているはずなんだ。そう信じさせてくれるだけの哲学めいた引力が、エヴァという作品にはありました。そして迎えた、このたびの完結編。ネタバレにならない範囲で感想を述べるとすれば、今回のエヴァは、これまでで最も説明的で、わかりやすいものでした。そのわかりやすさを誠意と取るのか、裏切りと取るのか。あるいは、愛情と受け取った人もいたことでしょう。二十数年越しで届いたラブレターのようであり、忘れた頃に届いたテストの答案のようでもあり……少なくとも僕にとっては、「今までエヴァを好きでいてよかった」と心から思わせてくれる155分でした。とはいえ、まだわからないことだらけなのですが。（き）

2021年5月

▼今月の特集編集作業は楽しかった。と書くといつもは楽しくないようだが、もちろんそんなことはない。ただ、小学校高学年の頃から夢中になった映画の、そのポスターには、どれもみんな思い出深いものがあり、感慨もひとしおである。とうとう檜垣さんの自宅にまで押しかけてしまって資料をお借りしたりもした。あの頃（昭和40年代）は通学路にも映画のポスターが貼ってあって、登下校時にそれを見るのが楽しみだった。思えばその中には日活ロマンポルノなんかもあって、今では考えられないがそういう時代だった。ちょっとワルの家に行くと必ず「燃えよドラゴン」のポスターが貼ってあった。自分のいちばん好きなタイトルロゴは「ダーティハリー」だった。あの書きなぐったような暴力的な手書きロゴは、ハリー・キャラハンを実によく表していて、今見ても斬新で素晴らしい。（ぬ）

▼あと数ヶ月で開催されるらしい、東京オリンピック。愛国心やナショナリズムが世界中で取り沙汰されるなか、その発露の頂点であるオリンピックが今回人々にどのような影響をもたらすのか、気になります。例えば白人優位や国粋主義者は、自国の有色人種や移民の代表選手が金メダルを獲った場合にどんな反応をするのか（顔に国旗ペイントをして大喜びすると予想）。相手選手の国を不必要に嘲る人は出てしまうのか。本当に開催が決まったならバーナード・ショーの言葉「愛国心とは、自分が生まれたという理由でその国が他より優れているという思い込みのことである」を胸に、人間の能力の限界を切り開く選手たちを国に関係なく応援したいと思います。さて、ここから

素敵なおしらせを。今月から弊誌『熱風』の表紙イラストを安野モヨコさんにお願いすることになりました。たおやかさと強さ、繊細さと大胆さの同居するその絵にいつも惹きつけられてしまう私。1年間とても楽しみです！（も）

▼昨年4月の緊急事態宣言中、「娘と一緒に毎日お菓子を手作りする」と決めていました。初めは定番のクッキーやチョコ、段々ネタがなくなってくると空色ゼリーやお菓子の家など、変わり種にも挑戦しました。今では一緒に作ることはほとんどなくなっていたのですが、先日、娘が友だちに手作りチョコをもらったことをきっかけに、「私もまたお菓子を作りたい！　グミとゼリーを作ろう」と言い出しました。偶然、どちらも『子どもりょうり絵本　ジブリの食卓　アーヤと魔女』（主婦の友社）に、レシピが載っています。ゼリーはそんなに好きじゃないし、グミは作ったことがないのに、不思議な偶然です。『熱風』が出る頃には本が発売になっていますので、娘と一緒に挑戦しようと思います。お菓子だけでなく、「アーヤと魔女」に出てくるシェパーズパイやフィッシュアンドチップスのレシピも紹介しています。ご興味のある方はぜひ、手にとってみてください。（あ）

▼講談社刊行の「スタジオジブリ全作品集」が4月21日に発売となりました。各作品の基本情報はもちろん、公開当時のパンフレットやプレス向け資料に掲載された監督たちの文章、新聞広告、ポスターなども収録。ジブリの入門書として最適な一冊です。この本には映画制作当時の裏話やトリビアも多数掲載されていますが、「さらに知りたい」という方は宮崎監督の著書「出発点」（徳間書店）、「折り返し点」（岩波書店）や「文春ジブリ文庫」シリーズなどとあわせてお楽しみください。（き）

2021年6月

▼今回の特集を読んで、プレイヤーとレコードが欲しくなった。ＬＰ世代としてはいまだにデジタルの音に慣れなくて、ノイズの入ったレコードの音の方に魅力を感じてしまう。皮肉なもので、ＬＰ時代にはいかにしてノイズを軽減するかに注力していたのだが、ＣＤの登場でノイズのないクリアな音が誕生したら、今度はジージーというあのノイズが懐かしくなった。さらにＬＰはあのサイズがいい。インテリアとしてもよしで、とくに好きだったのはボブ・ディランの『フリーホイーリン』で、これは今でも部屋に飾ってある。かつては、ジャケットデザインのよさに惚れて、中身を聴かないで買ってしまう〝ジャケ買い〟という行動もよく耳にしたが、ＣＤになってからはあまり聞かなくなってしまった。そういえば、同じことを何度も繰り返して言う人のことを〝壊れたレコード〟と呼んでいたが、いまの人はこれを聞いてもなんのことだか分からないだろう。（ぬ）

▼誰しもの自分史に大小様々な〝はじめて〟が刻まれていると思いますが、物心ついての王道はやはり、「はじめて買ったレコード・ＣＤ」なのでは。少し背伸びした気分でドキドキしつつお店でお金を払い、破らないように帯を取り、ツヤツヤの盤面に傷や指の跡をつけないよう細心の注意を払って最初の音を鳴らすまでの気持ちの高まりはレンタルとは比べ物にならず、いまもその

曲を聞くと、瞬時に心はあの頃に戻ります。iTunesが登場して20年、いま10代の人たちは「初めてダウンロードした曲」を同じような熱量で覚えているのでしょうか。音楽を手に入れるハードルが低くなる良さと引き換えに、思い出の温度が下がっていなければいいなと思います。ちなみに、私がはじめて読んだ漫画は朝日新聞の4コマ漫画なのですが、時を経ていま、その朝日新聞連載中の4コマ「ののちゃん」の書籍化などを担当させて頂いているという事実は、自分史史上トップクラスの感慨深い出来事。はじめて買った生写真がCCBだったのは、忘れたい黒歴史です。（も）

▼最近、ゾンビ映画をよく観ます。機敏に襲いかかってくるゾンビよりも、やる気があるんだかないんだかわからない速度で、だらだらとにじり寄ってくるゾンビのほうが好みです。この「だらだらゾンビ」の強みは、襲われる人間たちの油断を誘うところ。気を付けていれば逃げ切れるけれど、ノロいからといって油断していると、たちまち囲まれてガブリとやられてしまう。多くの悲劇は、ゾンビだらけの世界に人間が慣れてしまった時に起こります。真に恐れるべきはゾンビではなく、異常を日常に置き換えてしまう人の適応能力のほうなのかも。だらだらと続く緊急事態が日常となった結果、危機を危機とすら認識できなくなりつつある今の私たちも大差ないですね。（き）

2021年7月

▼三浦雅士氏『考える身体』(河出文庫)を読んだ。これは以前に単行本として出版されたものだが、文庫化にあたり特別書下ろしとして巻末に「人間、この地平線的存在」が収録されている。けっこうなボリュームで、既に単行本を持っている人でもこのためだけに再度買い直す価値が十分にある。とくにその中の〝『考える身体』に「スタジオジブリの想像力」の萌芽がある〟という章には注目したい。「スタジオジブリの想像力」は本誌で3月号まで連載されてきたコンテンツだが、氏の論の根幹にある「地平線」に関してベジャール、テラヤマ、ピナの「三者を結びつけるのが『地平線』なのだと気づいたのは『スタジオジブリの想像力』を書き始めてからだと思う」とあり、それは本誌としては望外の幸せであった。「スタジオジブリの想像力」は、加筆しての近刊を予定しているということでとても楽しみだ。(ぬ)

▼新型コロナワクチンの全世代接種がようやくスタートしました。接種の要否は個人の自由ですが、インド株や五輪問題もあり、同世代の友人たちは私も含めてみな〝もう早く打ちたい派〟。そんななか発表された接種スケジュールは、地域によって違いはあれどまず60代以上、続いて50代、10~20代……「まさか最後?!」と愕然とする私たちは、そう、ロスト・ジェネレーションと言わ

れる世代です。多大な世代人口でハードモードだった受験＋バブル崩壊で氷河期となった就職難と、あらゆる場面で大変だったと自負している私たち。飲み会を開くほど無分別でなく、外飲みするほど若くもなく、自分は特別と思うほどオンリーワン信仰もなく、今までの行動を変えられないほど高齢でもない。大人しい忖度世代だから「またここでも割りを食うのか」と文句を言いながらも言うこと聞くと思われてるんだろうね……と友だちとブツブツ文句を言い合っています。誰かが最後になるしかないので、仕方ないんですけどね。（も）

▼今回はジブリの周縁にいる保護者たちにお声掛けしたこともあり、働きながら子育てをする40代女性たちの座談会特集となった。当人たちに聞いてみると、普段は仕事の都合で学校の保護者会やＰＴＡに顔を出すのも難しいとのこと。つまり、図らずして「保護者会に参加できない保護者のための保護者会」のような座談となった。参加者の性別は女性に偏っているし、居住地域もみなさん関東近郊。それだけにユニークな教育方針も聞けて興味深かったわけだが、読者のみなさんにはくれぐれも、ここで出た意見が「すべて」だとは思わないでほしい。切迫した家庭や教育現場の声なき声は他にある。そこをきちんと伝えていくのは、今後の僕らの課題です。（き）

2021年8月

▼今回の特集で、渡辺氏の発言に「乞食」という差別用語が使われていたことに疑問を持った人がいたかもしれない。言うまでもなく記事中の言葉に関しては編集部内はもとより外部の校閲会社も入れて十分に検討、判断をしている。特集での「乞食」は、前後の文脈も考慮した結果、問題ないとして掲載した。もちろん渡辺氏による記事確認もお願いしたもので、さらに言えば渡辺氏自身もまた編集者だ。考えるに、渡辺氏は歴史家でもあるので、言葉遣いも含めた当時の状況を正確に記述することに重きを置いていると思われ、そこに差別的意図などないことは明らかだ。編集部としてもクレーム回避のためだけの安易な言葉狩りはしたくない。そういえば『月刊Hanada』で以前に日本共産党のことを「認知症」と呼ぶ記事があった。「認知症」は、差別用語である「痴呆」の言い換えだが、この言い換えが適当かどうかは言うまでもなく、いくら言い換えたからといえ、悪意に満ちたものだ。すべての言葉の是非は使う人の心の中にある。（ぬ）

▼いしいひさいちさんの「ワトスン文書～シャーロック・ホームズ全仕事」が今月号をもって最終回となりました。原作に名前だけある事件を扱った「ワトスン・ノート」、状況だけが書かれた事件を作品化した「ワトスン・メモ」、その両方と原作のタイトル事件を取り上げた「ワトスン文書」と、ホームズが生涯で関わった全仕事を追う長い旅をしてきたわけで、感慨もひとしお。そんな思い出に浸る間もなく次号から新たな旅が始まります。その名も「シャーロック・ホームズ　名

前のない事件《ヤマ》～ CASE WITH NO NAME」。原作に事件名も事件の形跡も無いのにホームズたちが事件に関わる、いしいさん曰く「でっちあげストーリー」です。ホームズを追いかけるだけではなく、もう完全に追い越す勢いの新連載。私も一読者としてとても楽しみです。そして…、どの学校・職場にもいるいじめや嫌がらせをする恥知らずな人に、「ガンバ」のように皆で協力して猫（ノロイ）に鈴を付け、なあなあで済ませない世の中になってきたのは喜ばしいです。ＳＮＳの怖さも感じますが。（も）

▼取材資料として読むべき本、いつか読もうと思っている本、読んでみなよと薦められた本。この仕事をしていると、積読本の山は日に日にその嵩を増していく一方です。しかし、そんな順番待ちの本たちを飛び越えて、「いま読まねば」と思わされる本も稀にあります。先日手にした『小さな声、光る棚　新刊書店Title の日常』（幻冬舎）もそんな一冊でした。荻窪で個人書店を営む辻山良雄さんが綴るのは、店を訪れ、そして去ってゆく人々との日々の記録。コロナ以前も以後も変わらずに棚を整え、本を求める人々を待ち続ける辻山さんの佇まいは、朴訥としていながらどこか温かな定点観測者のよう。日々更新される情報と、目まぐるしく移ろう世相にあって、「同じ場所に根を張り続けること」がどれほど難しく、そして尊いものか。コロナの渦中にある今だからこそ、この書店で起こる小さなドラマの数々には励まされるものがありました。ぜひ、読んでみてください。（き）

2021年9月

▼前号で掲載した渡辺京二氏のインタビュー記事において、いわゆる差別用語が複数使われていたことについて、まず差別の被害を受けてこられた方々に、そしてインタビューに応じていただいた渡辺氏に、改めてお詫びいたします。記事を掲載する権限は編集部にあり、責任は当然編集部にあります。「乞食」「らい」という言葉を使って語られた歴史的事実は存在していますが、その言葉に塗り込まれているイメージは未だ色濃く残り、差別されてきた人々を今も傷つける力を持っています。歴史的事実であったとしても、言葉の選択として妥当ではなかったのではないか、と思います。渡辺氏の発言に差別的意図はありませんが、当時の状況を表現する言葉として『熱風』誌面に定着させたのは編集部であり、氏の意図に反する影響が及びうる記事としてしまったことは、深く反省すべきことであると考えています。前号の編集後記に書いた編集部としての考え方に変わりはありませんが、やはり前号の記事においては、編集上の配慮が不十分であったと思いますので、再度この欄を借りて謝罪の意を示すことにいたしました。（額田）

▼今月からいしいひさいちさんの新連載、「シャーロック・ホームズ全事件　名前のない事件《ヤマ》～CASE WITH NO NAME～」が始まりました。世界中で人気を誇る「ホームズ」ですが、日本でも過去には宮崎駿監督も演出に携わったアニメ「名探偵ホームズ」をはじめ、近年では「歌舞伎町シャーロック」「憂国のモリアーティ」と関連作品が作られ続けており、人気は衰えるどころかますます高まっている様子。そんななか、先月よりＮＨＫＢＳプレミアムとＢＳ４Ｋで「シャーロック・ホームズの冒険」（１９８４

〜）の放送がスタートしました。今もベスト・オブ・ホームズと名高い原作に限りなく忠実なこのドラマシリーズは、うるさ型の多いシャーロキアンたちも認めるいわばドラマの〝正典〟。これを観ることで、小ネタ満載のいしいさんの「ホームズ」もより楽しめるはずですので、気になった方はぜひ観てみてください。（も）

▼「薪を運ぶ人」でジブリ社員の取材をしていると、「会社って結局誰のためにあるんだっけ？」という素朴な疑問が浮かんでくる。今回登場した広報部の西岡さんは、前職のエッソ石油時代に「業務の合理化」という名の人員整理、つまりリストラを担当していた。会社を生かすために同僚のクビを切り続け、最後は自らのクビをも落として会社を去る――凄絶なサラリーマン人生だと思う。だが、これは何も特別なことではないらしい。そもそも株式会社とは、そういう呪いを織り込んだシステムだからだ。世間にある多くの株式会社を支えるのは、社員でも経営者でもなく、株主だ。資本の源泉である株主がいなければ、どんな株式会社も存続できない。だから経営者は、彼らに見捨てられぬよう、見限られぬよう、株主に利益をもたらすための行動をとる。株主に利益を約束するためならば、時として企業の血肉である社員すらもそぎ落として金に換える。中長期的な成長よりも、短期的な利益。少なからぬ企業は、そうやって成長・拡大を遂げることで資本主義の発展に貢献してきた（少なくともこれまでは）。では、同じく「株式会社」であるジブリの場合はどうなのか？　これがちょっと特殊らしいのだが……あぁ文字数が。この話の続きは、またの機会に。（き）

2021年10月

▼読者からの手紙は、個別に返事を出せなくて大変に恐縮ですが、個人情報の取り扱いに万全の注意をした上で、全て編集部内で回覧させて頂いています。なかには厳しい意見もあってハッとさせられるものもあります。とくに最近それを感じたのは格差に関するご意見でした。記事の構成上、全方向に配慮した内容にすると、逆に無難過ぎてしまいかえって論点がぼんやりしてしまう危険もありますが、それでも、とくに格差問題はあらゆる点で無視できないものです。いま自民党は総裁選の最中ですが、新自由主義を見直すところに切り込んだ候補者もあり、与党すら格差を公に問題として出し始めたのはいい傾向だと思います。今月の特集は独立研究者の山口周氏のインタビューですが、氏も新自由主義、資本主義を見直すべきだと言及していて、こういう流れへとだんだんに世の中は変わっていくと思われます。（ぬ）

▼この原稿を書いている9月半ば現在、世の中は自民党総裁選の話題で持ち切り。そんななか、遠くロシアの市議会選で、再選を目指す野党議員が不服を申し立てたという出来事がありました。対立候補に自分を含め「ボリス・ビシネフスキー」という人物が3人もいて髪型も顎ひげも自分そっくり。どうやらプーチン率いる与党が再選を阻むため、有権者を混乱させようと改名させ、見た目も似せた候補者を2人も用意したらしい。裁判所も選管もなぜか「問題なし」との判断で独裁体制にターボがかかっておそロシア、というのはもちろんですが、そっくりさんの用意など舞台裏を想像すると

どうにも可笑しみが止まりません。総裁選でも発揮された忖度政治は我が国も負けませんが、こんな面白さは絶対ない。「いしいひさいちさんの漫画で見たネタだ！」という噂を聞き、現在当該作品を捜索中です。ご存じの方はぜひご一報ください。（も）

▼脱資本主義論を耳にするたびに、「その通り」と賛同したくなる一方で、「ちょっと待て」とツッコミたくなる自分もいる。もちろん格差は是正すべきだし、金持ちがさらに金持ちになるためのシステムは間違っているとも思う。そこに異論はない。ないのだけれど、どうもすんなり飲み込めないのだ。人は体制を批判するとき、被害者意識ばかりが先行して、自らの加害性を置き去りにすることがままある。僕が感じている違和感もそれだ。だって、僕らはその間違ったシステムのなかで今まで息をしてきたはずじゃないか。好むと好まざるとにかかわらず、そこに加担して生きてきたはずじゃないか。僕らの快適な日常は、必ずどこかで誰かの過酷な日常と紐づいている。高層マンションの足元で24時間営業するコンビニの明かりは、多くの外国人アルバイトたちによって灯されている。頼めば翌日には届く通販の背後には、巨大な倉庫を薄給で駆け回る人たちがいる。日常のなかに溶け込んでしまったいくつもの格差。彼らを見えなくしたのは、ほかでもない僕らだ。無批判で無関心だったこれまでの僕らだ。資本主義が生み出す格差の差分。そのおこぼれにあずかってここまで生きてしまった自らの加害性。そいつと向き合い、自覚しないうちは、どんな体制批判を口にしたところで体重が乗らない。今回の特集を通して、そんな当たり前のことに気づかされた。（き）

2021年11月

▼突然の小三治師匠の訃報は驚きだった。自分は落語については詳しくはないので、師匠の功績について語ることには力不足だが、人としての師匠についていつも感じていたことがあった。それは歳を重ねられてからの師匠についてだ。矍鑠《かくしゃく》として人生の深みを感じさせるとてもいい歳の取り方だったと思う。昨今では一般的に若いことが良いとされていて、80代でも年齢不詳、万年青年のような人も多い。それはそれでいいのかもしれないけれど、師匠のような、本当は面倒見がよくて優しいのだけど、見た目は不愛想、前に立つと思わず背筋が伸びてしまうような威厳に満ちた御老体には、人生の大先輩として敬意を表せずにはいられない。ご冥福をお祈りいたします。ところでこれは僕の担当ではないのですが、一言お伝えします。口絵の宮崎敬介さんの木版画ですが、これまでは原寸大で掲載していましたが、今月からは拡大して掲載されます。読者の皆さんはどう感じられましたか？（ぬ）

▼本誌の連載「シネマの風」でコラムを書いてくださっている江口由美さん。先日、兵庫県出身・兵庫県在住の江口さんが責任編集を務めた書籍『元町映画館ものがたり　人、街と歩んだ10年、そして未来へ』が刊行されました。映画を愛する小児科医・堀忠さんの「観たい映画を上映したい！」という強い想いに呼応した映画ファンたちが集まって作り上げた神戸の元町映画館。ミニシアターブームも斜陽だった２０１０年に開館した同館の立ち上げの構想からようやく

のオープン、初めての映画館運営と街の人々との交流、そして２０２０年のコロナ禍での臨時休館……。映画館奮闘記であり、映画館を取り巻く人々の様々な出会いの物語でもあるこの本は、まさに神戸版「ニュー・シネマ・パラダイス」です。この2年間「自由に映画館に行けない」という初めての経験をしていた私たちですが、そんな今だからこそ、ぜひ読んで頂きたい1冊です。（も）

▼今回の新井紀子さんのインタビューでは、タブレット教材が十分な検定を経ずに小中学校へ導入されているというショッキングな話も出てきました。これは以前に『熱風』で特集した学校給食にも言えることですが、義務教育の現場である小中学校では年間を通して莫大なお金が動いています。むろん、教育現場と民間企業が結びつくこと自体は咎められることではありませんし、民間にしか持ち得ない知見や発想によって良質なカリキュラムが提供されることもあるかもしれません。しかし、教育的意義や精度が十分に検証されないままに採用されてしまうのでは本末転倒。踏むべきプロセスがあべこべです。子を持つ親だけでなく私たち社会人は、子どもたちへの責務としてこの現状と向き合うべきなのではないでしょうか。便利さ、快適さだけを享受して思考を止めてしまうのではなく、いま子どもたちが手にしているものが未来にどうつながっていくのかを考え続けたいものです。最後になりますが、現役の教育委員という難しい立場にありながら、現場の実情と教育への思いを語ってくださった新井紀子さん、ありがとうございました。（き）

2021年12月

▼いまほど世代間の分断が際立っている時代はないと思う。もちろんそんなものは古から存在しているのだが、SNSの発達で問題が大きく可視化されたことで、さらにメッセージ強度にブーストがかかった。そしてそれだけでなく、思想や格差などによる分断もまた深刻なものとなっていて、中には対立が閾値を超えて大きな事件となってしまった事例もある。そんな中、少しでも自分とは違う他者の意見を理解するために、今月から若手文筆家、御田寺 圭氏による「ブリッジ」の連載が始まった。氏は主にネットを中心に活動しているのだが、近年クローズアップされている言葉や概念には、〝こどおじ〟や〝親ガチャ〟など、ネットで生まれたものが多く、やはりクリティカルに時代の空気を拾っていくには、ネットのサーチは欠かせない。御田寺氏にはそのあたりのフォローも期待している。（ぬ）

▼2014年に江戸東京たてもの園を皮切りに、2018年まで全国を巡回した「ジブリの立体建造物展」。「油屋」「ラピュタ城」「オキノ邸」などスタジオジブリ作品に登場するさまざまな〝架空の建物〟に焦点を当て大変好評を博した展覧会で、本誌読者のなかにも実際に訪れた方がいらっしゃるかもしれません。この展覧会の図録がこのたび復刊されました。その名も『ジブリの立体建造物展図録〈復刻版〉』（トゥーヴァージンズ刊）。展覧会の監修を務めた建築家・藤森

照信氏の詳細な解説や宮崎駿監督による説明の文章と共に背景画、イメージボード、美術設定など「ナウシカ」から「マーニー」までの380点を超える図版をオールカラーで掲載、図録だけでも楽しめる一冊になっています。ぜひ書店などで手にとってみてください。（も）

▼しまおまほさんが新刊を出されました。書名は『しまおまほのおしえてコドモNOW！』（小学館）。毎月1人の小学生にインタビューをするという斬新なWEB連載をまとめた一冊です。さっそく拝読したところ、これが想像の斜め上を行く面白さと深さ。仕事そっちのけで一気読みしてしまいました。11歳にして落語の高座に上がっている男の子や、寄生虫にやたらと詳しい女の子など、登場するコドモたちの「今」は縦横無尽。時に埋めがたいジェネレーションギャップに戸惑いながらも、ついていけないところは無理についていかないインタビュアー（しまおさん）のユルさも笑えます。でも、ハハハと笑いながら油断していると、唐突に核心を突くようなことを言うのがコドモたちのすごいところ。中でも、ある男の子が発した次の発言には頭をガーンとやられました。「義務教育って『学校へ行く義務』じゃないんだよ。『親が子に学校教育を受けさせる義務』だから。そこを履き違えてるんじゃないかな？」。……うーん、深い。ぜひご一読を。（き）

2022年1月

▼2022年になりました。オミクロン株のニュースもありますが、国内のコロナはほぼ落ち着いて、イルミネーションに彩られた年末の街にはかなり活気が戻っていました。感染防止に十分注意を払いながら、バーチャルでないリアルな出会いを楽しんでいるのは本当にいいものだと、長いブランクがあったからこそより感慨深いです。特集の「アカデミー映画博物館『宮崎駿展』」いかがでしたでしょうか。自分でも始まったら個人的な休暇を兼ねてぜひとも行こうと思っていたのですが、昨年は実現できませんでした。今年は行かれたらいいなと。さて今年の『熱風』ですが、編集方針としては、様々な行動制限が解除されたので、再び自分の足で歩き、たくさんの人に話を聞くというスタンスに戻れたらと思っています。インターネットで情報集めもいいですが、過度にそこへ頼らないハイブリッドな仕事のやり方です。自粛を〝強いられた〟長いコロナ禍の生活で、人々の心にも多くの変化がありました。辛いことばかりでしたが、しかし副産物としてその思いが何らかの表現方法、文学でも映画でもアートでもいいので、新しいカタチで作品となって世に出てくれれば、希望の光として人々の心に明るい灯を点けてくれればと思っています。その時はそんな話を『熱風』を通して読者に届けられればと。本年もどうかよろしくお願いいたします。(ぬ)

▼昨年はCOP26やSDGsなど、私たち人間を含めた地球環境に今まで以上に注目が集まった年でした。そこで個人的に改めて感じたのは考え方の世代間格差。環境、労働、多様性、ハラスメントなど様々な〝常識〟が世代間であまりに違い、お互いもう理解できないところまで来てしまった気がします(もちろん世代だけ

でなく個人の問題でもありますが）。確かに私が子どもの頃は豊かで便利な未来を世界中が信じて猛進していましたが、でも実際便利ってそんなに重要なのか。元日営業も翌日届く通販も、やたら明るい夜の街も激安な商品も、そのために誰かが犠牲になり搾取されるなら必要ない。便利や利益の対価に誰かの幸せを差し出させる社会はおかしい。そう考える人が増えているのはどこかで「自分や子どもや親しい人が何かの拍子に搾取される側になる可能性」、ディストピアな未来の到来を感じているからかも。少しの不便も富もみんなで分け合おうという意識が消費者だけでなく企業など生産者側の文化にも組み込まれていく、今年はそんな年になるといいなと思います。（も）

▼先日、ある大学生と話す機会がありました。彼女は00年代生まれのいわゆる「Z世代」。趣味でSNSを複数運用しているそうで、各アカウントのフォロワーは数千人ずついるとのこと。「ファッション」や「読書」など、アカウントごとに投稿内容を区別しており、それぞれのクラスターに合わせた投稿をすることでフォロワーを増やすのが楽しいのだそうです。そこまで影響力があるアカウントを持つと、実名で発信してチヤホヤされたくなりそうなものですが、彼女は徹底して仮名で続けていると言います。その理由を尋ねると、「実名で投稿しても何のメリットもないじゃないですか」と。曰く、昨今のキャンセル・カルチャーを嫌というほど目の当たりにしてきた彼女の世代にとって、公共空間で実名発信することはリスクこそあれどメリットは感じられないようです。言っていることは実にまっとう、そして冷静。公共の場で実名をさらして愚痴ったり喧嘩したりする「大人」たちよりも、彼女たちのほうがよほど大人なのかも。もちろん、匿名文化には深刻な闇もあるのですが。（き）

2022年2月

▼核問題を扱った青木氏の連載、文中で氏も言及しているが、原発についての議論まで深められなかったのが残念。エネルギー問題は安全、地球環境など複雑な問題が多く絡まっていて、有効な解決策を見つけにくい。時間をかけて方向性を探っていく必要がある。原発ゼロをゴールとして、最大の難題は使用済み核燃料の最終処分場だと思う。もし本気で目指すなら、六ヶ所村の再処理工場は、各地の原発から受け入れてきた「使用済み核燃料」を「返す」と言うのでそこで行き詰まる。おりしもEUでは先日、原発を天然ガスと共にグリーンな投資先として認定する方針が発表された。ドイツなどは今まで脱原発に舵を切っていたのに、これでは議会でもめること必至である。『熱風』でも原子力の問題をもっと考えたいのだが、従来の議論を超えるような新しい発想や意見は、なかなか出てこない。政治家を筆頭に、経済界も自分たちの代ではやってるふりだけ見せて、本音ではこの問題は先送りしたいという〝逃げ〟の姿勢が見える。自分たちを含め、逃げることなく真剣に考えたい。（ぬ）

▼先日、アンネ・フランクとその家族の隠れ家をナチスに密告した人物をほぼ特定した、というニュースがありました。元ＦＢＩ捜査官や歴史家が参加した調査チームが最新の技術を駆使して導き出した密告者は、ユダヤ人公証人のファン・デン・ベルフ。自分の家族を強制収容所行きから守るために情報を渡したのだろうということで、ご本人はすでに他界しています。現代の調査技術はすごいなとは思うけれど、とはいえ非常に複雑な気分。同胞を裏切らざるを得なかった当時の状況や

心境は現代の私たちにわかるはずもなく、似たようなことが無数にあるなかで相手が「アンネ」だったために個人名が特定され公表されてしまうのは果たして正しいのか。「密告者を特定」「裏切りのユダヤ人」という見出しで伝えるべきものなのか。裏切り者とされた人にも家族や子孫がいるわけで、歴史を明らかにすることと、それをどのように伝え、残すのかはきちんとセットで考えなければと改めて思いました。（も）

▼先日、知人との雑談で年齢の話になった際に「もうキミもおじさんなんだからできることも減ってくるよ」と言われてしまった。32歳の冬、唐突に押された「おじさんの烙印」。何をもって人をおじさんと定義するかは個人の主観によるところが大きいのでここでは触れない。というか、おじさんになること自体にネガティブな感情はない。ただ、他人の未来に線を引き、可能性の一部を切り取ってくるようなその言葉が寂しかった。そんなモヤモヤを抱えながら暮らしていると、ふと目に入ったのが同世代のスターたち。1月に引退を表明した内村航平さんと、年末のM－1グランプリでラストイヤーを迎えた芸人ハライチだった。舞台は違えども両者に共通するのは、揺るがぬ意志と幕引きの潔さ。年齢や世間体におもねらず、誰に何と言われようと自分が良しと思う技・芸に挑んで散った。老いは誰にでも訪れるし、僕らから容赦なく未来を切り取っていく。だからこそ、切り取られた未来に未練を残さぬよう、呪われぬよう、今しかない今に自分の手でとどめを刺しながら老いていきたい。晴れやかな顔で幕を引いた彼らを見て、そんなことを思った。（き）

2022年3月

▼今号の特集を担当しているのだが、なんとその最中に自身がコロナに罹ってしまった。そのおかげでと言っては何だが、いろいろと指摘されている問題をよりリアルに感じることができ、そこは「災い転じて」と考えたい。いちばん実感したのは、医療現場の逼迫具合だろう。発熱翌日に外来へ行ったのだが、人手不足による病院の混乱は見ているところだけでも本当に深刻だった。患者の中には無茶苦茶な人もいて、予約無しで数時間程度待たされているだけなのに「遅い！」と看護師に怒鳴りちらしたり、発熱しているというのに「午前中は会社に行ってから来ました」なんて恐ろしいことを言って、厳しく注意されていた人もいた。さて、これはあくまでも個人的意見だが、オミクロンはインフルエンザと変わらなかった。どっちも自分が罹患しての結論であるが、これでは隔離期間中に外出してしまう人も多いのではないだろうか。デルタに関しては分からないが、少なくともオミクロンで、ここまで経済を止めてしまうのは弊害が大き過ぎると思った。（ぬ）

▼世界3大珍味で私も大好物のフォアグラですが、強制給餌する生産方法が問題視され欧州の多くでは既に事実上生産禁止。「生産国からの輸入はＯＫ」という抜け穴も、ここ1、2年で英国や米ＮＹ州などで販売禁止の動きが出ています。そんな中で登場したのが「培養フォアグラ」。科学の力と人間の欲望に驚愕ですが、ほぼ本物と区別がつかない出来だそうです。さらに研究が進んでい

る食肉は、２０４０年には食肉市場の60％が代替肉になりその１／３を培養肉が占めるとの予測もあって、同じ「肉の細胞」を持つ身として神の領域に手を付けるようで少し怖いですが、将来の食糧危機や動物福祉の観点から、頭を切り替えねばいけないのかもしれません。……と細胞培養に思いを馳せたのは、現在「楳図かずおの大美術展」が開催中だから。氏が30年前に発表した衝撃作「14歳」は鶏の培養肉が流通している未来の話。ご興味があればぜひ。（も）

▼夜の帰路、いつも電車のつり革につかまりながらボケ～っと真っ暗な車窓を眺めています。本もスマホもカバンの中。頭を空にする時間です。そんな時、ふと思い出すのは、昼間に読んだ新聞記事でもなければ、偉い先生が書いた論文でもなく、読者の方から届いた手紙の一節だったりします。『熱風』のご感想のほか、書き手の身に起きた事件や近況が綴られた手紙です。事務所に届くそれを読むたびに、そちらの人生が気になって頭に残ってしまうのです。そういった極めて私的な文章にも世界の断片と核心は確かに宿っていて、そこにある問題を自分なりに煮詰めると『熱風』の企画が生まれたりもします。僕にとって、みなさんから届く日常は、新聞や論文よりもはるかに身近な現実です。なかなかお返事はできませんが、いつも学びと活力をもらっています。大変な時代ですが、お互い踏ん張って生きましょう。（き）

2022年4月

▼ロシアの武力によるウクライナ侵攻。それまでコロナがニュースのトップであったが、一瞬にして主役交替となり、ほとんどのメディアがプーチンの蛮行非難一色になった。連日SNSでは多くの人たちがウクライナを応援し、世界各地でロシアに対する反戦デモが行われている。自分はテレビやネットで流されている病院や学校などへの攻撃といった惨劇の映像を見るごとに、得も言われぬ焦燥感に駆られていた。その焦燥感の正体を御田寺氏は連載「ブリッジ」の中で見事に喝破した。罪悪感とも言っていいその感情は、共感力の高い人ほど顕著に表れることだろう。氏は記事の中でそのことに対するひとつの行動の指針を提示している。どう感じるかは人それぞれだが、少なくとも自分は、日常を変わらずに生きることの意義を見直そうと思った。あと、やはりリーダーを選ぶことは重要だと思う。選挙が公正に行われているという前提だが、プーチンを選んだのもゼレンスキーを選んだのも自分たち国民なのだ。（ぬ）

▼「となりのやまだ君」のタイトルで朝日新聞で連載を開始してから、なんと30周年に突入した、いしいひさいちさんの「ののちゃん」。連載開始の90年代はリトアニアの血の日曜日からバルト三国の独立、ソビエト崩壊、湾岸戦争にはじまり、その後、コソボ紛争（1998）、米国のアフガニスタン侵攻（2001）、イラク戦争（2003）、ガザ侵攻（2006、2014）などなど、30年

の間に数多くの紛争や内戦がありました。そしていま、世界がどんなことになっても変わらずマイペース全開で平穏無事な「ののちゃん」ワールドに癒やされ、日常の大切さを改めて想いながら、最新刊の『ののちゃん全集 13』を鋭意編集中です。（も）

▼満を持しての「舞台『千と千尋の神隠し』」特集、お楽しみいただけたでしょうか。実は僕らジブリのスタッフも、観劇するまでは演出や内容に関する情報を一切もらっておらず、純粋に観客として楽しませてもらいました。観劇中に何度も頭をよぎったのは、映画「千尋」公開時に鈴木敏夫Pと東宝の宣伝担当だった市川南さんが新聞広告に打ったコピー「『生きる力』を呼び醒ませ！」でした。演者たちの息遣い、空間を包み込むようなオーケストラ、そして全身を使って表現される油屋の人々の舞い。軽佻浮薄なあの時代に向けて宮崎さんと鈴木さんが打ち出した衝動と熱が、ジョン・ケアードさんによって新たな血と肉を与えられて踊りだしたような舞台でした。特集では、劇場版キャストの視点から柊瑠美さんと入野自由さん、そして舞台にも出演されている夏木マリさん。さらに自らの作品も舞台化された経験を持つ創作者の視点から尾田栄一郎さん、原田マハさん、万城目学さんに率直な感想を語っていただきました。すばらしい作品を完成させた舞台スタッフのみなさまと、熱のこもった劇評を寄せてくださった寄稿陣のみなさまに心から感謝します。（き）

2022年5月

▼今回の戦争で、日本人も自衛意識を持つことは大切だと思った。自衛というと防衛費を増やすとか、敵基地攻撃、さらに中枢も攻撃するなど、ひたすら攻撃能力を高める方向へと考えてしまうが、僕はマイナス自衛という考えが大事だと思う。マイナス自衛とは憲法九条の堅持、世界に向けて日本の立場を明確に表明することだと思う。ゼレンスキーの国会演説を聞いて、世界は日本を戦争に参加しない国であると認識してくれていると思った。こういうことを言うと「イマジン」ではないが〝ドリーマー〟と呼ぶ人もいるかもしれない。でもこんな殺伐とした時代だからこそ、すぐに良い結果は出なくとも理想を掲げて努力する姿勢が、平和な暮らしを望む全世界の人たちに向けての日本からのメッセージになればいいのでは。（ぬ）

▼宮崎駿初監督作品のTVアニメーション「未来少年コナン」を数十年ぶりに観ました。さすがに色々忘れていることも多く、コナンのアニメーションならではの超人的身体能力に笑ったり、パラダイスの裏表のない勝手ぶりに「愛されキャラだけが許される行為だな」と思ったり、モンスリーの人物像に想いを深くしたり、うまそうの可愛さ（特に横顔）に癒やされたりで、全26話という長さはもちろん、40年以上前（1978年作）という年月を感じないまま3日でイッキ観してし

まいました。全編通して〝思いやりと優しさ、他人に共感する力〟が人としてどれだけ大切かが描かれているこの作品、今だからこそ純粋な子供にも、独りよがりな正義を振りかざして勝ち負けに拘泥する大人にも観て欲しいなと感じます。そんなコナンを紹介するジブリ美術館の新企画展示「未来少年コナン展」は5月28日からスタートです。（も）

▼4月23日より、京都文化博物館で『鈴木敏夫とジブリ展』が開催中です。この展示の最大の見どころは、鈴木敏夫プロデューサーがこれまでの半生で読んできたという８８００冊の書籍を収めた巨大本棚。高畑勲・宮崎駿両監督と「教養を同じにする」ために読んだ本もあれば、週刊誌記者時代に没頭したという硬派なノンフィクション本もあり、圧巻です。その一冊一冊には鈴木さんなりの作品論や作家論が紐づけられており、その膨大な知識量・読書量に触れるたびに編集者のはしくれとして自信を失いかけます（苦笑）。会場で『ALL ABOUT TOSHIO SUZUKI』（KADOKAWA）を購入してくださった方には、数量限定で特典文庫『読書道楽』のプレゼントもあります。ノンフィクションライターの柳橋閑さんが鈴木さんの読書遍歴に迫ったこの文庫は２８８ページと読み応え抜群です。読書好きな方はぜひ。（き）

2022年6月

▼特集「本屋再発見。」は本偏愛狂の自分にとっては興味深い内容だった。かつて本屋散策は大変な楽しみで、昔はスマホなんかなかったが、一度でも降りたことのある駅にある街の書店はほとんど覚えていた。だから待ち合わせ場所も普通なら喫茶店だが、自分の場合は駅前書店だった。たとえば六本木は「誠志堂」、銀座は「旭屋」か「教文館」、池袋は「新栄堂」、新宿は「山下書店」という具合だ。また書店独自のブックカバーも楽しみだった。とくに御茶ノ水の「茗溪堂」は沢野ひとしのイラストのブックカバーと栞が好きで、できるだけ新刊本は「茗溪堂」で買っていた。月二回配布される「これから出る本」は常にチェック、目当ての本の発売予定日が近づくと、早売りの書店を探して神保町をウロウロしたものだった。最近は横着してアマゾンで買うことが多くなってしまったが、それではいけない、できるだけリアル書店で買わなければと思った。(ぬ)

▼連載30年を迎えた朝日新聞朝刊の4コマ漫画「ののちゃん」はメインとなる山田家の人びと以外にもたくさんの登場人物がいるのですが、皆それぞれかなりキャラの濃い人ばかり。私の大好きな〝ゴースト選手〟は90％ポスターで登場という謎の出演方法ですし(いつの間にか敵の背後に立つことからゴーストの異名を持つ、ののちゃん憧れのサッカー選手)、〝町内会長〟はサ

ンタクロース姿で基本的に年1度しか出てきません（口癖はバカヤロー）。そんなレアで魅力的な登場人物に会える「ののちゃん全集　13」が7月に発売されます。最新刊は連載７０７本に加え、数ある登場人物の中でもファンに絶大な人気を誇るファド歌手〝ロカ〟の、本書のための描き下ろし漫画を同時収録。ぜひとも手に取ってみてください。（も）

▼二〇一五年一〇月号から隔月で掲載してきた『グァバよ！』が今月号で最終回となりました。ぐんぐん成長するバンシロウくんとの日々を綴ってきたしまおさん。今しかないその瞬間を見つめながら、時折フラッシュバックするしまおさん自身の幼少期や青春時代の思い出を読むのが、毎回楽しみでした。子どもの今を写し鏡として、親は自らの過去を顧みる。そうして取りこぼした感情や見落としてきた風景を子どもと一緒に再発見していくことが「子育て」なのだと、しまおさんのエッセイは教えてくれた気がします。連載は終わっても、しまお家の日々は続いていきますし、奄美への移住問題も気になるところ。この続きがいずれ読めることを期待しつつ、今後もバンシロウくんの成長を見守っていきたいです。（き）

2022年7月

▼特集での宮崎吾朗監督のインタビューは、既存のテーマパークとは違う、あくまでも「愛・地球博記念公園」の中のジブリパーク、という思いがきちんと伝わった内容だった。そう考えれば、3つのエリアの一見不便そうに思える位置関係も「公園全体をつなげたい」という点で合点がいく。もともと公園は「行くぞ！」と気合を入れて訪れるところではない。なんとなく街をぶらぶら歩いていて、吹いてくる風が変わったなと思ったら公園の近くだった、そういう行き方が理想だと思う。セントラル・パークもハイド・パークも大都市の中にあってそんな感じだった。またそこでは憩いの場として以外に「ダイ・ハード3」でマクレーンが疾走したり、ローリング・ストーンズがコンサートをやったりと、文化的広がりもあった。公園は様々な可能性を持っていて奥深い、11月のジブリパークのオープンも楽しみだ。（ぬ）

▼この欄で何度かお伝えしてきた、いしいひさいちさんの『ののちゃん全集 13』が、7月13日についに発売となります。世界観がほぼ同じ「となりのやまだ君」のタイトルで連載が始まったのが1991年。1935回連載された後に「ののちゃん」に改題され（兄・のぼる＝山田くんが、妹・ののの子に下剋上されたということでしょうか……）、昨年8065回を迎えたことで、なんと連載通算1万回を超えました。その間には高畑勲監督により「ホーホケキョ　となりの山田くん」の名でジブリ

で映画化もされています。日本で初めて4コマ漫画の連載を行ったのは朝日新聞なのですが、その朝日新聞史上でも1万回を超える作品は「ののちゃん」がはじめて。祝1万回特別版の作品も完全収録している記念の最新刊、ぜひ本屋さんで手にとってみてください。本書のための描き下ろし漫画もあります！（も）

▼ここのところ、中古マンションの内見が趣味になりつつあります。不動産情報サイトを回遊し、めぼしい物件があれば管理会社と施工会社をメモして過去20年以内の主だった不祥事をリサーチ。並行してマンションレビューサイトで当該物件の居住者たちの投稿を収集しつつ、売買履歴と価格変動の推移をチェック。さらに不動産屋へ問い合わせて長期修繕計画書を取得し、問題なさそうならばいざ内見！　……そんなこんなで物件探しを始めてから早数カ月。いまだに理想の物件には出会えていませんが、この工程をひたすらこなしていると嫌でも目は肥えてきます。立地や間取り、希望販売価格を見るだけで、その物件のオーナーが売りを急いでいるのかどうかくらいは推測できますし、「……ということは200万円くらいは値引き交渉の余地があるな～？」なんて想像するのがとにかく楽しい。「市場価値と売り手の事情にはギャップがあり、その2点の距離と落差を正確にとらえることができれば、買い手は大きなアドバンテージを得られる……これって市場経済の本質だと思わない!?」などと真理めいたものに行きつき勝手に興奮している僕。それを冷めた目で見つめる妻。戦いは続きます。（き）

2022年8月

▼「シン・ウルトラマン」のヒットで、今後のウルトラシリーズに大きな可能性が広がっていくのが楽しみだ。自分は公開初日、初回に見たのだが、鑑賞後はすぐにウルトラ仲間たちにいつ会えるかと連絡、まだ見てないと言われたら「けしからん！」と。考えれば平日の昼過ぎにそんなことを言われても、まともな人は仕事をしている最中なわけで、ずいぶんと迷惑な話だ。しかしこういう興奮は映画の純粋な楽しみ方だとも思う。個人的には新横浜のラー博のような規模と感じで、昭和感いっぱいのウルトラマンワールドを作ってほしい。バラージのセットやガヴァドンの土管のセットがあったりしたら最高だ。最後に蛇足ですが、今回の特集タイトルは「ウルトラマン」16話「科特隊宇宙へ」へのオマージュです。（ぬ）

▼11月1日に愛知県長久手市の愛・地球博記念公園内にオープンするジブリパーク。「ジブリパークはいわゆる遊園地と聞いてイメージするものとは異なり、すでにそこにある森や木々などと調和するように工夫しながらスタジオジブリの世界観を表現した公園で……」と言葉で説明されてもなかなか想像しにくいと思うのですが、そんな謎多きジブリパークがどのようにつくられ、実際に何があるのか、その制作過程と裏側を知ることができるのが、現在長野県立美術館で好評開催中の「ジブリパークとジブリ展」です。さまざまな新しいビジュアルだけでなく数多くの資料や試作、建築用の模型など、本来であれば関係者しか見ることがなかったはずの試行錯誤の数々を見ることができるこの展覧会、

一足早くジブリパークを知ることができるのはもちろん、大人もネコバスに乗れたり、あの電車でカオナシの横に座って写真が撮れたり、等身大（？）湯婆婆の執務室を覗けたりと、体験できるポイントもありますので、ぜひ訪れてみてください。（も）

▼コロナに感染し、10日間自宅療養に。幸い軽症のまま快復したが、大変だったのは家庭のケアだった。妻は高齢者の多いインフラ施設に勤めているのでたとえ本人が未感染でも僕との同居状態が続く限りは出勤できない。我が家は夫婦で接触を避けられるほど余裕のある間取りではないので別居するしかない。僕がホテルで療養できればいいのだが、保健所はパンク状態で連絡が取れず。仕方がないので妻をホテルに滞在させようとしたが、宿泊費は10日で最低でも6万円とハイコスト。しかも労災も健保も家族の隔離に伴う費用は補償の対象外。身銭を切るしかない。というか、手元の資金に余裕のない家庭の場合はそもそも実費のホテル隔離なんてできないので仕事を休まざるを得ないだろうし、完全に収入が断たれてしまう人も多いことだろう。休業支援金を申請したとしても支給まではタイムラグがあるし、結局本当に辛い時期は自力で耐えるしかないのだ。ここまで来て気づいたのは、重症化率や死亡率の低さだけを見て「経済活動を優先すべき」とのたまう人たちの頭の中には、社会というぼんやりとした枠組みの中で語られる「大きな経済」しかないということだ。その川下でギリギリの家計を何とか繋いで生きている人々の小さな経済活動はどうなるのか？　罹患するまで、その視点に立つことも想像することもできていなかった己の不明を恥じた。いつだって、川上ではなく川下に心を置きたい。（き）

2022年9月

▼「昭和アニメージュの功罪」は、自分にとって当時のリアルタイムで進行していた事象のおさらいとなっている点が大変に興味深い。今月はカラーテレビの激増の話だ。カラーテレビが来た日のことは今でもハッキリと覚えている。あの頃のテレビっ子にとって、見ていた世界が白黒からカラーになるというのは、現実に匹敵するほどの衝撃だった。ウルトラマンのカラータイマーが赤になるとか、タイガーマスクの流血描写とか忘れられない。「オバケのQ太郎」は白黒だったが「新オバケのQ太郎」はカラーになって、名実ともに新しい感じが嬉しかった。待望のカラーテレビを手に入れたテレビっ子にとって、次の目標は自分専用テレビと、ズバコンと呼ばれたチャンネルリモコンだったが、まだまだそれは贅沢だった。凄い勢いでテクノロジーが生活を変えた時代だったが、現代の固定電話→ケータイ→スマホの流れも同じようなものなのだろうか。（ぬ）

▼いしいひさいちさんの漫画『ののちゃん』などに昔から登場している、素直で頑固でちょっとボンヤリしていて、ポルトガル歌謡ファドの歌手を目指す女子高生・吉川ロカ。彼女が親友のヤンキー姉御・柴島さんとともに、天性の才能と不屈の精神で成功を掴むまでが1冊の本になりました。その名も『ROCA　吉川ロカ　ストーリーライブ』（いしいさん公式HP「いしい商店」と「蜻文庫《あきづ》」でのみ販売）。4月から1年かけて登場人物が成長し、翌4月には振り出しに戻る

という歳を取らない〝サザエさんスタイル〟の世界の住人でありながら、それに抗うように着実に成長し夢を叶えようと苦闘するロカはそこだけみても異色の存在で、過去作の集大成で読むロカの生き様は、笑いのなかに切なさが押し寄せ涙なしには語れません。そのロカの特別描き下ろし〝オーディション編〟が掲載されているのが最新巻の『ののちゃん全集13』（徳間書店）なのです。ということで、2冊あわせてどちらもどうぞ宜しくお願いします。（も）

▼今月号より、北原明日香さんの新連載「Teeny Tiny」が始まりました。「Teeny Tiny」は、日本語に訳すと「ちっちゃい」という意味です。誌面のひと見開きを使って、紙の世界の上で思い思いに日常を過ごす子どもや動物たちの姿を描いてもらいます。北原さんのイラストには、そこに描かれる生き物たちの前後にある物語や営みを想像させるような不思議な魅力があります。こういう時代なので、「熱風」の特集や連載で取り上げる時事ネタは世界情勢や社会問題など重いものになりがち。しかし、だからこそ、そんな誌面の最後には、読む人が自らの日常を肯定できるようなささやかで愛おしい世界が広がっていてもいいんじゃないか——そんなことを北原さんと話しながら、この連載が決まりました。次号以降に掲載予定の素敵なイラスト案も続々届いています。おたのしみに。（き）

2022年10月

▼本誌で中島順三さんの連載「『アルプスの少女ハイジ』とその時代」が掲載されたのは今から約10年前、2013年のことだった。中島さんにインタビューしての聞き書き連載だったが、そのために毎月中島さんに会うのがとても楽しみだった。編集者、取材者としての習性で、当時のことを根掘り葉掘りいろいろと質問したのだが、中島さんはいつも微笑みながら「いやあ、昔のことだから忘れちゃったよ」と答えていたのをよく覚えている。しかし本当に忘れたとは思えなく、上手にはぐらかされたという方が近いかもしれない。スケジュールが破綻し「狂気」とも表現された「ハイジ」の制作現場の裏話なんて「言わぬが花」ということなのだろう。どこまでも控え目で、裏方として高畑、宮崎両監督をサポートしてきた中島さんらしいと思った。ご冥福をお祈りいたします。（ぬ）

▼増加する豪雨や干ばつによる災害など気候変動が大きな問題になって久しいなか、ここ数年世界的にトレンドなのが「気候工学」。地球に日傘を差すイメージで成層圏に炭酸カルシウムを撒く、海水を空中噴霧するなど気象を操作する手法を模索しているのです。近年、西日本の魚、ブリが北海道で急増し代わりにホッケが激減、というのも温暖化で生息地が北上したためで、環境省による２１００年の天気予報は熊谷の夏の最高気温が44・9度、北海道は40度超え。日本の米どころは新潟から北海道に移ることになります。では早速その最新技術とやらで…と思いますが、生態系

や人類社会への悪影響、途中で実施不可能になった場合に起こるリスク、そもそも実現可能なのかなど、気候工学は大いなる批判や懸念も孕んでいてそう簡単にいかないのが現状です。結局、自然をコントロールする魔法の技術に期待して今の時間を消費するより、地道に取り組むしか道はないような気がします（まずはプライベートジェット対策をなんとか…）。映画や小説では昔から、天気を自在に操る技術を持つ者はそれで私腹を肥やそうとする悪人、というのが常ですし。（も）

▼映画「百花」では、子を捨て、1年間男と共に失踪する母の姿が描かれている。やがて母は男のもとを離れ、息子の待つ家へ戻ってくるが、親としての責務を放棄した1年間の空白は消えず、いつまでも2人に歪な影を落とす。その空白を埋め合わせるように、より親らしく振舞おうとする母と、捨てられた過去に蓋をしながらも影を背負い続ける息子。スクリーンに映し出される2人の姿を見ながら、僕は僕の家族をそこに重ねた。30を過ぎた子の立場からいま自分の親に対して思うのは、教えられずとも導かれずとも、子は親の在り方を見るともなく見ているということ。立派じゃないその姿を見せてくれた先に、いまの自分の道があったということ。そこにいてくれるだけで、どうしたって親は親なのだから過去の埋め合わせなんてしてくれなくても良いということ――。この特集を編集しているさなか、「百花」の母と同じく認知症を患っていた父が他界しました。酒と煙草で身体を壊すまで好き勝手に生きた62年。散々振り回されたけれど僕にとっては紛れもなく、たった1人の父でした。合掌。（き）

2022年11月

▼前号の中島順三さんに続き今月も追悼記事二本、大変に残念に思っている。山脇百合子さんの絵は子どもの頃から大好きだった。とくに「かえるのエルタ」が好きで、自分のカエル好きは山脇さんの絵の影響が大きい。山脇さんの絵の特徴は、子どもにも親しみやすいところだ。他の絵本の挿絵は格調高いものが多く、とても子どもは真似しようなんて思わない。しかし山脇さんの絵はぐりとぐらを始めとして、なんとなく子どもにも描けそうなところがあった。もちろん描けるわけないのだが。以前に「熱風」の表紙絵を山脇さんに描いて頂きたいとお願いしたことがあった。しかし体調が優れず難しいという返事だった。編集の仕事は、原稿依頼を断られるところからスタートなので、通常であればそこから粘るのだが、さすがにこの時は回復を待とうと一旦断念した。今でも心残りだ。ご冥福をお祈りいたします。（ぬ）

▼ついにオープンしたジブリパークですが、テレビやネットニュース、今号の特集などで興味を持ってくださっても11月分のチケットは既に完売、日時指定の予約制のため12月、1月も皆が好きな時に行けるわけではなさそうです。そんななかにあって10月末から愛知県美術館で「ジブリパークとジブリ展」がスタートしました。パークがどのように計画されつくられたのか。そのはじまりから完成までの制作過程の舞台裏を、様々な資料をはじめ実際に使われた試作模型や設計図などで紐解い

ていく、ジブリパークができるまでのメイキングを大公開したこの展覧会。ご覧になると「こんなに手作りだったんだ!」と驚かれると思います。カオナシの横で写真が撮れたり、にせの館長室で仕事をする等身大(?)の湯婆婆を間近で見られるだけでなく、ジブリパークには存在しない大人が乗れるネコバスもありますので、パークに行かれる方は同時期に、そしてこれからの方もぜひ訪れてみてください。(も)

▼筑摩書房の媒体「webちくま」にて、鈴木麻実子さんのエッセイ連載「鈴木家の箱」がはじまりました。この連載のきっかけとなったのは、今年の春から京都で開催した「鈴木敏夫とジブリ展」。この展覧会で配布するための特別冊子で、麻実子さんには「名古屋の鬼ばばあ」というエッセイを書いてもらいました。鈴木敏夫プロデューサーの長女として、そして一児の母として、飄飄とした筆致で綴られる「鈴木家」のエピソードは、とにもかくにも面白かった。この人は物書きとして世に出るべきなんだろうな、と素直に思わせてくれる文章でした。僕ら編集者は、肩書や生い立ちで人を見ません。たとえ偉い人や親しい人が書いたものでも、心が許さない原稿にはNOと言わなければならない。それができなくなったら終わりです。だからこそ、ジブリや鈴木敏夫という存在を飛び越えて余りあるほどの筆力を見せてくれた麻実子さんを、これからも一人の作家として応援していきたいです。(き)

2022年12月

▼今月から津野海太郎氏の連載「もうじき死ぬ人」が始まった。まずタイトルがいい。これが「もうすぐ死ぬ人」だったら、なんだか病床での危篤状態みたいで気分が沈む。でも「もうじき」だと「若いの、あとちょっとだからそんなにあわてなさんな」的な明るい感じのジタバタ感があって楽しく読める。というのも津野さんはこれまでに「最後の読書」「かれが最後に書いた本」など、打ち止め時なタイトルの本を上梓されていたにもかかわらず、今回のタイトルにもあるように、老人でいることに飽きてしまったのである。老人の原稿というと、どうしても回顧録や若者への説教のような内容になりがちであるが、津野さんの連載には〝老人文学〟の新しいスタイルが見える。先日津野さんと打ち合わせの時にそれを感じた。どう新しいのか、今後の連載がそれを見せてくれると思う。（ぬ）

▼「ワトスン・ノート～語られざる事件簿」→「ワトスン・メモ」→「ワトスン文書～シャーロック・ホームズ全仕事」→「名前のない事件《ヤマ》～CASE WITH NO NAME」と続いてきた、いしいひさいちさんによるシャーロック・ホームズのシリーズが今月号でついに最終回となりました。ホームズが手掛けた事件を追い続けていたこの連載ですが、ホームズが関わった事件は８００と

も1000とも言われる膨大な数（世界のシャーロキアン調べ。流派によってカウントに違いがあるのです）。いしいさんの「ひとまず終了」の言葉を信じたいと思います。最後の漫画が〝最後の事件〟からのパスティーシュですので復活は大いに期待できるかもしれません（笑）。そして気になる2023年1月号は……どうぞお楽しみに！（も）

▼この編集後記を書いているのはジブリパークの開業から2週間が経った11月中旬。ここ1か月半ほどは、東京と愛知を行ったり来たりしながら、ジブリパーク社の方々とあれこれやりとりをしていました。僕が見たのはわずかな期間のほんの一部の現場だけでしたが、連日早朝から夜遅くまでパーク内を動き回り、オープンの準備をする方々の姿が目に焼き付いています。華々しい舞台を支える無数の手。誰に誇示するでもなく、黙々とこなしたその誠実な仕事を忘れません。おつかれさまでした。（き）

初出『熱風』２００３年１月号～２０２２年12月号

本書は『熱風』掲載当時の個々の編集者の意図を尊重し、ひらがな、カタカナ、漢字、漢数字、アラビア数字の縦組、横組みや記号「」『』《》など、あえて統一せずに、『熱風』編集後記の原文を掲載いたしました。

熱風の編集後記

２０２３年10月26日　第１刷印刷
２０２３年11月10日　第１刷発行

企画編集　株式会社 冬青社
編集　髙橋国博
編集協力　長瀬千雅
写真　その江（写真家）
装丁・本文デザイン　白岩砂紀
発行者　野口奈央
発行所　株式会社 冬青社
〒１６４-００１１
東京都中野区中央５-１８-２０
ＴＥＬ　０３-３３８０-７１２３
ＦＡＸ　０３-３３８０-７１２１
http://www.tosei-sha.jp/
校正　株式会社 鷗来堂
印刷・製本　ＴＯＰＰＡＮ株式会社
Printing A.D.：杉山幸次
営業：猪野直貴

Printed in Japan
ISBN 978-4-88773-210-0 C0095